U0524582

本丛书的翻译与出版得到了中国社会科学院—上海市人民政府 上海研究院的资助

全│球│学│译│丛

主编：郭长刚

全球转向：
全球学研究的理论、研究设计和方法

The Global Turn:
Theories, Research Design and Methods for Global Studies

［美］伊芙·达里-史密斯
（Eve Darian-Smith）
［美］菲利普·C. 麦卡迪 ◎著
（Philip C. McCarty）

俞君 ◎译

中国社会科学出版社

图字：01-2017-7846 号
图书在版编目（CIP）数据

全球转向：全球学研究的理论、研究设计和方法／（美）伊芙·达里-史密斯等著；俞君译．—北京：中国社会科学出版社，2021.1
（全球学译丛）
书名原文：The Global Turn: Theories, Research Design and Methods for Global Studies
ISBN 978-7-5203-6927-5

Ⅰ.①全… Ⅱ.①伊… ②俞… Ⅲ.①全球学 Ⅳ.①C913

中国版本图书馆 CIP 数据核字（2020）第 262857 号

ⓒ 2017 by The Regents of the University of California
Published by arrangement with University of California Press

出 版 人	赵剑英
责任编辑	张　林
责任校对	张依婧
责任印制	戴　宽

出　版	中国社会科学出版社
社　址	北京鼓楼西大街甲 158 号
邮　编	100720
网　址	http://www.csspw.cn
发行部	010-84083685
门市部	010-84029450
经　销	新华书店及其他书店
印　刷	北京明恒达印务有限公司
装　订	廊坊市广阳区广增装订厂
版　次	2021 年 1 月第 1 版
印　次	2021 年 1 月第 1 次印刷
开　本	710×1000　1/16
印　张	17.25
插　页	2
字　数	233 千字
定　价	106.00 元

凡购买中国社会科学出版社图书，如有质量问题请与本社营销中心联系调换
电话：010-84083683
版权所有　侵权必究

谨献给帕姆和伊恩、妈妈和爸爸，献给世界各地无私教导他们的学生进行创造性、独立思考，并推动他们不断超越所学的伟大导师们。

"全球学译丛"编委会

主　　编　郭长刚

学术顾问（以姓名拼音顺序）

　　　　　蔡　拓　高奇琦　刘雪莲　刘贞晔

　　　　　庞中英　任　晓　杨雪冬

编 委 会（以姓名拼音顺序）

　　　　　陈　浩　郭长刚　文学国　谢晓啸

　　　　　杨　晨　张　琨　张勇安

总　　序

全球学是 20 世纪末随着全球化的深入发展而新兴的一门学问。1995 年，美国加州州立大学蒙特雷湾分校设立了首个全球学本科专业（BA in Global Studies）。1997 年，日本东京的一桥大学设立了首个全球学硕士专业（MA in Global Studies）。2002 年，美国罗格斯大学设立了首个全球学博士专业（Ph. D in Global Studies）。

随着全球学专业的设置和学术研究的开展，相关的学术研究机构也纷纷创建。2000 年 7 月，国际学术界第一个"全球学协会"（GSA – Global Studies Association）在英国宣告成立。2002 年 5 月，"全球学协会北美分会"（GSA – North America）在芝加哥成立，成员包括来自加拿大、美国、墨西哥以及中美洲等国家与地区的学者。2005 年，"亚洲全球学学会"（AAGS – Asia Association for Global Studies）在日本成立。2008 年，第一届国际全球学大会（The First International Global Studies Conference）在美国芝加哥举行，标志着全球学已发展成为国际性的学术研究领域和体系。

为推动全球学学术研究的深入开展，一系列学术刊物开始创办刊行。比较著名的纸质刊物有：《全球网络：跨国事务研究杂志》（Global Networks: A Journal of Transnational Affairs）（英国，2001）、《全球化》（Globalizations）（英国，2003）、英国全球学协会会刊《全球化批判研究杂志》（Journal of critical Globalization Studies）（2009）、国际全球学大会会刊《全球学杂志》（The Global Studies Journal）（美国，2008）、《全球化研究杂志》（The Journal of Globalization Studies）（俄罗斯，2010）、《全球学杂志》（Journal of Global Studies）（日本，2010）、亚洲全球学协会会刊《亚洲全球学杂志》（Asia Journal of Global Studies）（日本，2011）、《全球本土化：文化、政治与创新》（Glocalism：Journal of culture, politics and innovation）（意大利，2013）等。电子类的刊物则有：耶鲁大学的《耶鲁全球在线》（Yale Global Online）（2002）、哈佛及麻省理工创办的《新兴全球学》（New Global Studies）（2006）、加拿大的《全球化》（Globalization）（2001），以及由美国一些高校联合创办的《全球学电子期刊》（Global-e）（2006）等。

可以看出，以上所提到的全球学的专业学术机构和学术期刊，绝大部分都由西方发达国家创办，这也非常清楚地表明，在全球学这个新兴的学术研究领域，英美等西方国家的学者掌握着主要的话语权。其实，"全球学"这一学术术语早在20世纪80年代即已在我国学术界出现，当时主要是指关于罗马俱乐部的研究。国内第一本冠以"全球学"的著作于2008年出版，2015年出版的蔡拓教授的《全球学导论》是目前国内学术界第一本比较全面系统的全球学理论著作。当前，民粹主义、逆全球化、去全球化大行其道，但这并不意味着全球化进程的终止或者全球化趋势的改变，恰恰相反，这正是人类社会全球化深入发展的体现。上海大学自2010年设立全球学研究中心开始，即致力于全球学的研究、教学和推介，如今推出"全球学译丛"，旨在向国内学界介绍国际上有关全球学研究的不同视角，进而推动国内学界对全球学和全球化的深入研究。

郭长刚
2020年5月于上海

前　言

　　1995 年，当时还是研究生的我们相识并很快相爱了。那时菲利普刚从墨西哥的田野调查回来，他对大型跨国公司入驻小型农村社区后，对当地居民生活方式所发生的剧烈影响产生了浓厚的兴趣；伊芙正为她的关于修建英吉利海峡隧道以及欧盟对英格兰南部居民的跨国影响的博士论文收尾。尽管当时并没有清楚地阐明，但我们两人所进行的实地研究都是与全球化问题及其影响息息相关的。许多不同的全球性力量或在民族国家内部、或在跨地缘政治地区间得以展现，而我们对新的政治、经济、文化和社会进程如何改变民族主义、身份认同和人们的归属感等概念深感兴趣。当时还没有一所大学设有"全球学研究"系部，甚至只有极少数学者会讨论全球化，然而我们却开始以跨学科的全球学学者的方式进行思考了。

　　本书反映了二十年来我们两个人之间关于研究全球化过程的意义，以及如何开展这类研究的讨论。过去几十年间，我们都参与了各种各样的研究项目，其中很多项目与"全球"观照的关系并非那样显而易见，但我们总是会重新回到那些宏大的中心问题，即如何对智力劳动进行再构，以更好地容纳那些既不包含在民族国家概念框架内，也超越了国家政府和国家机构管理能力的新的力量及过程。全球化带来的影响怎样推动我们发展出超越学科边界的新的理论方法，并催生出新的探索模式、分析工具、研究设计、方法论取向和数据收集方式？

　　我们之间许多讨论的驱动力来自早些时候伊芙与美国最著名的

人类学家之一马歇尔·萨林斯（Marshall Sahlins）的一次讨论。当时伊芙站在哈斯卡尔大厅的门厅里，那里是芝加哥大学人类学系的大本营。她刚完成博士答辩，正靠在墙上喘口气儿。他们讨论着人类学研究在未来几十年将面临的挑战，以及在日益复杂的全球化时代中进行民族志研究的意义。"但是……"伊芙急切地抗辩，"你对学生的要求不合理。你的意思是，除了作为一名人类学家，我们还必须是历史学家，并且精通法律、文学、政治、经济、文化研究，等等等等。你是在说要研究当前的全球问题，研究者必须做到这一切！"萨林斯抬头看看她，微笑着用他那恶作剧的然而却又是不容辩驳的口吻说道："正是如此，所以你最好立刻付诸行动！"

本书的目的是帮助新的全球学研究领域的学生以及已有学科领域的学者们思考开展全球学研究的意涵。我们相信，参与全球化进程并不是一次令人生畏的冒险，因此，我们在本书中指出要进行全球学研究，并不意味着我们必须精通多门各有其经典理论的学科。即使这是有可能做到的，但积累巨量的知识也不能等同于创新地运用特定知识来探索形成新型的研究问题和新的研究模式。此外，我们也非常清楚地认识到，每一名全球学研究者都将遇到与其研究项目有关的特殊挑战，因而我们不认为会有一套能够"一刀切"的研究设计和方法路径。然而，我们仍然希望通过本书中的讨论、见解、观点和示例，读者能够得到启发和鼓舞，进行创造性的思考、提出新的问题、收获新的知识、运用新的方法论取向，并最终写出有助于理解这个愈加复杂的世界的新型研究。

也许刚开始全球学研究会让人望而却步，但它所带来的挑战却又那样的激动人心。无论是人文科学领域还是社会科学领域，学者们正遭遇一系列问题和观念，而这些问题和观念在30年前甚至还没人提出，比如气候变化、后国家身份、社会媒体、电子监控、无人机、无休止的内战，以及新形式的恐怖主义和暴力。我们每一个人都被要求重新审视那些关于世界是如何组织和运转的想当然的假设，并对那些将世界各地的人们联结到一起，同时又创造了新的冲突和危急关头的全球相互依存和相互联系的新形式进行反思。21世纪的前几十年是一个特殊时刻，需要我们重新思考主流的学术研究，以便更好地参与和理解影响我们每个人日常生活的一系列广泛的全球性问题。我们将此视为学术界一个异常激动人心的时刻，因为它为我们提供了一系列开展新型研究、运用新视角获得更具包容性知识的机会。欧美学界若想在未来几十年的全球化背景下继续保持其重要性，那么即使在最本土化的研究中，鉴别其全球化维度也是至关重要的。满足于既定思维方式的传统学者也许会就此止步，但那些认识到反思和重组之迫切性的革新性学者将会直面挑战，并"立刻付诸行动"。

伊芙·达里-史密斯（Eve Darian-Smith），
菲利普·C. 麦卡迪（Philip McCarty）
于加利福尼亚大学圣芭芭拉分校

致　　谢

感谢加利福尼亚大学圣芭芭拉分校全球学研究系的同事们。特别感谢马克·尤尔根斯迈耶（Mark Juergensmeyer）、比什奴普莱利亚·戈什（Bishnupriya Ghosh）和保罗·艾玛尔（Paul Amar），他们的著作构成了本书第七章的主要内容。同样要特别感谢萨宾·富吕斯图克（Sabine Frühstück）、韦斯利·皮尤（Wesley Pue）、托德·桑德斯（Todd Sanders）、弗洛伦斯·萧（Florence Seow）、卡特娅·西普曼（Katja Siepmann）、约翰·索博斯莱（John Soboslai）、马修·斯帕克（Matthew Sparke）和蒂姆·韦迪希（Tim Wedig），感谢他们前期对本书草稿的阅读指正。感谢尼古拉斯·布坎南（Nicholas Buchanan）、伊拉娜·格中（Ilana Gershon）、伊莎贝拉·洛尔（Isabella Lohr）、马提亚·密德尔（Matthias Middell）和玛格丽特·塞克曼（Margrit Seckelmann）的慷慨支持。伊芙对约翰·科马罗夫（John Comaroff）、格雷格·德宁（Greg Dening）、彼得·菲茨帕特里克（Peter Fitzpatrick）、堂娜·梅威克（Donna Merwick）和萨利·福克·摩尔（Sally Falk Moore）多年来的指导致以谢忱。菲利普对威廉·比尔拜（William Bielby）、丹尼斯·比尔拜（Denise Bielby）、乔恩·克鲁兹（Jon Cruz）、西莫内塔·法拉斯卡·赞波尼（Simonetta Falasca-Zamponi）和约翰·莫尔（John Mohr）表示感谢。最后，还要感谢我们在加利福尼亚大学出版社的编辑里德·马尔科姆（Reed Malcom），感谢所有那些匿名评论家们，感谢阿西娜·谭（Athena Tan）的出色编辑。

本书的一部分是以作者在过去几年中发表于各类期刊的文章为

基础写就的。其中最值得注意的包括发表在《法律史》上的《全球化法律史》、发表在《全球欧洲——全球视角下的巴塞尔协议对欧洲的影响》上的《传播全球视角》、发表在《崭新的全球学研究》上的《误测人性：通过批判性全球学研究视角审视指标》以及发表在《跨学科：全球学研究杂志》上的《超越交叉学科：发展全球跨学科框架》等。

目 录

第一章 作为一个新的研究领域的全球学研究 ………… (1)
 拥抱全球 ……………………………………………… (3)
 知识生产的去中心化 ………………………………… (7)
 超越多学科和交叉学科的取向 ……………………… (9)
 一种新兴的全球世界观 ……………………………… (12)
 讨论全球化 …………………………………………… (17)

第二章 全球学研究为什么重要? ………………………… (27)
 全球学研究为什么重要? …………………………… (27)
 解决旧问题的新方法 ………………………………… (28)
  强大的分析工具 …………………………………… (29)
  实践和政策含义 …………………………………… (30)
  全球公民和公民身份 ……………………………… (31)
  批判性思维 ………………………………………… (32)
  非西方认识论和多元声音 ………………………… (34)
  发展全球伦理 ……………………………………… (36)
 全球学研究的特点 …………………………………… (37)
  整体研究 …………………………………………… (37)
  跨界的和综合的 …………………………………… (38)
  相互联系和相互依存 ……………………………… (39)
  全球规模议题和本土—全球连续统一体 ………… (40)

去中心化、分散的和去疆域化过程……………………（42）
　　　历史语境 ………………………………………………（44）
　　　全球社会结构 …………………………………………（46）
　　　打破二元性 ……………………………………………（47）
　　　混合性和流动性 ………………………………………（48）
　作为机遇的全球学研究 ……………………………………（49）

第三章　全球学理论框架 ……………………………………（51）
　学科/交叉学科之争 …………………………………………（52）
　区分交叉学科和跨学科 ……………………………………（54）
　一个新兴的跨学科框架 ……………………………………（58）
　　　种族和民族 ……………………………………………（59）
　　　阶级和不平等 …………………………………………（59）
　　　性别与性 ………………………………………………（60）
　　　后结构主义理论和社会建构主义 ……………………（61）
　　　文化转向 ………………………………………………（62）
　　　后殖民主义、东方主义和文化帝国主义 ……………（63）
　　　民族主义和身份 ………………………………………（64）
　　　民族国家的去中心化 …………………………………（65）
　跨学科性和未来的学术研究 ………………………………（66）
　阐明全球跨学科框架 ………………………………………（68）

第四章　全球学研究设计 ……………………………………（70）
　实证研究的基础 ……………………………………………（71）
　作为背景的现有文献 ………………………………………（77）
　理论和概念框架 ……………………………………………（78）
　研究问题 ……………………………………………………（80）
　形成一个全球学研究问题 …………………………………（81）
　研究设计 ……………………………………………………（85）

研究设计的类型 …………………………………… (86)
　　　　解释性研究 ………………………………………… (87)
　　　　探索性研究 ………………………………………… (88)
　　　　描述性研究 ………………………………………… (90)
　　　　政策和应用研究 …………………………………… (92)
　　抽样逻辑 …………………………………………… (93)
　　　　选择与代表 ………………………………………… (95)
　　　　抽样逻辑的局限 …………………………………… (96)
　　　　全球抽样逻辑 ……………………………………… (97)
　　信度和效度 ………………………………………… (98)
　　三角测量/多元互证法 …………………………… (101)
　　　　方法论多元互证法 ………………………………… (102)
　　　　概念多元互证法 …………………………………… (102)
　　全球学研究的伦理维度 ………………………… (103)
　　　　学术诚信 …………………………………………… (103)
　　　　保护研究对象 ……………………………………… (104)
　　　　研究对社会群体的影响 …………………………… (112)
　　开展平衡的研究 ………………………………… (117)

第五章　全球学研究方法和方法论 ………………… (119)
　　方法与方法论 …………………………………… (120)
　　原始研究和二次研究 …………………………… (121)
　　数据收集的基本方法 …………………………… (123)
　　　　历史档案研究 ……………………………………… (123)
　　　　观察和参与观察 …………………………………… (125)
　　　　访谈 ………………………………………………… (126)
　　　　焦点小组 …………………………………………… (127)
　　　　调查 ………………………………………………… (128)
　　其他研究方法和策略 …………………………… (130)

常规分析方法……………………………………（131）
　　内容分析………………………………………（132）
　　统计分析………………………………………（133）
其他分析方法……………………………………（135）
回答一个全球性问题……………………………（135）
混合方法…………………………………………（136）
批判性方法论策略………………………………（139）
　　超越方法论的民族主义………………………（142）
　　女权主义方法论………………………………（146）
　　批判种族研究方法论…………………………（150）
　　后殖民主义方法论……………………………（153）
　　本土研究方法论………………………………（156）
　　本土研究议程…………………………………（158）
全球学研究方法论策略…………………………（161）

第六章　全球学个案研究方法……………（164）

个案研究法………………………………………（165）
一种全球学个案研究方法………………………（168）
　　寻找一个焦点…………………………………（170）
　　公平贸易研究的练习…………………………（173）
　　自由、连贯和可控……………………………（175）
　　多维方法论……………………………………（176）
展开全球视野，分析全球维度……………………（178）
　　本土—全球维度………………………………（179）
　　历史和时间维度………………………………（180）
　　地理和空间维度………………………………（180）
　　经济、政治和社会文化维度…………………（181）
　　相交维度………………………………………（181）
　　伦理维度………………………………………（182）

全球学领域的案例……………………………………（183）
　　　　选择与表征…………………………………………（184）
　　　　比较多维案例………………………………………（185）
　　　　个案与所属领域的比较……………………………（185）
　　　　个案与个案间的比较………………………………（186）
　　有选择性地分析………………………………………（188）

第七章　全球学研究范例……………………………………（190）
　　弥合分裂:海峡隧道和新欧洲中的英国法律身份……（191）
　　全球偶像:通往大众的光圈 …………………………（195）
　　安全群岛:人类安全状态、性政治和新自由主义的终结……（199）
　　全球广场喧嚣中的上帝:全球公民社会里的宗教 …（203）

第八章　结论:全球知识生产的去中心化 ………………（207）

附录A　全球学个案研究大纲 ……………………………（212）

附录B　全球学研究期刊目录 ……………………………（214）

参考文献………………………………………………………（217）

第 一 章

作为一个新的研究领域的全球学研究

《全球转向：全球学研究的理论、研究设计和方法》的成书原动力，可追溯到我们还是年轻研究者时的经历，其时我们正致力于一项由若干涉及全球规模问题的研究项目所组成的极为艰巨的任务。那个时候还是20世纪90年代早期，只有少数一些学者在讨论全球化问题，并试图把握其多方面影响。其中大部分人都将其目光锁定在新的数字通信的过程、流向、速度和影响，新形式的文化交流和均质化，经济市场渗透，麦当劳化，时空压缩等（Harvey 1990；Urry 2003；Appadurai 1996）；还有一些人开始研究一系列新的全球问题，如气候变化、大规模移民、不同的资本主义类型、流行性疾病、地区种族灭绝、宗教恐怖主义，以及世界范围内福利国家的解体。这些全球化进程和全球问题交织在一起带来了新的挑战，并要求我们提出新的解决方案。然而在世纪之交，没有哪个学科能够独立为应对这些复杂而又相互关联的问题提供充分的理论、方法和学科训练。从个体研究者的角度出发，我们应当怎样找到恰当的研究问题并设计出可行的研究课题？研究者又该从哪里着手开始这项艰巨的全球学研究任务？

不同于二十年前，今天许多人文和社会科学领域的学者都致力于应对21世纪紧迫的全球问题所带来的跨学科挑战。我们认为，各学科的这一致力于研究当前和历史上全球化进程及其相关全球性问题的集体转向，不仅仅代表着为不同学科所共同关注的具体问题，更多地表征着分析视角的根本性转变，这一转变要求我们必须对现代主义的、以学科为基础的分析模式进行彻底改造，我们称为"全球转向"。加入全球语境要求学者们进行全球性思考，并发展出新的全球学理论和视角以探讨此前被理解为世界、国家或地方各层次上的问题（Moraru 2001；Juergensmeyer 2014a）。同时，全球转向也意味着与欧美学界之外的学者的广泛接触，而这也将变革全球学术研究的方式（Burawoy 2009；Casid and D'Souza 2014）。除此之外，它还意味着不同社会、不同认知方式，以及被边缘化了的大多数的参与，所有这些正不断塑造和重塑着我们共同的未来（Kupchan 2012：183）。在上述这些乃至其他种种方面，全球转向都包含着深刻的政治、经济、社会文化、历史、法律和伦理含义，而这些都是全球学学者们刚刚起步探索的。

本书是为这样一批学者而著的，他们深刻认识到纳入全球维度对于在未来几十年中保持其学术工作的适切性和适用性至关重要。对于人文和社会科学领域的广大学生和学者，以及法律或医学等职业学院的研究者而言，阅读本书都将是有助益的。具体来说，本书的受众是：（1）想要研究全球化进程的本科生和研究生；（2）初次接触全球学研究领域并希望开展全球学研究的学者；（3）打算研究全球性问题的传统学科领域的学者。

我们写作此书是因为我们发现，尽管人们越来越关注全球化，但学术界迄今为止仍鲜有关于如何研究全球规模进程及其种种形式和分支的讨论。尽管学者们日渐意识到当代的全球化进程需要全新的理论和方法论取向，但有关这些新的理论、分析、方法和教学究竟包括些什么，现有文献中却还是一片空白。因此，对大多数学者和大学生来说，研究全球规模过程及其影响仍然是一项非常艰巨的任务。

我们希望本书能够填补现有文献和学术讨论中的这片空白。因为它着重凸显了全球学研究的重要性和必要性，以及这类工作所蕴含的令人振奋的机遇和挑战。更重要的是，本书为这类研究的设计和开展提供了一份实用指南，它阐述了过去五年间我们在课堂和田野中探索形成并经过反复检测的一套连贯的方法取向。我们发现，对于刚开始接触构成当下时代特征的全球化进程之正负影响问题的研究者而言，这种方法取向使研究复杂的全球性问题变得较为容易，也不那么令人生畏了。

拥抱全球

我们想要指出的第一点是，全球性和一个全球想象——无论怎样界定——都倾向于通过一种整体研究来理解当代全球性问题以及塑造了当下的深刻的全球史。这些整体性方法取向改变了我们看待世界的方式。比如，采用深刻的历史视角和整体间相互联系的观点，便能够使全球想象区分于国际性或跨国性想象。国际性是指民族国家之间的相互作用——例如联合国，而跨国性则是指跨民族国家的交互作用。这些互动可能是由国家行为者实施的，也可能是由非国家行为者（比如企业）进行的，但民族国家的框架仍然限定和锚定了分析的可能范围。

相比之下，全球想象既包括了民族国家，同时也包括大量非国家行为者、组织、集体、过程、关系、认知方式，以及跨越国家和跨国情境的、它们相互之间的和各自内部的互动模式（Steger 2008）。因此无论在概念还是认识论意义上，比起受限于民族国家这一核心概念的跨国性和国际性，全球性具有更广泛的包容性。在与国家性想象之间的持续张力中，全球想象得以呈现，并从本质上挑战着国家性想象所假定的权威和中心地位。全球想象为我们提供了另一种思考社会关系和行为的方式，它们摆脱了国家体系以及主权、领土、公民权和民族主义等概念的限制。这种替代方式包括非西方世界观、宇宙论、宗教、美学、伦理、价值观、存在和交流方式，也许甚至还包括对"人"的意义的不同思考方式（Tobin

2014；Grusin 2015；Dayan 2011；Smith 2012：26）。

我们想要指出的第二点是，有必要使主流社会和媒体关于全球想象的讨论复杂化。大部分人将"全球性"看作一个地缘政治术语，并将其与超越民族国家边界的过程和概念联系在一起。全球性通常被视为涵盖了全球的——正如全世界的——空间范围，它已经成为全球化进程和跨国经济活动的代名词。这种对全球性的地理学意义上的概念化占据了支配地位，而与此相反，我们却认为，使任何一个问题或过程变成全球性的，绝不仅仅是空间规模或地缘政治范畴。"全球"并不仅只意味着"大"。本土性和全球性是一种互构关系，二者在持续的动态过程中进行跨概念领域的互相创造和再创造。这意味着全球性不只是存在于宏观过程之中，而是在人类活动的全部范围内都能发现它的踪迹。我们不仅在国际大都市和跨国公司中看到了全球化进程，在村庄、社区、工作场所和私人住宅中也都能窥见它们的身影。因而我们认为，当全球化进程在现实世界、在普通民众的生活中得以体现时，全球性即在当下。换言之，真正使一个议题或过程变得全球化的是那些揭示了全球维度的问题，即使表面上看来它们可能显得规模和范围很小（Darian-Smith 2013a；Eslava 2015）。这就意味着，那些并未把自己的研究归为"全球性"的学者可以通过提出包含全球性视角的问题，从而将其项目重构为全球性研究。

全球性视角远超出那种地缘政治范畴以及由地方/小范围、国家、地区、国际、跨国直到全球逐层嵌套管辖的观点（Darian-Smith 2013c）。近几十年来，那种空间维度垂直嵌套层级的思维方式在有关个人、民族国家与国际关系间政治经济关系的思考中一直居于主导地位。这种层级式思维方式常与美国国际关系专家Kenneth N. Waltz的著作联系在一起，在《人类、国家和战争》（1959年）一书中，他就清晰地描绘了体系/国际、国家/地区和个人/地方的三个层次。

虽然这种垂直嵌套层级模式大大简化了我们的分析工作，但它在概念和实践层面上都是有所缺欠的（Howitt 1993；Brenner 2001）。相反，全球性视角则涉及对全球想象中各种实践的新的构想。正如全球学研究学者 Saskia Sassen 所指出的，这需要权威和权力的重新组合，在这种组合中空间向度不再拥有压倒其他向度的特权（Sassen 2008）。取决于研究者提出的研究问题和研究所涉及的主题，就分析方法和方法论的选取以及现实意义等方面而言，本土性可能会占据一项研究的突出位置，而全球性正隐蔽其后（见图1）。这种对经济、政治、法律、社会和文化关系的重构为我们反思传统线性因果关系的概念创造了机会，因为我们不能不经思索地就假设那些占据地理空间范围最广的问题必具有最大的影响。这种反思打破了我们对经济、政治和社会进程的工具主义理解，在大部分学术研究中，这类工具主义观点仍主要来源于民族国家框架，在其中上述种种进程是沿着亚国家、民族国家和跨国家关系的纵轴施加影响的。

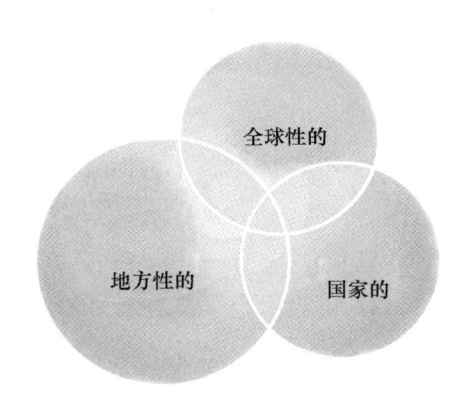

图 1 跨时空重叠的组合和关系

作为全球学研究者，我们应当成为善于灵活变通的思考者，并对那些有关权力运作及相关社会、法律、经济、政治概念的想当然假设提出质疑。简而言之，我们需要使主导了过往整整三个世纪西方思潮的基本单元非殖民化（Santos 2007，2014；Mutua and Swadener 2011）。作为全球学研究者，我们应警惕那种具化或过度倚重民族国家的倾向，不应把所有的事情都看作在其框架参数之上或之下运行的。换言之，尽管有些国家仍是非常强大的行动者，我们在分析研究时仍有必要对民族国家进行去中心化处理。作为全球学研究者，我们想要指出的是，让生活在当地和亲密社区中的人们成为研究的中心，即使不是必需的，也是完全适切的。这并不是说本土是本质上更好的或更重要的研究场域，但对全球化进程的分析应始终将那些终将受其影响的人和社区纳入考量，即使这些影响是无意识的或不可预见的。我们应渴求去探索本土的全球性维度以及本土力量是如何既抵制又同时重构着国家性背景的（见图2）。

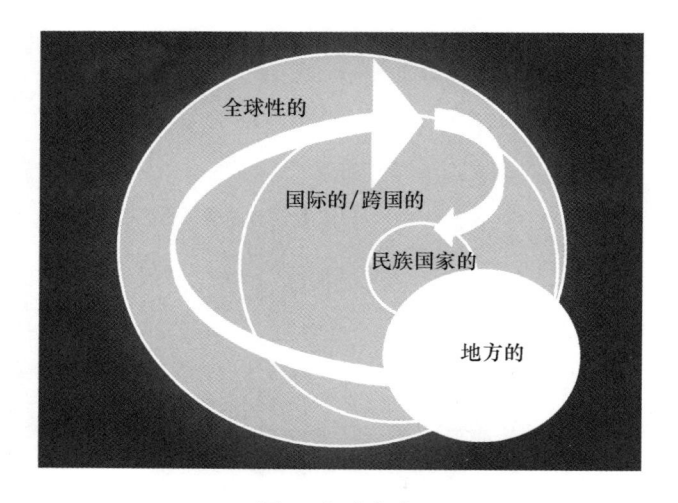

图 2　概念想象

也许最重要的是，作为全球学研究者，我们应该不再天真地相信西方工业化国家是解放可能性的推动力和唯一来源——正如第二次世界大战后时期那样，而是敞开怀抱拥抱新的全球想象。这意味着承认其他非西方的认识论和多元的政治、法律、经济体系，并推动关于另一种可能的世界的探索——这也正是世界社会论坛致力于做的（Santos 2007）。正如 Toni Morrison 多年前提醒我们的那样，容纳他人的想象也是共享这个世界的一种方式（Morrison 1992）。全球想象包含着这样一种认识，即世界上的某个地点发生的事情也会对其他地方产生影响。全球民主的愿望必然包括"我们"和"他们"，因为别人的不安全离我们自身只有几步之遥。最后，作为全球学研究者，全球想象要求我们理解各种社会背景跨时空的重叠和交叉，正是在这些社会背景中我们所有的工作才得以展开。这一点对任何原始研究都适用，无论它涉及的是家庭关系、地方社区、全球城市、国家政府、跨国公司、国际机构，还是全球治理机构。根据研究者的研究问题，所有这些维度或其中部分维度可能在发生作用，而在有些情况下它们会同时发生作用。

知识生产的去中心化

我们身处的这个复杂世界带来的挑战要求全球学者必须采用一种新的思维方式。我们认为，去中心化是思考全球挑战的一种重要方式。将某件事物"去中心化"，指的是将它从某个主要位置、某个中心位置或角色、或某个既定的焦点中心挪开。法国哲学家路易·阿塞杜尔将"去中心化结构"概念引入了结构化理论中（Althusser 1990：254 – 255）。Jean Piaget 在他的认知发展理论中使用了这一概念。在他的书中，"去中心化"指的是这样一个认知发展阶段，在这一阶段中，儿童用一个与他人分享的更为客观的世界替代了此前自我中心的世界，并发展出对一种情境的多个方面进行逻辑思考的能力（Silverman 1980：106）。在社会理论中，"去中心化"可以指"与关于起源、优先性或本质的实践或理论假设脱钩"（韦氏大词典 2015 年）。

在本书中，"去中心化"这一主题将通过多种方式呈现。例如我们认为，就像之前其他人所主张的那样，欧美学者有必要对关于历史概念的西方化解读进行去中心化。此外我们还认为，西方学者常常感到一种对本质上非中心化的社会过程进行类别化和二分法区分的需要，但这一趋向在根本上是现代主义和理性主义的，因此只有对此进行去中心化，才能更好地研究当前的全球性问题。学者们需要辨识和克服那种通行逻辑，即把一切事物都放在层级结构、次序、中心和外围模型，以及具有方向流和线性因果关系特点的发展过程中加以考量，在其中事物都是从某个原点出发并朝着一个方向发展的。

拥抱一个无中心的世界并学会从多个视角理解它，标志着知识生产的去中心化。在过去至少四个世纪的历史上，知识生产始终是与肇始于西欧并通过殖民主义、工业化和帝国主义传播到世界各地的现代性的发展密不可分的。直到今天，欧美学术界仍然主导着学术知识的生产，这在一定程度上是通过忽略久已存在且发展迅速的非西方研究成果实现的。因此对全球问题研究来说，广泛吸收欧美学界范围之外的知识，并将此作为激励创新的一个重要源泉，已成为当务之急。作为澳大利亚和美国的学者，我们自己也一直在和这个问题打交道，并找到了不少可以吸收其他语言和文化的学术成果的方法。学者们可以阅读译著，或让人翻译自己的著作，或参与互惠的学术交流，或与非西方学者共同出版作品，或进行田野调查研究，或者更理想的情况是精通那些语言。这需要我们做大量的工作，但每一次合作的价值都远远超过我们的想象。

后殖民主义研究学者 Edward Said 是创建更具包容性的学术环境的早期倡导者之一，在这样的学术环境中西方工业化社会的视角不再享有特权。回顾 20 世纪下半叶知识与传统的融合体系的空前剧增，他写道："我们正在以一种大多数国家教育体系都未曾想过的方式相互融合"（Said 1993：328）。他接着说道："我相信，将艺术和科学领域的知识与这些整合中的现实相匹配，乃是我们当前的文化挑战"（Said 1993：331；See also Said 1983）。Mike Featherstone 和 Couze Venn 补充道："当我们跨进 21 世纪的门槛时，这个世界的边界、界限和分类都正明显地发生变化"（Featherstone and

Venn 2006：1）。更近些时，全球学研究者 Saskia Sassen 指出："当我们面对当下的一系列变化——日益加剧的不平等、贫困、政府债务时——原来那些用以解释它们的工具已变得不合时宜了"（Sassen 2014：7）。在此过程中，全球学研究者和新兴的全球学研究领域应当站在最前沿，并为理解全球化进程开发出新的理论和概念工具。

在这方面，拉美理论家 Néstor García Canclini 所著的《想象的全球化》一书尤为中肯。他写道：

在 21 世纪的第二个十年间，作为全球标准的新自由主义思潮已开始退潮，在一些地区，人们不但认为另一个世界是可能的，而且认为不同的世界和社会组织形式可以并存，就像男人和女人之间，技术、领土和投资之间也存在着各式各样的关系一样。在我看来，这种无中心的多焦点性非常有意思，因为它改变了用以进行解释和诠释的各种学术话语，并动摇了地缘政治的主导地位（García Canclini 2014：209）。

去中心化的、更具包容性的知识生产有助于世界各地的研究者们超越现有理论和解释范式的局限，更全面地把握全球问题的多个方面，并着手探求新的、更包容的，也更现实的解决方案。

超越多学科和交叉学科的取向

对于发展全球性研究模式的需求，大学院校经常会采用这样一种方式，即把不同学科领域的学者聚集到某个单独的系部或研究中心，进行跨学科，甚或是交叉学科的合作。科研资助机构也通过将不同专业的专家汇聚到一起共同开展某一具体的全球性研究项目，以对此作出回应。然而出于种种原因，将各学科专家聚集起来共同讨论的做法，未必能确保产生适合于研究全球化世界之复杂性的革新性方法或理论。就像 Eric Wolf 在其拓荒性著作《没有历史的欧洲和欧洲人》中所指出的："只有当我们能够直面超越我们自身专业学科的各种理论可能性时，一种［综合的］取向才成其为可能。而那种寄望于所有学科的简单相加就能带来全新视野的多学科发展路径是远远不够的。"

《全球转向》探讨了学者们如何克服学科研究的局限性，以便更好地研究全球范围的进程及其影响。我们认为必须超越多学科和交叉学科的研究路径：无论显得多么具有革新性，它们仍然是与传统学科牢牢捆绑在一起的，因为正是从这些传统学科中分析出它们自身的概念差异。全球学研究若想达至真正的全球性，就必须摆脱现代主义与欧洲中心的观念和假设，包括超越通行的地缘政治国家分析框架，这些框架对审视当今的后国家全球化进程已显得相当乏力。

在本书中，我们提出了一种理论和方法的综合，它旨在应对当前时代所面临的多焦点、多维度问题。我们提出的全球跨学科框架不仅仅是各主流学科观点的简单合并或结合；相反，这一框架设想了一种整体性的全球视角，并梳理出新的研究理论、分析和方法模型，以便能够更好地理解全球化演变过程及与其相伴的社会、文化、经济和政治关系重构。我们认为，对于当代的研究来说，继续复制嵌入某个具体学科和专业领域的研究问题是远远不够的，我们还需要进一步超越学科领域，发展出与21世纪全球学研究密切相关的革新性跨学科的研究问题。我们相信一个全球跨学科框架将会使学术成果越来越有能力回应迫在眉睫的全球化挑战。

这一跨学科框架乃是对全球学研究诸要素——我们将在第二章中概述——的回应，从而使此前一直被边缘化的认识论和学术研究融入新的知识生产过程中。我们认为，一种新的综合正在跨越学科领域而生成，对大多数学者来说它将是非常适宜且易用的，即便他们的研究旨趣在本质上未必具有明显的全球性。放眼长远，这种新的综合还将可能使西方学术研究变得更为开放，更能包容非西方的思维、认知与分类模式。鉴于其可能产生的种种重大影响，本书的中心目标之一就是要描述我们所说的全球跨学科框架——这是我们在第三章中所要做的——并探索将其纳入人文和社会科学研究议程的方法与途径。

基于全球跨学科框架的概念，我们勾勒出一种多维度方法论，这一方法论使我们能够从事反映理论发展的可行的研究议程设计并付诸实施。我们希望使研究者明白，研究全球规模的问题既是具有重大意义的目标，同时也是每一位新入门学者能够企及的目标。这并不是说学者们应当精通多个学科领域，我们明白每一名全球学研究者都将遇到与其研究项目有关的特殊挑战。然而我们相信，通过本书中的讨论、见解、观点和示例，读者能够得到启发和鼓舞，进行创造性的思考、提出新的问题、收获新的知识、运用新的方法论取向，并最终完成有助于理解这个日益全球化的世界的新型研究。

本书为新手和资深学者提供了一个连贯的概念、理论和方法论视角，以便更好地理解不断展开的具有全球意义的过程及其影响。之所以能够如此，是因为近年来关于全球化的新的思维方式为我们提供了，并且仍继续提供着研究它的新的方法。如前所述，全球性的研究并不是说其研究对象在空间意义上必然是巨大的，或者它必须具有某种内在的世界触角。越来越多的学者开始意识到，仅仅描述跨国界的大规模力量、过程和流动是不够的。我们还必须努力去了解这些力量、过程和流动对生活在蔓生的城市和农村城镇中，生活在成片的城市贫民窟、永久性难民营、边境地带、封闭式社区、拘留中心等之中的普通民众的影响（Ong and Collier 2004）。这其中的很多位点既被纳入国家框架，但就像其他许多位点一样，又超越了国家边界，并不断凸显着民族国家武断的，有时甚至显得过时的本性。正是沿着本土—全球连续统一体上的各种问题之间动态、多维的相互作用，为我们提供了一个全球学研究路径的独特框架（见第二章）。

对本土—全球连续统一体的强调使社会、人文科学的学者能够聚焦于全球化进程是如何对小型社区以及本土化的社会、文化、经济、法律、政治关系施加正反两方面影响的。即便最庞大、最抽象的全球化进程，当它落地并通过具体场所和生活于其中的人们得以折射出来时，也会变得真切可及的。透过本土窥见全球性和透过全球发现本土性，是理解全球化世界的一个重要途径。这使学术讨论得以超越诸如"我们所研究的现象是局部的、国家的、区域性的、国际的、跨国的还是全球性的"之类乏味的定义争论。对本土—全球连续统一体的整体性认识，帮助我们理解各种问题是同时在多个层面上作用的，从而使我们有能力去把握和呈现全球化进程间互联一体的现实。

一种新兴的全球世界观

全球学研究领域通常和始于20世纪八九十年代的全球化研究联系在一起。与这些当代全球化研究相伴的是越来越多地关注更早历史时期全球化的研究（Sachsenmaier 2011）。根据Manfred Steger有关全球学研究历史的叙述，"新兴研究领域［全球学研究］的学术起源与这一关键词［全球化］在20世纪90年代学术和公共话语中的爆炸式出现相耦合，这一点并非偶然"（Steger 2016：238）。但我们坚持认为，为跨学科领域的全球学研究提供养分的知识轨迹早在20世纪90年代之前就已出现。我们提出，新的全球世界观的出现是与一个充满机遇与乐观主义的重要时期相关联的，而这一时期的大门却是被20世纪毁灭性的世界大战所打开的（Herren, Rüesch and Sibille 2012）。在战后时期，关于世界的现代西方式理解已被动摇，而国家主权、公民权和民族主义等概念也受到了质疑。新兴的世界观反映了战后人们对和平、稳定以及有着不同伦理、宗教和意识形态背景的国家、人民之间的多边政治合作的普遍渴望。

基于第一次世界大战后巴黎和会的多边对话以及建立国际联盟的第一次尝试，1945年，联合国正式成立。联合国在战后数百万难民的安置工作中发挥了重要作用，并预示着1948年《世界人权宣言》的诞生。这些事件共同开启了一个前所未有的全球性乐观主义时代，人们对民族国家通过合作就能避免未来战争的能力充满信心。第二次世界大战后这段短暂时期的特征之一，便是西方国家将所谓第三世界国家一同纳入了全球事业之中。对非殖民化的支持凸显了国际社会为创造一个更加公正、公平的世界所做出的努力，为全球非殖民化事业以及数百万人民摆脱英裔欧洲人控制的"解放"做出了贡献。

1964年的纽约世界博览会集中体现了人类从全球民主和自由角度出发思考的新能力。这次博览会被宣传为一次"环球的和国际的"博览会。对涌入博览会的5100万参观者来说，此次世博会代表了科技和先进通信技术以新的方式将世界各地的人们联系在一起的承诺。名为"它是一个小世界"的迪士尼乐园新游乐设施，一个展示电视、电脑和厨房电器等最新科技的旋转木马，以及将科幻小说中的未来世界带进现实的高科技火车和建筑奇观共同构成了此次博览会的特色（See Samuel 2007；Tirella 2014）。

在这些现代科技的奇迹中，巨型地球仪是此次博览会最大的亮点（见图3）。它是一个巨大的不锈钢的地球模型，有12层楼高，设计这个地球仪的初衷是为了庆祝"在不断膨胀的宇宙和不断缩小的地球中人类所取得的成就"。就像建于法国并在80年前被竖立在纽约港的自由女神像那样，巨型地球仪被设计为自由和全球民主的象征（Mitchell 2014）。更为重要的是，巨型地球仪反映了与新太空时代联系在一起的不断高涨的全民激情。它预告着将在几年后的1968年执行的阿波罗8号任务，此次任务中三名宇航员将在人类历史上首次从外太空看到地球。宇航员威廉安德斯那幅著名的照片《从月球看地球》——有人认为这是有史以来最具影响力的关于环境的照片[①]，激发了思考人类在宇宙中的脆弱性以及生活在同一个

---

① 参见《那幅照片》，太空ABC，1999，http：//www.abc.net.au/science/moon/earthrise.htm，accessed on August 29，2106。

星球上的人类相互联系的共同未来的新方式。

图3　巨型地球仪，纽约世界博览会，1964—1965 年

联合国的成立、世界博览会的举办、将人类送往月球的阿波罗 8 号和 11 号的成功发射，这些事件共同标志着一个非凡的时期，在这期间，关于人类相互之间密切联系的新的全球想象崭露头角，并在公众的集体想象中越来越具有分量，尤其是在美国。日益高涨的环境保护运动则更深化了这一全球想象，其中 Rachel Carson 极具影响力的著作《沉默的春天》（1962 年）以及 1969 年加利福尼亚州圣芭芭拉的石油泄漏事件也为其推波助澜。作为对此次漏油事件的回应，1970 年，大约有 2000 万美国人为保护全球环境的倡议而走上街头，庆祝第一个地球日。在这次大规模运动的施压下，美国联邦政府成立了环境保护署（1970 年），并先在澳大利亚，随后在瑞士、英国和德国助推发起了绿党政治（Spretnak and Kapra 1986；Wall 2010）。

就在《联合国宪章》建立起旨在"维护国际和平与安全"的平台的同时，法国、美国和英国这些超级大国却正在进行抵制苏联的动员，并为资本主义阵营与共产主义阵营之间的冷战创造着条件。在充斥于 20 世纪后半叶有关全球包容的乐观论调中，压抑的历史现实仍然无法被忽略，因为这些现实支撑起了，甚或是解释了那种对乐观的全球想象的渴望。就在世界博览会开幕前 5 个月，约翰·F. 肯尼迪总统遇刺身亡，这一事件却被博览会上喜气洋洋的巨型地球仪冲淡了。它同样也掩盖了 20 世纪 60 年代冷战中的现实，包括柏林墙的竖起（1961 年），在古巴导弹危机（1962 年）等事件中与日俱增的对核战争的焦虑，那些正在逼近和进行的局部战争（朝鲜和越南）。而在非洲、拉丁美洲和世界其他地区，20 世纪 60 年代也见证了对解放运动的极端暴力，这些都使第二次世界大战后一度高涨的非殖民化运动的全球乐观情绪蒙尘。在亚洲和非洲，民族自决常常伴随着一轮接着一轮的压迫和暴行，而民族和宗教团体也被人为地划分和隔离为新的民族国家。

伴随着种族灭绝和核战争，或者艾瑞克·霍布斯鲍姆所说的"全面战争"，在战后知识分子圈子里，现代理性的基石从根本上受到了动摇（Hobsbawm，1996 年）。自启蒙运动以来，现代性关于科学、发展、进步、民主和自决权的许诺长期主导着欧美社会思潮，但此时很多国家却开始对这些承诺的有效性产生了根深蒂固的焦虑。这些焦虑也弥散在 20 世纪欧洲的艺术和文学运动中，如联结起第一次世界大战后时期和第二次世界大战时期的达达主义和超现实主义，以及哲学和文学中的存在主义、荒诞主义和虚无主义运动。艺术家和知识分子们——其中很多是在 20 世纪 30 年代末从欧洲逃到美国的——经常感到，在一个颠倒难辨的世界里，没有任何东西是可预测、稳定或者固定的。

在欧美学术界内部，那些领头的知识分子开始越过学术领域的惯例来探究战后的动荡时期，这一时期把妇女卷入了劳动力市场，把黑人和棕色人种从殖民统治中释放出来，也把潜藏于欧洲社会文明表象之下的暴力和堕落揭示了出来。正如伊曼纽·沃勒斯坦（Immanuel Wallerstein）所指出的，这是一个"将世界体系联结在一起的中立的自由主义地缘文化"从根本上遭到破坏的时期（Wallerstein 2004：x）。

面对迅速变化的社会和政治环境，学者们开始"解构"或质疑作为现代性之基础的基本假设，国籍、性别、性、人种和种族等那些原被视作理所当然的类别开始成为争议、探究和实验的对象。随之而来的是，新的学术对话开始在各学科领域的学者间萌生，学者们聚在一处，力求获得对那些长期存在的国内外现实问题——种族主义、不平等、发展、新殖民主义和新帝国主义问题的理解和把握。在这些对话边缘萌发出第三世界和第一世界学者间对话的机会，从而将新思想、新观点以及相互竞争的认识论引入了西方学术界，扩大其知识基础，并使其欧洲中心的偏见愈加显眼（Wallerstein 1996：48）。

大学院校越来越明显地受到要求其超越国界，重新审视只关注国内事务的研究议程，并对20世纪五六十年代的民权运动作出回应的压力。因此在紧随其后的几十年里，大学校园里的跨学科研究项目数剧增，其中包括了地区、种族、妇女、性别、宗教和环境研究等（Ferguson 2012）。文化、民族和地区研究项目为大学院校带来了新的对话，其中有些研究侧重于非西方的地区，有些关注人种和阶级问题，还有一些则是关于少数群体观点和声音的研究。在这些项目中，区域研究代表了尝试获得关于非西方国家和地区的新知识的明确努力。

在美国，大多数国际研究项目是由福特基金会、洛克菲勒基金会和纽约卡内基公司资助的，这三大机构共同致力于为公共政策制定之一部分的跨学科区域研究提供支持（Lagemann 1989；Chomsky etc. 1998；Ludden 2000；Miyoshi & Harootunian 2002；Szanton 2004；Schäfer 2010）。根据1965年高等教育法和第六项拨款条款，约有125所大学能够得到科研资助，用以开展区域研究、语言研究和被称为国家资源中心项目的国外教育项目。由此，一大批学术单位成立并发展起来，如非洲研究、拉美研究、亚洲研究、东亚研究、欧洲研究和太平洋研究，它们共同反映了冷战时期的紧张局势和美国向世界其他地区扩张发展的新殖民主义野心。

在英国，理查德霍格特和斯图尔特霍尔于1964年在伯明翰大学建立了文化研究中心，旨在探讨种族、阶级和权力等问题。这些深受社会主义和马克思主义思想影响的社会理论家和历史学家们开始向美国输出他们重要的跨学科思想，于是到了80年代，文化研究在美国也蓬勃发展起来。大约在同一时期，后殖民研究与庶民研究也开始活跃起来。

这些研究领域促使西方学者去审视他们本质主义的文化假设，并从一个自下而上的角度来看待世界的历史，这一角度乃是基于欧洲以外的经验以及他们对历史的经常是与我们极为不同的解读。尽管很多这样的讨论在大学校园里被边缘化，但它们仍然在欧美学术界内部开辟出了发展批判性视角并促成新的认识论立场的学术空间（See Spivak 2003；Chow 2006）。

不同交叉学科项目之间的思维碰撞和传播孕育出各种各样关于主体性、身份、管理、后殖民性等的思想。正如我们在第三章中所讨论的，由让·皮亚杰（Jean Piaget）于1970年提出的"跨学科性"这一概念正是对20世纪下半叶南北之间及其各自内部活跃的理论交流的概括（Piaget 1972）。这些交流促成了一套全新的主题，它们超越了学科思维，并在过去30年里重塑了学界的传统学科领域。跨学科性提供了一个理论平台，在这个平台上，作为全新的包容性研究的全球学研究领域正在生成。

讨论全球化

有关战后时期各国、各国人民之间复杂的社会关系的新的分析方法蓬勃发展起来，随之而来的便是把全球化作为焦点的研究的兴起。尽管在过去几个世纪里,全球化已经历了很多不同阶段,但在20世纪所独有的地缘政治和技术环境下,全球化的发展势头更加活跃(Nederveen Pieterse 2012)。20世纪70年代的全球化进程将民族国家、跨国公司、非政府组织(NGOs)与许多其他非国家和公民社会行为体之间的相互联系推上了一个新的层次。在全球资本主义的新表述中,全球化第一次成为国际金融和贸易领域的热门话题。伴随着各国市场的开放,新的经济理论和政策表明了新自由主义时代的到来。1970年,将新自由主义概括为一种经济逻辑的诺贝尔经济学奖得主米尔顿·弗里德曼宣称:"企业有且只有一个社会责任,即利用其资源从事旨在增加利润的活动。"(Friedman 1970)

美国和英国率先实行了新自由主义经济政策,这些向商业利益倾斜的政策使私营企业的权力和利润得到最大化,并削弱了国家在监管有损劳动保障和公共利益的剥削性金融行为方面的作用。中国也开始朝着市场自由化的方向推进(Duménil and Lévy 2004;Harvey 2007)。新的数字技术提高了世界各地经济交流的速度和容量,并且促成了一种关于自由市场全球化新纪元的感觉——至少在北方国家中是如此。20世纪八九十年代的金融周期和国际商业精英的形成则更加凸显出一个新的"全球想象"正在崛起(Steger 2008)。

这一时期内,美国利用巴西、俄罗斯、印度、中国和南非(金砖五国)等新兴经济体的资源,发展成为全球经济的超级大国。当然,今天的政治和经济格局已大为不同,中国经济规模迅猛增长,而美国也不再是无可争议的世界领袖。新自由主义受到了攻击,矛头主要集中于它所鼓励的那种无节制的贪婪对民主进程造成的损害。2008年的全球经济危机则是这一持续渐进的全球私有化和放松管制进程的高潮,它摧毁了全球金融世界,瓦解了中产阶级,并造成了史无前例的全球不平等和不安全状况(Beck 1992,2009;Chomsky 1999)。

值得注意的是,全球化并不是像经济学家们及其决定论理论所主张的那样,完全由跨国经济交流与国际金融实践所推动(See

Appadurai 1996）。在 20 世纪八九十年代，伴随着柏林墙的倒塌、共产主义的衰落、后殖民时期方兴未艾的民族自决愿望，以及本质上同时具有跨国家和亚国家属性的新型文化与社会网络的发展，世界的意识形态关系也发生了重大转型。换言之，20 世纪后半叶出现了超越传统民族主义意识形态和效忠形式的新的社团与主体性形态。全球环保运动和绿党政治的勃兴，全球政治压力下南非种族隔离的废除，全球共同应对艾滋病传播的吁求——所有这些事件都在强调着人类之间的全球性相互依存，并不断确认着一个全球性世界观在处理任何一个国家都无法独立涵盖或解决的问题时的重要性。这些事件以及其他种种全球性挑战打破了主权民族国家的中心地位、稳定状态和意识形态，引领了一个评论人士称为我们当前的后国家或"后威斯特伐利亚"时代（Falk 2002）。

整个 20 世纪 90 年代和 21 世纪，新自由主义经济强劲的发展势头瓦解了福利主义和国家官僚主义的调控，而无论在西方或非西方社会，民主观念也同样受到了攻击。横扫世界的意识形态和政治转型淡化了人们有关活跃的公共领域和强大的世俗国家体系的意识，而正是后两者保护着工人、妇女和普通民众的权利以抵制贪婪的资本家和不受管制的金融市场的侵蚀。这些转型助长了世界范围内基督教、印度教、穆斯林和其他宗教团体的宗教激进主义和极端主义。对数以百万计的人民来说，宗教极端主义提供了取代民族国家范式的具有吸引力的新的权威形式，而后者已被证明无力保护公民权利，并因此削弱了很多人的国家忠诚感（Juergensmeyer 2000；Juergensmeyer, Griego and Soboslai 2015；Yang 2008）。极端民族主义、种族主义、排外主义和反移民的歇斯底里情绪也在这一时期里回潮（Brown 2014）。

在冷战后的时代，各学科领域学者都在试图理解全球化和"全球社会关系的强化"（Giddens 1990：64；Robertson 1992；Axford 1995；Castells 1996；Friedman 1999；Stiglitz 2002）。围绕着全球化的定义以及如何才能最恰当地对其进行描述和分析，学术界展开了激烈的争论（Steger and James 2014）。自20世纪90年代以来，学者们分成了三个主要阵营：可以称为"超级全球化主义者""怀疑论者"和"转型主义者"（Held etc. 1992：2－10；Ferguson and Mansbach 2012：17－26）。这三大阵营关于全球化本质的不同观点反映了社会科学和人文科学（在较轻的程度上）领域中每个学者所接受的不同专业知识和专业训练。总体而言，超级全球化主义者的关注点集中于经济领域，并认为自冷战以来，世界所经历的一体化程度达到了前所未有的高度，一种新的全球资本主义正在形成，这些都深刻地改变了世界的组织方式和体验。怀疑论者反对这一观点，他们认为经济的国际主义在19世纪就已达到了相同程度，而当代的经济扩张并不能代表一个全新时代的到来，也不能反映真实的历史演变。怀疑论者们同时断言，全球现象并未有像超级全球化主义者所宣称的那样具有全球触角，事实上从地理空间的意义上说它们只是区域性的——如欧洲、东亚。

转型主义者，或者路加·马特尔（Luke Martell）所说的"第三波"全球化理论家，则强调经济、政治、社会与文化之间的联系（Martell 2007）。多年来，相较于超级全球化主义者或怀疑论者，转型主义者们提出了有关全球化进程的更细致、多线性和多阶段的分析。在一定程度上，这是北方国家所经历的由新自由主义所带来的毁灭性影响的结果，这些影响在希腊、西班牙和欧洲其他国家急剧恶化的社会政治环境中展露无遗，而数十年间它们曾在南方国家也强制推行新自由主义。转型主义者们认为，这个世界正在经历重大的转型，但这一转型的确切性质仍有待研究。

在关于全球化各种意义和影响的学术讨论中，全球学研究作为一个新的研究领域崭露头角，它拓展了全球化的研究重心，不再只关注其经济形式。第一个全球学研究项目始于20世纪90年代末，而在过去20年间，独立的全球学研究项目和研究中心已在很多国家蓬勃发展起来，包括澳大利亚、中国、丹麦、德国、印度尼西亚、日本、韩国、俄罗斯、英国和美国。这些研究项目都是在特定的制度与文化背景下孕育的,因此每一个都有其独特的知识轮廓（Juergensmeyer 2014b；Steger and Wahlrab 2016：25–52；Loeke and Middell 2017）。除了这些致力于全球学研究的跨学科研究项目,与全球问题息息相关的二级学科——如全球史、全球文学、全球社会学和全球法学研究——也出现在传统学科框架中（见图4）。简言之,全球学研究领域及其各种各样的研究机构和科目发展迅速,而顶尖高校对全球学学术研究的制度支撑也如雨后春笋般增长。①

图4　讨论全球化问题的学科

很多早期的全球学研究项目,尤其在美英两国,侧重经济全球化的宏观过程以及代表国际关系/国际学术研究的国际机构。与这一趋势并行的是其他全球学研究项目所强调的一种更具人文性的方法取向,这一取向侧重于全球史、后殖民研究、文化多样性和跨文化交流等研究。例如,莱比锡大学的世界和全球史研究为现在的全

---

① 2007年成立的全球学研究协会列出了大约30家设有全球学研究本科及研究生课程的机构,而这些项目的数量还在迅速增加中。在美国,印第安纳大学在2012年成立了全球学和国际研究学院；加州大学圣芭芭拉分校全球学系于2014年启动了国内第一梯队研究型大学中的首个博士项目；2015年,Roberta Buffett捐赠1亿多美元以支持西北大学的全球学研究以及成立一个新的研究机构。

球和欧洲研究机构（GESI）奠定了基础。另一个例子是澳大利亚皇家墨尔本理工大学的全球主义研究所（现在的全球学研究中心），从成立伊始它就特别关注全球政治和经济转型以及相关的政治理论（See Steger and Wahlrab 2016：41 - 47）。加利福尼亚大学圣芭芭拉分校于 1999 年成立的全球学系是其中的先驱项目，它从一开始就有着跨学科的课程体系和来自人文、社会科学各领域的师资团队①。

当前，世界范围内的众多全球学研究项目都携手致力于发展更有包容性的课程体系，这些课程体系鼓励各种深入社会的研究以及历史和定性的研究方法，从而促进更具文化多样性的知识生产（如 Appelbaum and Robinson 2005；Levitt and Khagram 2008；Amar 2013）。全球学研究广泛汲取包括人类学、比较文学、种族批判研究、经济学、民族研究、女权主义研究、地理学、历史学、法学、语言学、哲学、宗教研究、社会学和庶民研究在内的不同学科学术养分，强调了我们必须重新思考我们的分析概念、研究方法以及提出有关全球一体化进程和相互依赖关系的新问题的方法（见图5）。

你们可能已经料想到，由于全球学研究者是从传统学科领域中借用其元素的，因此全球学研究必然受到这些学科的影响，同时随着时间的推移，也可能反过来对这些学科产生一定的影响。但一般来说，跨学科研究者永远不能使那些囿于传统学科的学者们感到满意。例如，全球学研究往往与历史学息息相关，历史背景是理解全球问题的必要维度。对全球学研究者而言，史学——或经济学、地理学、语言学或其他任何一门学科——都为全球性分析提供了与其相关的众多维度中的一种（比较图5和图12）。因此，全球学研究者据其所需，有选择地使用某些学科的视角和方法以理解多面向的问题；但作为跨学科项目，全球学研究并不能完全被传统学科框架

---

① 加利福尼亚大学圣芭芭拉分校全球学系的创始团队反映了这种包容性的跨学科取向：Giles Gunn（英语），Rich Appelbaum（社会学），Sucheng Chan（亚裔美国人研究和历史学），以及 Mark Juergensmeyer（社会学和宗教研究）。关于该系历史，见 Steger and Wahlrab 2016：35 - 41。

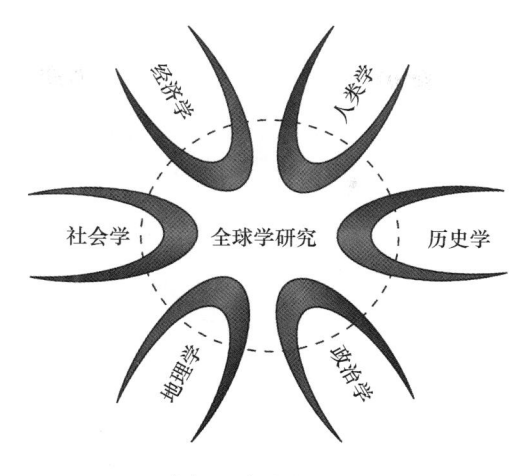

图5　全球学研究

（图中文字：经济学、人类学、社会学、全球学研究、历史学、地理学、政治学）

所涵盖。

与20世纪70年代刚出现的女性研究机构的历史相似，发展一门独特的跨学科全球学研究课程也为我们带来了特殊的挑战。当时，传统学科领域的学者们在常规课程中加入女权主义内容，试图更广泛地将女性、性和女权主义议题纳入主流。罗格斯大学历史与女性研究教授邦妮史密斯回忆道："一开始，女性研究只是一系列关于女性身处其中经历、行动并反思这个世界的过去和现在状况的自助式调查。"（Smith 2013：4）然而在过去数十年间，女性研究的发展已远远超出最初的学术关注，汇聚成一个有其独特课程体系和更广泛的学术调查的综合性研究领域。

Smith写道：从一开始，女性研究就涉及大学校园里的每一个人。无论在首尔、韩国还是美国洛杉矶，它通常都能吸引那些最具学术冒险精神的人。简单来说，女性研究是一项全球性学术事业，它具有跨越学科和团结所有师生的能量火花。所有这些都使女性研究成为一项非常有趣和新颖的研究项目（Smith 2013：4）。

传统学科正以类似的方式，在常规课程中使全球问题研究主流化。如前所述，全球史、全球文学、全球社会学和全球法学研究等一系列二级学科领域业已出现。但这种以特定学科理论和方法为基础的自助式大杂烩课程，与世界顶尖全球学研究机构致力于开发的独立的跨学科全球学研究课程是截然不同的。就像女性研究一样，全球学研究是一项"全球学术事业"和"非常有趣和新颖的研究项目"。也正如同女性研究一样，全球学研究正在发展为一个有其独特课程体系和理论、方法框架的综合性领域，而其真正成熟与融合还有待更多时间（Campbell, Mackinnon and Stevens 2010; O'Byrne and Hensby 2011; McCarty 2014a）。我们将本书看作对这一过程的一点助力。

或许并不出人意料的是，伴随着大量关于"什么是全球学研究"的论文，全球学研究项目数量激增，促成了各种热烈活跃的讨论和评论（See Juergensmeyer 2011, 2014; Nederveen Pieterse 2013; Gunn 2013; Duve 2013; Sparke 2013; Darian-Smith 2014; McCarty 2014c; Middell 2014; Steger 2014）。这些论文共同反映了一种超越早期对界定全球化历史与当代各阶段的关注，转而分析其多样化进程、面向及影响的需要（Featherstone, Lash and Robertson 1995; Nederveen Pieterse 2012）。正如 Mark Juergensmeyer 所指出的，有必要从各个学科的角度出发研究全球化的"全球化研究"向"全球学研究"转型，后者是一个"新兴的跨学科领域，融合了各学科的以及新的方法取向来理解全球化世界的跨国性特征"。（Juergensmeyer 2013a, 2013b）这一朝向我们称为"全球跨学科框架"的转变反映了一种日益增长的意识，即全球问题以及研究它们所需的理论和分析工具正在跨区域、地区、国家和跨国领域及其各自内部发生和显现，而这就要求新的研究模式和新的知识生产形式。

可以说，全球学研究项目——至少那些包括了人文和社会学科的跨学科项目——拥有重塑文科课程体系的潜力。在此意义上，这一领域已经超越了它的各个部分的总和。全球学研究涵盖多种认识论体系的跨学科、综合性取向，它对当前人类间的全球联系和相互依存关系的整体性理解，以及对跨文化理解和伦理实践的关注，显示了一种重塑的文科哲学（Hutner and Mohamed 2015; Roth 2015;

Zakaria 2016）。① 无论人们是否愿意用这种方式来描述全球学研究，都不会影响到它是世界上发展最快的学术领域之一这一事实。关于全球化进程的学术著作大量涌现，并且最近，全球学研究领域开始有了属于自己的正在不断充实的文献资料（See Steger and Wahlrab 2016；Loeke and Middell 2017）。全球学研究领域出现了越来越多专门的同行评议期刊、系列著作、百科全书和专业协会，所有这些共同组成了具有明确全球导向的文献资料（如 Anheier and Juergensmeyer 2012，另见附录 B）。话虽如此，我们仍不希望为全球学研究贴上一门新学科的标签。一如研究者们所探究的极其复杂的全球化过程，描述分析这一复杂过程的讨论也应当是混杂的、充满活力与激情，并且鼓励不断反思的。将全球学研究视为一门单独的学科，有可能会扼杀学术上的求知欲与创造力，因为这样做就迫切需要建立一套学科的经典准则并接纳传统学科的种种陷阱。在我们看来，至关重要的是全球学研究仍应是跨学科的，学者们也应围绕"这一领域是什么和可能是什么"继续展开论证和辩论，而非为了能够自我宣称为整合的研究课题而得出一个明确答案（Darian-Smith 2014）。

　　对全球学研究领域进行讨论和不断反思的开放性也是一种伦理立场，它强调了西方学者可能并没有囊括关于全球问题的所有答案，而其他人也可能会给出全新的内容以及革新性的解决方案。正如我们将在下一章中予以深入讨论的，新兴的全球学研究领域确认了对概念化和分析全球问题的新方法的需要。这就必然要求同时对来自自己社会中与来自非西方社会的新的知识形式敞开怀抱，以"跳出框框"进行思考。全球学研究，也许比欧美学术界内任何其他研究领域更是如此，意识到在一个 David Held 称为"命运重叠的社会"的世界里，贫困、不平等、剥削、环境恶化以及新类型的战

---

① 为了促进跨文化理解和本土参与，加利福尼亚大学圣芭芭拉分校全球学系要求学生至少学习两门语言，并鼓励进行有相当时间跨度的海外旅行，最好是一年。该系每年输送海外的本科生都比加利福尼亚大学系统十个校区的所有其他系部要多。

争等正在"彼处"发生的事情，也可能转而发生在自家门口（Held 2002：57；Roy and Crane 2015）。在预设了"我们"与"他们"是紧密联系在一起的前提下，作为一个新的研究领域的全球学研究既依赖同时又深深致力于学习他人、尊重他人。换言之，全球学研究将跨文化交流视为增进对我们自身及我们共同未来的理解之关键。

我们将在下一章概述全球学研究的意义和特点，这些特性包含着重要的理论、方法论与分析意义。第三章中，我们将通过提炼一套基于跨学科理论框架的综合的全球学研究取向，提供一种提出启发性问题的方式，这一方式有助于将研究浓缩为一套独特的方法论问题。第四章中，我们将带领读者了解设计一个全球学研究计划的每个步骤。第五章中，我们将介绍混合型研究方法和全球学方法论策略。第六章中，我们将讨论全球学个案研究的特殊优势，它使研究者能够通过可控的研究方法来分析和探究全球问题的复杂性。在第七章，我们将引用几个全球学研究的具体范例来阐明我们的论点，这些范例都成功地运用了我们所称的"全球学个案研究法"。

第 二 章

全球学研究为什么重要？

近些年，一些学者试图梳理全球学研究的基本特征，并阐明为什么这一领域对理解我们当前时代如此重要（Juergensmeyer 2011，2014；Duve 2013；Nederveen Pieterse 2013；Gunn 2013；Sparke 2013；McCarty 2014b；Middell 2014；Steger 2015）。在这些讨论的基础上，在本章第一部分，列出了我们之所以认为作为一个研究领域的全球学研究重要的主要原因，其中一些原因较为明显，而另一些却未必如此，因此我们将下面的列表看作确立全球学研究事业之价值的一项必要行动。这些观点旨在帮助学者们探讨为什么这一领域对学生以及其他学科研究者、高校管理者、研究资助机构等都很重要。

在本章第二部分，我们列出了与全球学研究方法有关的一些主要特征，这些特征凸显了我们所定义和描述的全球学学术研究的广度与深度。这两张列表旨在帮助读者快速了解那些使全球学研究成为独立的新研究领域的意义和特征。在后面的章节中，我们将探讨在设计、开展和分析全球学研究项目的过程中，这些特征是如何发挥其作用的（第4、第5、第6章）。

全球学研究为什么重要？

全球学研究取向提供了一种新的思维方式，这可能为正在快速全球化的世界所面临的各种全球性问题提出解决方案。诸如气候变化、经济发展、区域性暴力和资源耗竭等紧迫问题都是亟待革新性的，可能是从前想象不到的解决方案的新议题。与这一领域的许多其他人一样，全球学研究专家萨斯基娅·萨森认为当前我们正面临着"支配的类型化的限制"，因此无法超越那些我们业已认识到并认为重要的东西去看待事物。她同时指出需要寻找并"察觉到那些跨越地缘政治分野的在概念意义上隐蔽的趋势"，并开辟出观察、应对、分析和解读这个世界的新方式（萨森2014：8）。例如，作家、社会活动家内奥米·克莱因在《这改变了一切》中，把气候变化、新自由主义市场原教旨主义、民主化和全球健康等迥异的问题联系在一起，来探讨资本主义社会中的根本性变化（克莱因2014）。确定全球性问题、找出它们的模式及其相互联系，并提出解决这些问题的新方法以及作为一个调查领域的全球学研究的核心功能。

解决旧问题的新方法

在有些情况下，全球学研究取向也能为理解长期以来被忽视、忽略或故意回避的问题提供新的方法。例如，关于国际监管体系的全球史分析表明，现代国际条约体系可能有其内在局限。这种内在局限性部分是由具有经济、政治和军事影响力、能够单方面采取行动的强国与无法单方面采取行动的小国家之间的不平衡所造成的。这些局限阻碍了强有力的多边机构（如国际刑事法院）和条约（如《京都议定书》）的发展，从而极大地破坏了地缘政治秩序，增加了由非国家行为者（如伊斯兰国）策动的地区冲突和暴力事件。通过改变我们看待国际问题的方式，全球学方法将会带来思考诸如移民和人口贩卖等古老而持久问题的新方式，而要解决这些问题对民族国家来说是出了名的困难。

在我们关于世界是如何组织和运作的普遍理解中，最常见的局限之一便是将民族国家视为理所当然的政治、经济和文化活动载体。但是，正如迈克尔—罗尔夫·特鲁约在其《全球转型》（2003）一书中所作的令人信服的论述，随着法语、英语、德语等语言的传播，直到 19 世纪，民族国家才开始被公认为主要的政治实体（安德森 1983；巴巴 1990）。特鲁约继续写道：因此，只有通过了解现代民族国家建设的相对短暂的历史，才可能重新定义对旧问题的解决方案。

如果我们清醒地认识到，民族国家从来都不是像 19 世纪以来政治家和学者们所宣称的那样封闭且无可回避的经济、政治或文化载体，我们就能更好地评估代表着我们这个时代的种种变化。一旦我们把民族国家的必要性看作现代性的活生生的虚构——事实上，把它看作人类历史上一个短促的间歇——我们可能就不会对眼前的变化感到那样惊讶，并能够用恰如其分的学术想象力对这些变化作出回应了。（特鲁约 2003：85）

学者们只有打破将民族国家作为核心分析单位的过时的国际关系范式，才能开始对全球结构、系统力量和规制问题进行识别、整合和分析，而这些问题是同时在高于或低于民族国家的层面上运作的。当然，这并不是说民族国家在我们当前的时代已经不再适用，这显然是错误的。在 21 世纪的最初数十年间，无论是南方还是北方国家，其中很多都采取了激进的保守主义立场，并使那些旨在巩固民族自治和独立的国家观念的法律与政策制度化。然而，在当代后威斯特伐利亚的世界中，撇开保守主义政治论调、严厉的移民法和随处可见的沙文主义民族主义，作为统治着世界的主要政治实体的民族国家的作用遭受了深刻动摇。（福克 2002；布朗 2014）

强大的分析工具

全球学研究取向还提供了独特的视野和新的、强大的分析能力。通过将本土—全球连续统一体置于深刻的历史背景中，全球学研究能够揭示出那些我们非此便无法看到甚至想象的时间、空间和概念联系。比如，它使我们能够追溯帝国、殖民主义、现代帝国主义和当今世界新形式的帝国主义之间的联系。全球学研究表明了各种事件、过程之间存在着重要联系，即使这些事件乍看似乎是被时间、空间乃至我们自己人为的分类范畴所隔断和分离的。

一个全球综合体推动着新的分析性概念的发展。以劳工、人权、环境和妇女运动为例，对这些运动的研究往往是在单个国家背景下进行的。即使在研究国际性社会运动时，它们也通常是被作为互不相关的独立现象看待的。与此相反，全球学研究取向则把这些运动作为具有全球性关联的现象加以分析（马丁 2008）。进一步而言，全球学视野可以将它们作为一项更大的、旨在突出全球政治经济体系中各类不平等、不公正的反体制运动的组成部分，相互联系在一起。这种理解又可以反过来促成具有全球范围大规模变革潜力的新层次全球性跨区域联合。

实践和政策含义

全球学研究取向非常重要，因为它为现实世界的问题提供了独特洞见。例如，在《摩擦：一项全球性联系的民族志研究》中，人类学家安娜·劳文豪普特·青分析了导致印度尼西亚热带雨林采伐的跨文化沟通与沟通失误的过程（青 2005）。参与这项研究的行为主体包括该地区的土著居民、重新安置的农民、环保人士、合法及非法伐木工、当地政客、政府机构、国际科学家、资源投机者与投资者、跨国公司以及联合国资助机构。青所描述的"摩擦"乃是他们之间的集体互动、沟通失误以及所有在翻译解读过程中缺漏的信息共同造成的结果。在印度尼西亚政府出于允许有限制的法律准入的考虑而撤销了伐木禁令的地区，这也使得非法采伐和侵犯财产权的行为更趋肆虐以至于无法对它们进行监控。其结果便是地方和国家层面的功能障碍，从而使印度尼西亚当地的热带雨林和土著居民更容易受到全球市场大规模过度开发的损害。

这类功能/功能失调分析具有很多政策含义。例如，人们可以用这种方法来主张，资源匮乏型政府应避免其自然资源受到无节制开采。假如地方政府没有足够资源来对不利于环境和当地居民的开采过程进行监控、强制、限制并从中受益，他们就应该使用那类更容易执行的管制措施，如在规定区域内禁止所有的钻井、采矿、捕鱼和狩猎活动，直到能够对其进行适当监控和控制为止。

类似的这类研究表明，在那些全球体系政治、经济、文化和法律诸要素交互作用的地方进行研究时，全球学研究取向的视野可能是最有价值的。通过关注交流过程以及从地区到地区、从全球到局部的沟通、翻译与诠释的互动过程，全球视角能够超越单一民族国家，强调并探究全球体系、结构和制度的各种功能及功能障碍。地缘政治和经济力量对诸如大规模移民、冲突、气候变化和资源枯竭等全球性问题的产生负有责任，在此意义上，对更大体系的分析对于理解和处理这些问题至关重要。

全球公民和公民身份

全球学研究领域拥有改变学生和资深学者对当前全球问题的理解方式的能量。我们每天都面临着各种各样的头条新闻，它们把世界呈现为一连串令人眼花缭乱的相互脱节而又混乱嘈杂的事件。全球学研究取向鼓励研究者去辨别那些横跨时空维度的持续性模式。例如，研究者可能会努力应对可持续经济发展的挑战。一项关于经济发展的全球学研究分析可能会包括殖民时期的区域历史、多国发展政策、国家政治、人口与环境变化以及当地制度、习俗和农业生产活动。在思考这些跨时空的多重因素和观点时，学者们很可能会与现代发展模式的影响、局限正面交锋。循着类似的方式，他们也可能需要处理多种历史、经济、地缘政治与文化因素，这些因素形塑了在人权、全球共同领域等全球治理议题大背景下的各种全球性问题，如移民、贫困、地区暴力和种族冲突等。通过这样的方式，全球学研究取向为学者们提供了一种独特、连贯也更全面的理解正在进行中的全球性事务的方法。

全球视角使研究者和学生能够通过新的方式去理解这个世界，并作为世界公民而行动（高德利2016）。教导下一代学者超越民族主义去拥抱更广阔的人类社会，并鼓励他们严肃思考全球公民身份的可能性，能够改变他们有关个人在社会中的角色、有关在这个世界上我们相互间的共同点的根本理解。

批判性思维

概括起来说，批判性思维意味着一种开放性思考、挑战自己的假设和概念、反思指导人类行为的知识结构，并对特定交流形式所隐含的偏见提出质疑的意愿。如迈克尔·斯克里文和理查德·保罗所言，作为信念和行动的指南，批判性思维是一种智力训练过程，包括主动熟练地对通过观察、经验、反思、推理、沟通收集或产生的信息加以概念化、应用、分析、综合和/或评估。在其范本形式中，它建基于超越学科分野的普遍知识价值：清晰度、准确性、精确性、一致性、相关性、可靠的证据、充分的理由、深度、广度以及公正性。（斯克里文和保罗1987）

成为一名具有批判性的思考者并不像有些缺乏经验的学者所倾向认为的那样，意味着消极的或试图消解一切。相反，成为一名具有批判性的思考者是指拒绝自满于对一个问题或概念的固有理解，并提出新的问题来检验自己原先的观点、来寻求理解与解释它们的新方法。在很多国家，批判性思维方式在高中课程中就被教授给学生，并被视为促进有独立观点的知识交流和反思性语境的必要条件。而在大学阶段，无论是在社会科学、人文学科还是自然科学领域，批判性思维都是具有开创性、进步性意义的学术工作的核心。

"批判性思维"一词源于19世纪下半叶，通常与新马克思主义思想及其对作为现代自由主义经济学基础的理性行为者模型的批判联系在一起。到了20世纪，批判性思维则是与两次世界大战之间的年鉴学派和法兰克福学派联系在一起的。年鉴学派成员包括吕西安·费弗尔、马克·布洛赫和费尔南·布罗代尔等。这些学者合力引入了一种新的史学研究方法，这类史学研究在对包括佃农、农民和穷人在内的所有社会阶级进行严肃的文化和社会历史分析的过程中，采用了一种更具整体性的方法取向。法兰克福学派成员包括马克斯·霍克海默、西奥多·阿多诺、赫伯特·马尔库塞、埃里希·弗洛姆和沃尔特·本杰明等。其他重要的批判思想家还包括安东尼奥·葛兰西、乔治·卢卡奇和尤尔根·哈贝马斯，这里仅列举了其中几位。其中很多人为躲避纳粹德国的迫害，迁移到纽约哥伦比亚大学。这些知识分子对资本主义、社会主义、共产主义和法西斯主义的意识形态感到幻灭，并试图去理解阶级冲突和社会不平等的深层结构与机制。在理论上，他们努力克服实证主义和基于观察的既定思维的局限，并将这种思维看作对革新性政治思想和行动的桎梏。

今天，批判理论在人文和社会科学领域催生了大量的理论视角，包括文学批评、诠释学、符号学、文化研究、庶民研究、世界体系理论、批判种族理论、女权主义理论、酷儿理论和后殖民理论（科林斯 1990）。尽管这些重要视角在寻求社会变革的程度上有所差别，但它们都共同致力于对社会意义的解读、对意识和主观性叙述的潜在形式的揭示，以及对结构与行为主体之间的权力动态的反思（穆尔尼克斯 2012）。在所有学术活动中，有一点非常重要，即不能将批判性思维与道德上的美德或某套预定的目标画上等号。正如詹妮弗·威尔逊·穆尔尼克斯所述：

作为一种学术美德，批判性思维并不指向任何特定的道德目标。也就是说，本质上它并不包含一组使用该方法则必然导致的固定观念。例如，两位批判性思想家都忠实妥当地运用了与批判性思维相关的技能，尽管如此，他们还是可以持有相反的观念。因此，批判性思维无关乎我们在思考什么，而是有关我们如何思考。（穆尔尼克斯 2012：466）

在全球学研究领域内，批判性思维被公认为能够促生新问题以及适于探讨全球性问题和过程的新型研究的重要元素（Appelbaum &

Robinson 2005；Juergensmeyer 2011；Steger & Wahlrab 2016：147 – 181）。全球学研究对固化了权力等级与现状的逻辑、分类、意识形态和假设提出质疑，在这些进行质疑的方法中就能发现批判性思维的存在。它显现于全球学研究的跨学科努力及其对既有学科知识的内在挑战中。例如，全球学研究探讨了民族国家和国际关系范式的局限性，从而对民族主义和单一的国家认同保持警觉（安德森 1983）。全球学研究还对主流经济学、自由市场意识形态，以及经济现代化和发展模式背后的那些假设作了批判，在这类模式中，欧洲居于中心地位，而其他所有人则被降到外围（Escobar 1995）。在该领域对新形式的帝国主义以及歧视、剥削和暴力的结构化、制度化模式的质疑中，批判性思维更加明显。故此，全球学研究质疑了诸如理性主义、民族主义、世俗主义、现代性、个人主义、自由主义、发展和民主等概念，以及种族、性别、阶级、宗教和民族的自然化了的分类。

批判性不应被理解为一种破坏性的或消极的冲动，相反它是一种建设性的、包容性的力量。在分析意义上，对支配性范式的解构常常是极富成效的。因此，尽管鼓励多元、非主流观点的学术活动可能因其挑战了既定真理和理解方式而具有危险性，但它同时也可以是一个创造性的过程，不断生成新的研究途径，并指向新的融合与答案（尼德温·皮尔斯 2013：7）。最后或许也是最重要的，批判性思维通过帮助受压迫者发声、承认非西方的认识论并将南方国家纳入新形式知识的生产过程中，强调了对全球学研究的包容性的要求。

非西方认识论和多元声音

全球学研究领域反映出学界内一种日益强烈的觉知，即我们所处的当代世界要求新的理论、分析、方法论和教学方法取向。一些学者更进一步承认，欧美学术界可能并没有用来理解和应对这个相互联系日益紧密的世界的所有答案。越来越多的人开始认识到，西方的知识范式可能无法解决由西方国家自身所造成的问题。

据民族研究学者乔治·利普西茨所述:"遍及世界的新的社会关系正在迅速产生新的社会主体,这些新主体都有其独特档案、想象、认识论和本体论……认知的剧变要求我们重新思考关于地点、时间、知识的基本分类"(利普西茨 2010:12-13)。从民族研究中汲取灵感,全球学研究取向要求我们重新思考知识生产的支配性形式,并更多地吸收在西方学术和教育活动中通常得不到体现的批判声音和多元认识论(参见 Freire 2000;Ngũgĩ 1986)。全球性分析应包含边缘化的经验和非英语方言表达的声音,这其中很多都见证着全球体系的种种不公正现象,包括严重的不平等、极端贫穷、侵犯人权、剥削人力与自然资源、环境退化、区域暴力和种族灭绝(McCarty 2014b)。互惠的学术交流、双语翻译和联合研究计划为吸收不同观点提供了途径。只有通过有意识地为批判性声音和非主流认识论腾挪出空间,并在新知识的生产过程中与非西方学者共享话语权(史密斯 2012),全球学研究才能有潜力去辨别并处理当今世界最严重的全球问题的各个方面(Featherstone & Venn 2006;Darian-Smith 2014)。

然而,认可并合法化非西方认识论所包含的远不止被动的道义支持或积极的物质支持。西方学者必须克服他们的民族中心主义,并做好准备来接受多元认知方式对他们自身世界观的改变(Santos 2007,2014)。这对北方国家的一些学者来说是非常困难的,因为他们对自身的智识优势深信不疑。但是,我们还是应该积极地看待对支配性范式的解构,将其视为一个创造性的、建设性的、包容性的过程和一个克服那些认为自己的工作适用于整个世界的西方学者"狭隘、傲慢和愚蠢"姿态的机会(Rehbein 2014:217)。更重要的是,这是超越西方学术固有限制、使新的富有成效的研究路径成为可能、发现研究全球问题的新方法并产生更公正和可持续结果的最可靠途径。

这种关于必须促进、接受和学习欧美世界观以外的人们的认识,是建立在知识社会学基础上的,它指出一种对超越民族国家的思维的要求。麦克·布洛维指出,这一新的跨学科取向"必须与主要关注市场社会发展的经济学,以及关注国家和政治秩序的政治科学区别开来——这些北方国家的学科更专注于构建一个远离现实的世界模型"(布洛维 2014:xvii)。作为对这方面讨论的补充,Nour Dados 和 Raewyn Connell 认为:"重新构建社会科学的认识论已然确立。"现在最需要的是用一种新的方式,采用南方国家的、可称之为后殖民理论敏感性的视角,来发展更多知识领域(Dados and Connell 2014:195)。Boike Rehbein 宣称,这就要求"不多不少一个全球化世界的批判理论"(Rehbein 2014:221)。

作为批判的全球学研究者,我们必须对产生于北方国家的知识的支配性和排他性保持高度警觉。对接受和学习非西方知识的排拒,使我们与从前充斥着压迫和歧视的殖民时代保持着危险的联系,而统治着那个时代的正是无知、自大以及其他人的沉默。想要避免重蹈我们西方的知识分子先辈们殖民主义和帝国主义暴力覆辙——尽管方式不同,我们就必须始终保持警惕,克制我们的普遍主义假设(Darian-Smith 2016;Smith 2012;Kovach 2009)。

发展全球伦理

夸梅·安东尼·阿皮亚在其具有影响力的著作《世界主义:陌生人世界的伦理》(2006)中,深入讨论了关于一种共享的全球伦理的思想。随着世界变得越来越复杂和互联,相应产生了严肃对待全球伦理问题的需要。阿皮亚敦促我们去"了解其他地方的人们,关注他们的文明、他们的观点、他们的错误、他们的成就,不是因为这样做将使我们达成某种共识,而是因为这将帮助我们适应彼此"(阿皮亚:2006:78;另见贝克 2006;贝克和西纳德 2006)。

在全球学研究背景下,相互适应则势必需要在对话过程中为通常被排除在知识生产过程之外的人们腾出空间。这就意味着在流变的地缘政治格局的更广阔背景下,积极培育新的主体、参与和表达形式（Falk 2014）。正如黑人革命女权主义者奥德瑞·洛德数十年前所写的那样，这甚至可能需要学习如何"与那些被界定为体制外的人士共襄事业，从而定义和追寻一个在其中所有人都能蓬勃发展的世界。这就是要学习如何利用我们的差异并使之转化为优势"（洛德 1984：113）。这意味着要明确承认，任何全球化进程、事件、问题或议题都涉及伦理的多元性，同时尊重、学习并接触具有不同伦理视角的人们，对于努力生活在一个和平的、互相支持的世界中至关重要。

全球学研究的特点

全球学研究取向有几个特点，其中有些是这一新领域所特有的，还有些则是从其他不同学科改造而来的。我们认为，对于理解全球问题并使这一领域对大多数学者更具一致性、适用性且更易上手——无论他们的学术训练如何，这些要素都是非常重要的。

整体研究

全球学研究力图复原一种分析社会及其成员的整体性方法取向。这意味着研究者要用全局的观点来展开自己的研究，有意识地整合政治、经济和社会文化元素，而这些元素在传统的民族国家框架和现代主义分析范式中可能不会立即就显现出来。遗憾的是，数十年来，社会研究的整体性方法取向在学界内日趋式微，淹没于专业化和专家型知识的离散分类的现代化湍流之中。但在某些学科如人类学和某些交叉学科领域如社会心理学之中，仍然可以找到对整体论的迫切要求。长久以来，这些学科和交叉学科领域一直力图重新整合那些被西方社会及其教育机构日益增长的理性化所瓦解了的东西。

现代学者通常把经济、政治、文化和法律等主题看作单一的分析领域。与此相反，全球学研究者则力求将表面上分散无关的现象重新交织进社会、政治、经济、历史和地理关系结构中，它们正是从这些关系结构里被人为地提取和抽象出来（Wolf 1982）。社会生产活动中那些表面上看来独立的制度和领域，究其本质却属于一个整体的功能性组成部分。将这些要素视为分离的、独立的单位乃是从根本上扭曲了它们在整个社会体系内的功能性相互依存关系。

　　社会的结构与功能并非固定不变或者道德中立的。它们经历并提供了某种程度的历史连续性，但却并不能完全阻止变化和转型；它们产生并复制着社会，但与此同时也复制着歧视与不平等。因此必须记住，像法律、卫生保健等看似是价值中立的独立活动领域，但事实上它们仍是有争议性的社会结构，不能从其所处的社会文化环境中抽离，并且必须始终将其置于社会、政治和经济关系结构之中，而这些社会、政治和经济关系结构是不可避免地涉及权力和利益冲突的。

　　对整体研究的偏好塑造了全球学研究的多个面向，也是我们在这里所讨论的方法赖以建立的概念性平台。在本书的几乎每一章中、在大多数全球学研究文献中，都可以发现那种展现一幅更整体的图景、其他人或称为"总览图"的内驱力。这种整体性冲动正是我们将在第六章中详细阐述的全球学个案研究方法的核心原则。

跨界的和综合的

　　遵循整体性思维，我们进一步指出，全球化过程以及我们用来分析它们的工具在本质上是跨界的、综合的。跨界是指打破边界，包括在空间意义上跨越地缘政治边界（南/北、南/南、东/南），以及在时间意义上跨越那些常被表现为不连续的历史阶段（Sachsenmaier 2006；Nederveen Pieterse 2012）。这种跨界的要求试图超越传统欧洲中心的思维模式，背弃阻碍性或支配性的学术传统，从而能够兼容并蓄地思考这个世界及其复杂过程。超越传统思维模式，以及与此相关的敏感性——当研究者在此过程中始终保持敏感时——模糊了学科的边界以及启蒙思想的很多基本范畴，从而为新的跨文化对话模式提供了机遇。

综合所指的不仅仅是一个跨学科的综合体：要辨识通常被认为是离散的社会、政治和经济过程之间的多重联系，以及表面独立的现象之间本质上的相互依存关系。将不同要素协调整合到同一总体中并不是要用一种单一视野来取代另一种单一视野。恰恰相反，它是一种能够梳理出我们用以理解全球问题的协同、联系和网络关系的方式，意味着拒绝任何教条式的单一观点并力求一个多角度透镜。

相互联系和相互依存

现代西方学术致力于将社会研究与社会实践研究理性化，把分析单位分解成更精细的范畴和独立的专门化领域。与此相反，全球学研究则将有关世界的理解重新整合起来。它起始于这样一个假设，即对社会各组成部分单独进行研究，可能会掩盖它们之间普遍存在的相互联系。历史和考古记载显示，人类文明一直是相互联系的，而将人类历史划分为不同的地理区域或特定的时间周期鲜有意义。这一把社会研究划分为不同单元的根深蒂固的习惯，正是学者们难以发现社会活动中经济、政治、法律和文化领域间无数的、相互联系的主要原因之一。在一个日益全球化的世界里，无论何时何地，只要我们努力探寻，便会发现各种看似离散的要素其实是相互依存、相互建构的。

分析相互联系和相互依存关系并不是一项纯理论活动，而是具有重要的实践意义。比如，全球学研究表明，政策制定者越是低估相关全球问题的结构性相互联系，就可能越少达成其政策和项目的预期成果，并导致越多意外后果。意外后果的增加对国际发展项目及其他很多公共政策都具有现实意义。

对全球问题所具有的整体性、跨界性和相互依存特点的把握，一开始可能会使世界显得有些无序和混杂。然而，打破既定的认知方式使我们更有可能收获新的理解和分析。以贫困、不断增多的城市贫民窟和恐怖主义等全球问题为例，近年来这三大问题的日趋严峻表明，这些看似无关的现象可能是一个更大的全球体系中相互作用的因子（Kaldor 2006；Davis 2006）。

全球规模议题和本土—全球连续统一体

乍一看，全球学研究似乎聚焦于那些具有全球规模的宏大经济、政治和社会进程。诸如经济发展、气候变化、资源枯竭、区域冲突、人权和移民等所有全球问题至少有一个共同点：它们超越了民族国家的界限，即使当它们主要是作为国家项目或国家关注时。这些问题在规模上是全球性的，因为它们跳脱了政治边界，并在不同程度上对所有国家都产生了影响。直到最近，最大的分析单位仍是民族国家，这就使学者们很难看到更大的、一体化的世界体系，在这一体系中各种国家和非国家行为者都在发生着作用。作为研究起点，全球视角催生了不局限于国家/国际框架的全球系统分析。

正如我们在第一章所讨论的，"全球规模"并不仅仅意味着"大"。这并不意味着全球学研究者只研究宏观过程，也不意味着他们需要"研究所有事物和所有地方"（Duve 2013：23）。以 20 世纪八九十年代人类地理学家的研究工作为基础，全球学研究者认为本土地区具有历史上的偶然性，它们是嵌入全球过程之中并通过全球过程被折射出来的（Pred 1984；Massey 1994；Swyngedouw 1997；参阅 Giddens 1984 关于结构化的研究）。因此，尽管全球规模问题有其宏观维度，但它们同时也有本土化的表现形式。对于全球学研究者来说，全球规模问题要求一种同时包括从国家到全球，以及从国家到整个本土—全球连续统一体的研究中心的转向（Nederveen Pieterse 2013；Darian-Smith 2014）。全球学研究者进一步指出，这些全球性问题可以同时在多个层面上表现出来，并且在区域、国家和本土的不同层面上它们的表现也往往是非常不同的。在此意义上，我们能够更好地理解作为各种关系的嵌入式集合的本土、国家、区域和全球：不可分割、不断地创造和再造着彼此。

全球学研究者视本土和全球为一体之两面，但同时避免对这两个面向进行本质化处理或是将它们看作静止或固定的。全球学研究者进而关注全球规模进程是如何在普通人的生活中以及在人类活动的整体中体现出来的。Dominic Sachsenmaier 写道："任何具有明确全球视野的研究都必须找到在普遍和特殊间达至平衡的方法，它必须对全球结构的内部多样性以及本土力量的全球维度保持敏感"（Sachsenmaier 2006：455）。因此，根据研究者所提出的不同问题，全球性既可以在大城市中，但同时也可以在村庄和社区中被发现；既可以在跨国公司中，也可以在工作场所中被发现；还可以在大众文化偶像和日常生活的象征性仪式中，在宏大历史叙事和个人生活故事中被发现（McCarty 2014b；Sassen 2011；Roy and Ong 2011；Juergensmeyer, Griego and Soboslai 2015）。这一把握全球规模问题、将更大的全球系统分析整合到对本土—全球谱系的多层次分析中、通过本土研究全球并反过来通过全球学研究本土的能力，赋予了全球学研究一种独特的空间和概念性关系框架。

对全球规模问题的理解包含了这样一种认识，即新的地缘政治空间动力学不再受传统民族国家框架的束缚。重要的是，这并不意味着全球学研究只涉及"超越国家"的社会、文化、政治、经济和法律问题，就像全球学研究入门教科书通常所说的那样。我们认为这是对一个问题或过程的"全球"特征的简单化理解，它会使讨论陷入有关地理空间范围的定义性技术细节的沼泽之中。相比之下，我们认为更有成效的调查研究来自在本土—全球联系一体中理解全球规模问题。本土—全球连续统一体不是一系列从本土、到国家、再到全球垂直嵌套的空间匣。更确切地说，它是对重叠、互构的地缘政治与概念性位置和舞台的更分散、去中心化、去疆域化理解。

在处理全球规模问题时存在一个概念上的困难，即某些情况下，它们在不同本土文化环境中殊异极大，以至于可能对人权、发展、正义等抽象的西方概念的定义及其假定的普遍性提出挑战

（Chakrabarty 2000：9；Merry 2006）。尽管如此，全球规模问题仍必然将宏大的分析性抽象与各异的本土表现联系在一起。这种将更大的全球体系分析整合到整个本土—全球谱系的多层次、多维度分析之中，并在这一互相建构的网络中确定具有影响力的推动力量的能力，是理解这个世界的新方式。它同时也提出了新的研究问题以及一种概念上易懂的方法论，这一方法论并不基于任何一门特定学科（对此我们将在第五章中予以详细讨论）。

我们认为，要使任何一个主题具有全球性，需要研究者提出和使用这样一种研究问题与研究方法，它们旨在探索过去与现在的联系、跨越学科及分析框架、跨越长期以来其概念化受限于民族国家框架的广泛问题（Darian-Smith 2013a，2013b）。因此，在社会和人文科学领域，越来越多学者开始关注他们研究中的全球性维度，即使这些研究表面上看仍是在国家或本土框架下进行的，而这些全球性维度通过一个全球想象折射出来。致力于在其研究中寻找全球性维度的不同学科研究者越多，他们能够找到的全球性维度也就越多。正如我们在后面第六章中有关全球学个案研究的深入讨论，这是因为全球化进程不仅仅是超越民族国家之外发生的，更是在传统国家内部、跨国家及其相互之间的各种空间、时间与概念性范围中体现出来的。

去中心化、分散的和去疆域化过程

全球问题不仅庞大复杂，而且与互联网一样，它们是跨时空分散与分布的。它们往往具有去疆域化的特点：它们无处不在，或者至少不是按照我们习以为常的方式被完整包含在既定政治边界与自然边界之中的（见图6）。它们可能会有不只一个中心或根本没有中心（Baran 1964；Nederveen Pieterse 2013；McCarty 2014a）。

同时，全球问题也可能是没有层级、没有方向性流动，甚至没有清晰的线性因果关系的（McCarty 2014b：3）。故而，全球进程可能拥有国家边界内部、超越或跨越国家边界的多重中心和外围。正

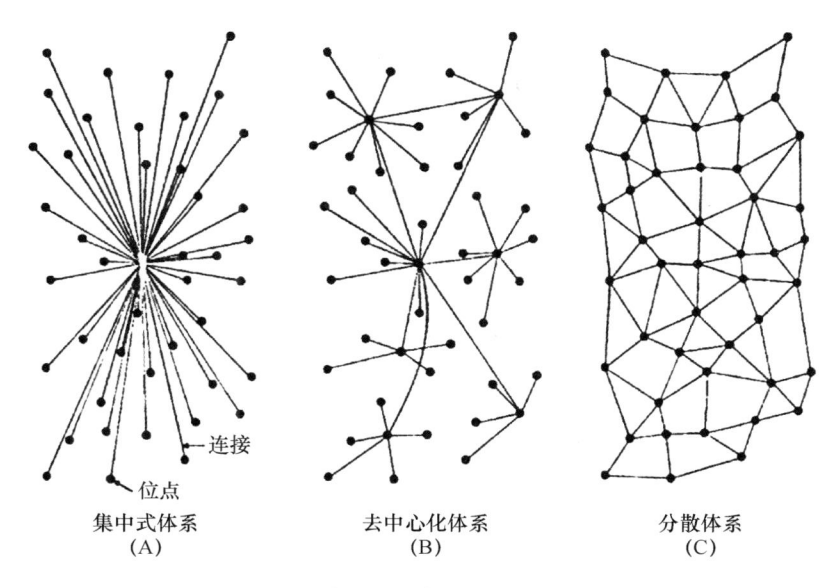

```
         连接
         位点
集中式体系      去中心化体系      分散体系
  (A)           (B)            (C)
```

图6　集中式、去中心化及分散体系

如 Jan Nederveen Pieterse 在《什么是全球学研究?》中所论述的,我们需要一种"多中心"取向,以便更仔细地审视新的权力、联结和交换中心,并"不仅对纽约、伦敦、巴黎或东京的关注,同时也对新德里、圣保罗、北京或内罗毕的看法"予以重视(Nederveen Pieterse 2013:10)。Boike Rehbein 补充道,在一个多中心的世界里,"外围已进入了中心(并且反之亦然),而无论是强势集团还是弱势集团都不再是同质化的"(Rehbein 2014:217)。

移民问题提供了有关分散的、去疆域化过程的示例。移民、迁居和归国移民已相当普遍和复杂,以至于移民现象不再是由一个点到另一个点的明确的方向性流动——从南方国家到北方国家或者相反。与贫困和战争所导致的大规模流离失所与跨国移民相伴生的那种违和感并不局限于某一个国家。这个问题影响了所有国家边界,世界各地同时在不同程度上感受到了这一危机。第三世界已经不再像第一世界的人们曾经认为的那样,是保持在安全距离之外的"那边"了。当然,对于必须同时应对西方资本主义渗透带来的积极和消极影响的南方国家来说,情况也是如此(Prashad 2012)。

移民问题的点对点模型已经不能充分地描述世界各地复杂的人口流动了。从全球视角来看，过去两百年间移民潮的起落与一个全球经济中全球资本的流动密切相关。当移民等全球规模问题是由全球规模的经济和政治进程所推动的时候，这些问题便更趋向于挑战地理与政治边界，因此使用诸如民族国家等领土范畴来研究全球规模问题就变得困难起来。随之而来的问题是，各国收集的数据也受疆域限制，对全球学分析而言有其本质缺陷。如果移民问题是由无中心的全球规模进程所驱动的松散式问题，那么基于有缺陷的、与国家绑定在一起的国家移民政策无法恰当处理这个问题也就不足为奇了。

历史语境

全球学研究者充分认识到历史的重要性，并且明白以前发生的事情在很大程度上解释了当今的世界（Mintz 1985；霍布斯鲍姆1997）。如果没有对建立了现代国家边界并触发了持久的种族与领土争议的殖民帝国史的了解，就不可能理解当前的地缘政治版图和多重争端。简而言之，一个复杂的、相互联系的、不断全球化的当下只有被置于一个复杂的、相互联系的、不断全球化的过去的背景中，我们才有可能理解它。

以恐怖主义为例，我们今天所看到的恐怖主义在某些方面是前所未有的，然而恐怖主义作为一种政治工具已经存在了好几个世纪。通过将当代恐怖主义插入历史语境中，我们可以看到，恐怖分子可能会声称出于宗教动机，但恐怖主义行动同样也是政治和文化行动（Juergensmeyer 2000）。将全球进程重新插入历史语境中，使我们能够将这些点重新联结起来，并能够理解那些看上去互不相关的现象和随机性事件。全球学分析同时探寻变迁模式与连续性模式，并强调过去的和正在进行的全球进程之间深刻的历史连续性（McCarty 2014b）。

此外还值得注意的是，历史总是多元的。全球史应该是无中心的，而不应该用一种历史叙事压过另一种。一个群体对过去的理解必须被置于与其他民族的叙事和历史记忆的对照之中，它们之间可能是相互矛盾，甚至相互对立的（Trouillot 1995）。关于历史的欧洲中心的单一或主导性理解不足以说明一切。进一步说，对我们欧美学者来说，好像自己了解得更多或者对真正发生的事情有着更精细的理解那样来讲述他人的历史是远远不够的。全球史观承认每个社会和人民对过往的独特理解，这些不同的社会理解在跨越时间与地缘政治空间的动态相互作用中互为补充。

Sachsenmaier 写道：全球史的新方向表明，历史作为一门学科"可以极大地促进关于全球化的研究，并为建立全球思维范式的努力做出贡献"（Sachsenmaier 2006：465）。[①]

他接着评论道：既然学者们已经在对本土的全部复杂性保持敏感的同时，开始寻求全球议程，那么细节就决定了成败。或者从另一个角度看，细节也蕴含着宝藏。不同于一种超然的宏观理论性综合，全球与本土的关系需要通过大量的详细研究来探索……全球和跨文化历史可能正处于这项努力的最前沿（Sachsenmaier 2006：461）。

对于全球学研究者，历史/时间维度同时包括了历史叙事和有关时间本身的不同观念。不仅各文化对时间有其不同理解（Ogle 2015），而且全球进程也经常会在那些不被快节奏现代社会和占主导地位的全球政治框架所承认的时间层上出现（Hutchings 2008；Lundborg 2012）。比如，某些形式的环境破坏，如将有毒物质渗漏到中央集水区，对于当地居民可能是致命的。但现代法律体系并没有把这类生态灭绝归为暴力犯罪，这部分地是因为这种伤害可能要在几十年、几代人的时间里才会显现出来（Nixon 2013）。气候变化、海洋污染、栖息地遭到破坏等过程的缓慢进行为实行监管带来

[①] 对一些学者来说，全球史与世界史的不同之处在于前者专门致力于在这个所谓"全球化时代"中的历史分析（Mazlish 1993）。然而，世界史与全球史之间的区别正变得越来越难以识别（参见 Pernau and Sachsenmaier 2016）。

了特殊挑战,而媒体、政治、公众关注的短时间周期也使制定数十年战略及执行长期政策变得更困难。

全球社会结构

毫不夸张地说,社会结构的概念是现代社会科学和行为科学赖以建立的基石。包括奥古斯特·孔德、卡尔·马克思、埃米尔·迪尔凯姆、马克斯·韦伯、杜波依斯(W. E. B. Du Bois)和西格蒙德·弗洛伊德等在内的社会理论奠基人都建构了自己的社会系统或结构理论,这正是他们的贡献至今仍具有广泛影响力的重要原因之一。

超越个体行为去识别出约束着这些行为的持久社会模式的这一能力,或许是社会科学家所独有的技能。这一技能类同于 C. Wright Mills 所说的"社会学想象力"(Mills 1959)。这一能力使我们能够看到,被称为个体能动性的个人自由选择实际上是受到各种各样先决条件、规范、价值、制度与结构关系的制约或影响的;个体的行为方式深受语言、文化、国籍、法律制度、年龄、性别、社会经济地位、宗教、家庭、教育、地理区域等因素的影响。这些社会因素彻底地塑造了个人的"自由"选择——比如和谁结婚、从事什么工作,或者使用何种交通工具。社会结构的影响使得个人"自由"选择的结果在统计意义上的可预测性大到惊人。

有关个体能动性受制于社会结构的认识几乎必然地引出这样一种认知,即承认社会系统并不是价值中立的。社会和经济系统都各自发挥其功能,但现行系统总是以对有些人比对其他人更有利的方式运行。伴随着对社会结构的认知,人们意识到不平等不是一种自然或随机现象;它是社会建构的,由既存社会模式、规范和制度所决定。因此,结构思想与批判性思维始终紧密相连。

社会结构概念对于理解全球问题至关重要,但我们还是认为有必要对这一概念予以重新审视,并将其扩展到它所由发展的现代民族国家和单一社会范式之外。我们需要重新探讨社会结构的概念,以便使之适用于分析遍及全球的更大的地缘政治经济结构及其种种影响。这种全球政治经济学取向将我们的注意力集中于当前世界秩序的结构特征上，突出了国家与非国家行为者内部及其相互之间长期存在的各种政治、经济不平等现象。

打破二元性

全球体系中相互交流、融合与依赖程度的不断加深，要求我们对那些诸如东方／西方、殖民者／被殖民者、第一世界／第三世界、发达国家／发展中国家的简单二元性加以充实和精细化。这些二元性可以被用来有力地强调存在于世界各大洲、各区域之间的不平等和不公平现象，但同样的这些二元性也掩盖了全球问题的复杂性。我们可以就富国和穷国侃侃而谈，但只有少数国家属于明确意义上的富国或者穷国；而绝大部分则介于两者之间。像富国／穷国这种二分法掩盖了各国之间及其内部存在的种种差异。即使最贫穷的国家也有富有的精英阶层、中产阶级和工人阶级；相反，即使最富裕的地区也有贫穷与不平等。此外，预设北方国家／南方国家分野的惯例可能会妨碍我们对众多具有南／南或者南／东属性的关系的辨识（Roy and Crane 2015）。就其将人类差异僵化地本质化而言，这些新的二元性本身是有问题的，但它们对于动摇盛行了几个世纪之久的关于如何看待"西方国家与所有其他国家间对抗"的现代主义约定仍是重要的。

沃勒斯坦（Immanuel Wallerstein）的世界体系论是超越了民族国家及简单二分法的系统思想的一个绝佳范例（沃勒斯坦 1974）。尽管沃勒斯坦的核心／半外围／外围模型通常被作为一个简单的三元组加以使用，但这并不是对其理论的准确勾画。沃勒斯坦描述了一个复杂的全球体系，它是由分散的系统过程所组成的，这些系统过程可以在同一个地方并行不悖，在此意义上它们具有去疆域化特征。在他的理论中，核心和外围构成了一个光谱的两端。在这一光谱上，有些国家比其他国家有着更多样化的经济以及更全面的核心过程。值得注意的是，在他的模型中，这一光谱也可以应用于次国家区域。每个国家内部都存在着由主导性核心过程、半外围过程或外围过程所构成的次级区域。例如，"全球城市"可以被理解为包含着许多不同的核心、半外围与外围过程的核心区域，在某些方面，这些城市相互之间的联系比起它们与其周边外围、农村地区的联系要密切得多（Sassen 1991）。

当研究者把西方的二元逻辑和抽象概念用来研究非西方区域时，一定要倍加小心。随着世界的日益全球化，东方和西方、第一世界和第三世界，以及北方国家和南方国家之间的界限也越来越模糊。为避免复制那些与现代帝国主义、殖民主义联系在一起的思维范畴，我们应当谨慎地对待这些分析上的约定俗成。被欧洲人历来看作"远在那里"的边缘人群和问题现在变得近在眼前，反之亦然。与此同时，直到最近学者们才开始认识到有必要将发展与人权范式应用于后工业社会研究，尽管这一范式一直是非常适切的。在全球学研究中，或者更广泛地说在人文社会科学领域中，学者们应该避免使用那些对各种变量进行简单化、模糊化处理，并无意中延续着单一世界观的二元逻辑。我们应该继续致力于发展新的学术语言，以便更准确地反映出在一个连续统一体上的广泛多样性和多变性。

混合性和流动性

除了对二元性的强烈偏好外，西方学者还特别喜欢固定的分类范畴。它假定了种族、民族、阶级、性别、国籍等范畴能够准确描述人们的身份及其自我定位。这些图式背后隐含着这样一种假定，即它们是全面的、相互排斥的。但这样的分类包含着很多互相重叠的变化，它们从来都不是真正固定的、稳定的或完整的。

当一个人只能被归入一个类别时，这些类别就被假定是相互排斥的。随着移民的不断增加以及对人类运动厚重历史的理解日趋深化，我们的种族和民族分类显然过于简单化和本质化了。同样，国家认同也趋于复杂、双重甚至多重。总有一些群体不能简单地被归入那些现成的类别，而全球化则使人们越来越难以忽视民族国家分类图式的局限性。正如 Nederveen Pieterse 所言，"长期以来，我们被训练和教导要在各种'想象的社会'的疆域包装下对文化进行思考，而要严肃对待由混合所带来的新问题及其所打开的新视窗，实际上却要求一种非殖民化想象"（Nederveen Pieterse 2009：57）。

仅仅发展能够更准确反映全球化世界中的各种可能身份的新的学术语言还是不够的。对混合身份认同的任何新理解也都需要考虑到身份认同的生产本身所具有的瞬时性。人们有能力在不同的社会情境中采取不同的身份认同。具有混合种族、民族和国家身份的人们可以根据不同情境，在各个分类之间来回切换或使用其混合身份。据 Zygmunt Bauman 所言："假如现代'身份认同问题'是如何建构一种身份并保持其坚固稳定性，那么后现代'身份认同问题'则主要是如何避免一成不变并保有开放性选择"（Bauman 1996：18；参阅 Darian-Smith 2015）。这种流动性意味着学者们需要拓展概念性框架的差异幅度，为各种相互重叠的分类及它们之间的流变预留空间，从而反过来改变分类本身的本质主义建构。

作为机遇的全球学研究

作为一个研究领域的全球学研究所具有的包容性，使学者们能够将其研究兴趣扩展到广泛的现实主题中去。这些主题包括但不限于：人权与全球治理；人口贩卖、性交易与奴役；冲突、暴力、恐怖主义与种族灭绝；犯罪、安全与治安；贫困与不平等；经济与社会发展；全球城市与城市贫民窟；全球市场与区域贸易协定；公平贸易与供应链问题；劳工、血汗工厂与工人权利；环境、自然资源与全球生态系统；能源与可持续性；全球社会运动、妇女运动、微型金融；粮食系统、粮食安全与传统农业；人道主义援助与救灾；慈善事业；移民、离散、难民与收容所；全球卫生、流行病、营养与传染病学；教育与跨国知识生产；宗教与宗教民族主义；以及科学、技术与媒体（参阅 Anheier and Juergensmeyer 2012）。

除了开展自己的实证研究外，许多全球学学者还活跃于他们的校园内，开发令人兴奋的新课程，与其他学科学者建立联系，并为新型跨学科合作构建制度支撑。校园外，他们作为全球公民、公共知识分子和激进学者参与社会事务。他们通常对国际大事、跨文化交流和促进跨文化理解等拥有持久的兴趣。很多学者还通过指导学生并鼓励他们出国留学、语言学习、实地研究，以及尊重其他文化与历史传统，来培育学生的全球公民身份。

关键在于，作为一名全球学学者，你可以在几乎任何方向上开展研究，并涉及全球问题的几乎每一种组合。此外，每一个全球议题都是相当复杂的，没有任何一名学者甚至一组学者可以指望对其中的某一主题游刃有余。因此，我们以开启第一章的问题来结束本章：研究者该从哪里着手开始这项艰巨的全球学研究任务？我们的观点贯穿于本章和整本书中：比起卷入无穷尽的研究方向而被完全吞没，我们还可以通过一种有序可控的方式开展全球学研究。我们的总体目标是要使读者相信，开展全球学研究将会是收获丰厚的，非常值得投入时间、精力与挑战。更进一步说，当代研究者如果希望继续保持其研究工作的学术重要性与适用性，他们就不能对历史上以及当代的全球化进程坐视不理。

作为一个重要的研究新领域，全球学研究旨在消解北方国家认识论上的普遍主义。换言之，全球学研究将会是一个学术平台，正是在这一平台上学者们能够做出使西方知识去殖民化的理论及方法论贡献。全球学研究似乎令人望而却步，但我们却认为这是一个生成新的研究模式的绝佳机会，对生活在这个相互联系日趋紧密的世界上的我们每一个人来说，这些新的研究模式乃是当务之急。

第 三 章

全球学理论框架

　　本章中我们指出，欧美学术界正跨入一个使学术活动超越学科/交叉学科分野的新的综合性范式。鉴于过去四十年间跨学科取向的发展，我们提出，传统学科之间的理论和分析边界在新的研究方法形成以及知识生产过程中正变得越来越不相关，而后者正是为了探索当今复杂的全球化世界。

　　本章将全球学研究之所以重要的原因（见第二章）置于社会及人文科学领域更宏阔的理论发展之中。我们追溯了欧美学术界革命性思想对话的历史发展，聚焦于第二次世界大战以来人文社会科学领域中发展起来的跨学科取向。借用皮亚杰于 1970 年提出的跨学科性概念——这一概念典型地反映了上述这些发展（皮亚杰 1970），我们认为，将跨学科理论创新与全球学研究领域新兴的独特视角结合在一起，为我们称为全球跨学科框架的新的可及的连贯性、包容性研究范式奠定了基石。这一框架通过多个层次上的以及跨越时空维度的各种不同视角，使我们能够以整体性方式研究多面向的全球问题，并有意识地把此前一直被边缘化的视角与认识论纳入新的知识生产形式中。我们的结论是，一种新的范式正在生成，它对许多学者来说不仅是适用的，而且是触手可及的，即便当他们的研究兴趣并没有显而易见的全球属性时。从长远看，它极有可能使西方学术向非西方思维模式敞开大门，并促进包容的、富有成效的和适切的全球学术知识。

需要澄清的是，我们并不是在暗示传统学科及其专业知识和方法已经过时或不那么重要了，我们也不认为跨学科学术已在学术界普及——我们认识到，一些学者仍在抵制有关它的种种努力。尽管如此，我们仍认为那些领先的知识分子正在——几十年来也一直如此——积极开展力图超越学科差异的综合性学术研究。在这些知识分子的引领下，基于全球学研究视角，我们可以开始发展新的方法，对聚焦当前世界复杂性的研究进行理论建构和项目设计。

学科/交叉学科之争

欧美学术界内关于交叉学科研究价值的争论不绝于耳，这些争论耗费了大量的时间和精力，并重复上演着已经持续了几十年的学科间对立。固守传统学科的学者把交叉学科学者看作业余人士，或认为交叉学科研究仅仅在理论分析与文献之间建立起肤浅的联系。此外，交叉学科研究还常常被认为是不可控、无法解释、支离破碎的，并且难以对其价值及发展进行评估（Jacobs 2009；另可参阅 Strathern 2005）。另一个阵营中，交叉学科研究的倡导者则把传统学科描绘成自我边缘化的濒临灭绝的恐龙。当不同阵营的学者们互相争夺机构内部的资金支持与有限资源时，这些争论就会愈演愈烈。近些年，美国高校的管理层都在竭力应对经济衰退所产生的影响，这种情况就更加明显。作为结果，欧美大学里对交叉学科研究的支持普遍减弱。①

无论支持还是反对交叉学科研究，这些争论的一个主要问题在于，它们都深深植根于个人主义、民族主义、理性主义和世俗主义等现代主义概念与逻辑之中（Ludden 2000）。正如国际研究实际上是对国家的再确认，内隐于交叉学科研究的则是对现代学科的再次

---

① 值得注意的是，这种对跨学科工作支持的减少并不包括主要的科研资助机构。例如，美国国家科学基金会和国家卫生研究院在过去 5 年间增加了对跨学科与合作研究的预算，并且从总体上说，它们对创新的研究理论及方法持欢迎态度。

强调。跨学科研究只能在既有学科基础上拓展超越，因为前者的创新性与作用要通过作为参照物的后者才能加以衡量。为了掠过学科/交叉学科之争以及"今天有关交叉学科性的虚华辞藻"（菲茨杰拉德和 Callard 2014：4），本章聚焦于更普遍的趋势，这些趋势所影响的不是一门学科或任意两门学科之间的互动空间，而是同时对多门学科产生影响。

在过去四十年里，关于交叉学科性的学术争论有增无减，而在学术实践领域也发生了重大变革。既定学科之间的交会之处开始涌现出引领性的学术成果，包括米歇尔·福柯、皮埃尔·布迪厄，以及时间上离我们更近的学者如布鲁诺·拉图、阿玛蒂亚·森、玛莎·努斯鲍姆和夸梅·安东尼·阿皮亚等人的贡献。正如我们在第一章所说的，这些变革共同反映了一种发端于第一次世界大战后并在第二次世界大战后登顶的新的世界观。

战后，欧美学术界开始质疑其自身对那些公认知识的稳定性与不变性的执念。以北美、欧洲和拉丁美洲民权运动所引发的社会、法律变革为基础，很多曾在19、20世纪学术界占据主导地位的思维方式受到了挑战。交叉学科研究的出现横贯了20世纪七八十年代，其中包括地区、环境、种族、女权主义、性别、宗教和科技研究（弗格森2012）。20世纪90年代伴随着冷战的落幕、对国际化进程日益增长的意识以及政治、经济、文化全球化的综合的新形式，跨学科学术创新再次活跃起来。为应对这些新兴挑战，学者们建立起此前难以想象的新型跨学科联系。这些发散开的学术努力新近汇聚成一个跨学科框架，这一框架在某种程度上使学科边界和"交叉学科性"概念本身都变得无关紧要了。

在自然科学、工程学以及医学中，交叉学科性久已存在，神经科学就是一个突出的跨学科范例。作为一个新兴研究领域，神经科学"已经成为解剖学、生理学、化学、生物学、药理学和遗传学的结合体，并对文化、伦理及社会背景怀有深切关照……为了适应21世纪，神经科学必须进一步加强其所有部分之间的关联，同时将遗传学、环境和社会文化背景也一并结合起来，从而发展出更为复杂的心智模型"（Burnett 2008：252；另参见菲茨杰拉德和Callard 2014）。在社会和人文学科领域内，学科边界也同样变得模糊不清，但正如我们将在后面所讨论的，这常常是在不经意甚至不认可的情况下悄然发生的。

本章的目的是证实现有学术研究中跨学科性的存在，并呼吁所有学者们都能欣然接受它，无论其本人是否认同它的革新性研究议程。我们深深感到，大学校园里普遍存在着一种集体压力，它"把学科、教师、学生，最后是专家都切割成迷你的专门化碎片"，为学者们的整体性、创造性思维及其对我们时代"最紧迫的道德、政治和文化问题"的关注设置了障碍（Hedges 2008：89-90），有鉴于此，这种对跨学科性的拥抱极为必要。拥抱跨学科性为我们提供了一种克服所谓"学术割据状态"的方法（Hall 2010：27）。拥抱跨学科性是学者们得以明确地"参与并生成深度批判性思考"的一种方式，以便更好地理解我们的复杂现状（Hall 2010：27）。

区分交叉学科和跨学科

尽管较少被提到，但跨学科研究是与交叉学科研究同时期发展起来的。1970年，瑞士发展心理学家让·皮亚杰正式提出了跨学科性这一概念。在其著作中，他用这个词来指代这样一种学术研究，它"不仅涵盖了专业性研究之间的互动或互惠，而且将这些关系共同置于一个全然没有严格学科边界的总系统中"（皮亚杰1972：138）。[①] 正如Basarab Nicolescu所提到的，这一描述并不意味着皮亚杰主张废除传统学科，并用一门新的超级学科或终极学科取而代之。更确切地说，皮亚杰的兴趣在于"沉思超越学科的知识空间之

[①] 跟随皮亚杰的脚步，在1970年法国尼斯的一个关于交叉学科研究和教学的国际研讨会上，Erich Jantsch和Andre Lichnerowicz也采用了这一术语。该研讨会是由经济合作与发展组织联合法国国家教育部和尼斯大学共同举办的（参见 Apostel etc. 1972）。

可能性"（Nicolescu 2008：1）。

1987 年在巴黎成立的国际跨学科研究中心认为，跨学科研究是对交叉学科和多学科研究的有益补充，但它本身又是独立的（见图7）。多学科方法采用一系列不同学科的视角，它们之间互不重叠；而交叉学科方法则使用一个学科的方法和理论来丰富其他学科。与此不同，跨学科研究的目标是要超越多学科与交叉学科方法，提供新的知识组织方式与思维模式（Blassnigg and Punt 2012；also Gasper 2010）。

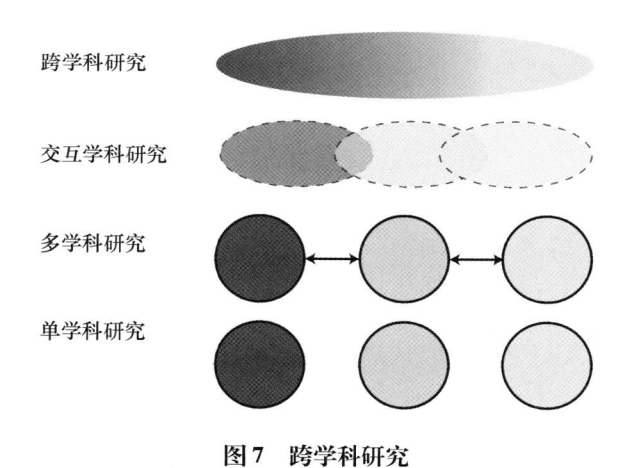

图 7　跨学科研究

跨学科研究的一个重要特点在于它是基于问题的，因此涉及知识在现实世界中的实际应用，而现实世界中的问题往往具有多个面向、需要多样化的分析视角。同时，跨学科研究还探究了最初作为特定世界观、意识形态及文化偏见的反映与产物的知识是如何形成的。罗斯玛丽·约翰斯顿认为，跨学科研究"公然想方设法打开'无限可能性的思维地图'，……从而创造不受传统模式及程式束缚的思维空间"（约翰斯顿 2008：229 - 30）。跨学科研究通过将西方与非西方知识整合成一个回应当前各种紧迫问题的整体性方法，明确地试图将学术界从现代主义思维方式和知识组织方式中释放出来，在此意义上它具有潜在的解放性。Patricia Leavy 进一步补充道："跨学科性产生了新的知识建构实践……对于使学术研究成为它本身所要研究的全球化世界的真实组成部分来说，这些实践至关重要"（Leavy 2011：14）。

作为一种被正式命名的研究取向，跨学科研究是相对比较新近才有的，但我们认为其首要关怀，即使知识生产过程向多样化的视角与世界观敞开，是能够在那些学术通才的涵盖面更广的知识取向之中找到共鸣的，这些知识取向在现代学科建立并根深蒂固之前曾经极具影响。科学革命的伟大人物——包括弗朗西斯·培根、尼古拉·哥白尼、约翰内斯·开普勒、勒内·笛卡儿和艾萨克·牛顿，以及其他许多人——都没有被现代学科束缚住手脚，原因之一便是当时还没有建立起后来的这些学科。

同样地，约翰·洛克、大卫·休谟、孟德斯鸠、伏尔泰以及托马斯·杰斐逊等早期启蒙思想家从文学、哲学、理论与方法的浩繁卷帙中汲取力量来突破传统思想的疆界。这些"前学科"时期的科学家与哲学家们对19世纪的伟大社会思想家有着深远影响，后者包括了杰里米·边沁、奥古斯特·孔德、约翰·斯图尔特·密尔、卡尔·马克思、埃米尔·涂尔干、马克斯·韦伯和杜波依斯，他们也几乎完全不受学科羁绊。这些经典现代思想家通过借鉴包括历史、科学、经济、政治、哲学等在内的多领域知识，思考有关殖民主义、民族国家和民族主义的兴起及其相伴生的对民主的呼求、工业化以及现代帝国主义的复杂社会问题，这些构成了他们生活于其中的动荡时期的主要特征。如今常被认为是其各自不同学科创始人的这些早期知识分子对跨学科研究开放灵活的应用，在许多方面是非凡和令人惊异的。

直到19世纪晚期与20世纪早期，现代学科才开始将知识结晶化为各自分离的专业领域，诸如政治科学、社会学、历史学、人类学、经济学和法学等学科在大学校园里，并通过专业协会、资助网络、期刊和会议被制度化，而所有这些努力在大多数情况下都是由民族国家所发起的。在知识生产变得国有化的同时，先前那些综合性整体性的研究方法受到了冷落。每一个学科都为"何为权威性知识"制定了自己的规范和标准,并且各自作为排斥非成员的知识生产俱乐部行使着职能(皮尔斯 1991;Stichweh 2001)。尽管像法学、经济学等学科宣称比其他学科更加理性与科学,但这些学科都是由现代性逻辑所架构的,它们最终都依赖于个人主义、理性主义、世俗主义、实证主义、私有制和民族国家等西方观念(福柯 1975)。但是,当知识生产被隔离为互不相关的学术领域时,马克思、迪尔凯姆和韦伯等思想家的影响仍未曾衰减。即使在今天,我们也能发现这些"前学科"时期的学者们为辨别和应对我们当代互为关联的那些挑战提供了新的方法。

自从 1970 年皮亚杰的跨学科研究著作发表以来,一大批来自于不同学术背景的学者们也开始采用这一方法取向了(Fam etc. 2016)。令人遗憾的是,在社会和人文科学领域,跨学科研究一直处于学科/交叉学科之争的阴影下,从未获得学术界的广泛认可。这些学科往往过于看重对自身边界及资源的防卫,故而未能充分参与各种合作性努力。例如,既有学科用来抵制交叉学科的关键策略之一就是吸纳新兴的跨学科领域。政治经济学领域是这方面的一个典型例子,其源头可以追溯到至少 1615 年,早于"经济"这个词在英语中定型为现在的意义(1835 年)之前 200 年,以及现代学科发展之前近 300 年。这段历史并没能阻止经济学、政治学和社会学等学科都曾在不同时期对政治经济学宣示其主权。另一个例子是国际关系研究,这一交叉学科领域始建于 1919 年国际联盟成立前后。国际关系领域甫一建立就明确涵括了哲学、经济学、历史、地理、法律、政策、社会学、人类学、犯罪学和心理学等学科;然而,政治科学或多或少成功地宣示了国际关系是其专属领域,这可能是挽回了它自身与后者的关联性但却最终贬损了它的价值(参见科恩 2014)。同样,曾经令人振奋和富有成效的跨学科领域——社会心理学也已分化为两个显然不再那么多产的次级领域,其中一个归入心理学,另一个则归入社会学。在文化研究、传媒学和其他几十个新兴跨学科领域中，这种限制性、批发式占用的模式也在不断地重复着。在此意义上，这些学科在吸纳曾经属于跨学科的研究从而努力克服自身局限性的同时，也在潜移默化地发生着融合（Gass 1972）。这种吸纳的结果之一便是很多核心学科的学者实际上已经在从事超越学科范式的研究工作了。

尽管学术界始终一致地抵制、轻看、吸纳交叉学科与跨学科研究，但在实践中，这些研究在很多方面影响了主流学科。换言之，新的发展内在于所有的学科之中——即使是那些最抗拒变化的学科，这也表明了它们彼此之间存在着一系列共性与联系。这些发展逐渐促成了我们所说的跨学科框架，这在各学科学者们的引领性学术成果中变得越来越明显。这个共同框架包含了共享的主题、理论与方法取向，我们认为，许多学科——无论其培养策略和实证研究焦点为何——都能不同程度地使用这些主题、理论与方法取向。简而言之，撇开近年来传统学科的紧缩策略不论，模糊的学科边界以及共同的知识基础在实践中已见端倪。①

一个新兴的跨学科框架

共享跨学科框架的发展指出了这样一种可能性，即当前很多学科所共有的分析性概念比它们自身所乐于承认的要多。以下是自第二次世界大战以来的数十年间学界内涌现的主要跨学科主题的概要，并不是所有被提及的学者都把他们的研究看作跨学科的，甚至也不看作交叉学科的。尽管如此，他们的工作与洞见仍然对横跨人文及社会科学领域的学术活动产生了影响，并促成了联结学科间对

---

① 在美国，这种发展也体现在大学教学课程中。尽管交叉学科学者们面临着发展的制度障碍，但自 1985 年以来，授予学生的交叉学科学位数量却大幅增长。1985—2010 年，授予的多学科及交叉学科学士学位的数量增长了 307%（从 13754 人增加到 42228 人）。资料来源：2013 年教育统计数据摘要，表 313，美国教育部国家教育统计中心。http：//nces. ed. gov/programs/digest/d12/tables/dt12_313. asp。

话的共同框架。用列维的话说,"产生新的知识建构实践的全新研究路径"已在发展之中(列维 2011:14)。下面我们将介绍 8 个跨学科研究的主题,它们共同代表着席卷了欧美学术界的重大学术变革。这些主题在任何意义上都不是面面俱到的,但它们确实勾勒出过去四十年里所有社会科学与人文学科共同关注的那些最显著领域。其中的每一个主题都对全球学研究设计和方法论有着深刻影响(见第四章、第五章)。

种族和民族

杜波依斯的著作虽然一直到第二次世界大战以后才受到广泛关注,但却为种族理论和种族统治心理学奠定了基础。杜波依斯所描述的"种族界限"具有全球性视野,并且横贯本土—全球连续统一体运作着——它将曾经是奴隶的人们的意识与他们的主人的意识、将美国北部与南部、将欧洲裔白人与非洲裔黑人,以及将殖民者与被殖民者隔离开来(杜波依斯 1986)。杜波依斯的理论建基于早期心理学的发展,包括西格蒙德·弗洛伊德的精神分析法,后者深入到潜意识的幽冥之中并强调经验与理解的主观性质。其研究曾涉足种族政治及其主观与地缘政治表现形式的著名学者,还包括了弗朗茨·凡恩、帕特里夏·希尔·柯林斯、斯图亚特·霍尔、塞德里克·罗宾逊、保罗·吉尔罗伊、埃里克·威廉姆斯、帕特里夏·威廉姆斯、亨利·路易斯·盖茨、威廉·朱利叶斯·威尔逊、科内尔·韦斯特、安·斯托尔、奥黛丽·斯梅德利以及霍华德·温纳特。通过这些学者和其他许多学者的共同努力,各种各样旨在探索多元文化、移民和流民等复杂文化政治主题的种族研究大纲被建立起来。今天,无论是否研究种族问题,每一名学者都是在充分认识到种族和民族问题乃是社会力量的突出维度的学术环境中,从事其学术工作的。

阶级和不平等

第二次世界大战后的时期,见证了各学科面向关于社会经济阶级体系与结构的新对话的开放。安东尼奥·葛兰西——贝尼托·墨索里尼法西斯政权下的一名战俘——发展了文化霸权概念，用以解释有权势的精英阶层是如何操控工人阶级的价值及观念的。法兰克福学派的理论家们探讨了阶级行为的象征符号及仪式，米歇尔·福柯、尤尔根·哈贝马斯、皮埃尔·布迪厄等学者则把声援了社会阶级斗争的语言和文化资本作为新的研究重点。紧跟着欧洲重新接受马克思主义的阶级分析，20世纪六七十年代，欧美学术界在采用政治经济学研究方法的同时，一种更广泛的唯物主义转向出现了。除了特定的一些经济学领域的明显例外，这些分析及方法取向如今已成常态，并仍持续不断地在地理、通信、传媒、文学和历史等学科中生成具有影响力的新领域。

性别与性

学术界对性别与性问题的关注，从根本上不断挑战着西方文化中的传统父权制基础，这些传统深深嵌入其宗教、哲学、政治和法律体系。父权制的假设渗透在资本主义、民族主义、现代社会和帝国主义之中，并仍对持续进行的对女性的统治与剥削发挥着作用。从19世纪50年代的索杰纳·特鲁斯到20世纪50年代的贝蒂·弗里丹等女权主义思想家们一直在为妇女的权利而战。20世纪后半叶，和其他研究领域一样，激进女权主义与本质主义女权主义也受到后结构转向的影响而发生了根本性转变。20世纪70年代，女权主义理论家多萝西·史密斯发展了女权主义立场理论，强调女性的知识不同于男性的知识，女性有着与男性完全不同的真理，而认知和存在的另一种可能方式是由社会建构的并且是基于女性生活经验的（见第五章"女权主义方法论"）。关于不同群体可能有着源于自身生活经验的不同认知方式的观点，在有关种族、民族、性别与性的研究中获得了极大共鸣。朱迪思·巴特勒等社会性别理论家还深入探索了性别与性的社会建构过程。Kimberle Crenshaw, Patricia Hill Collins 和 Marlee Kline 等学者通过将立场理论扩展到涵盖了种族、民族、阶级和性研究，从而发展起交错性理论。交错性理论假设了基于少数群体身份的歧视的影响是累积性的，并由此形成了一种通过多种因素决定少数群体地位的支配模型（Collins and Bilge 2016：2；Hancock 2016）。少数群体因其多种身份而处于累积性的不利地位这一观点，已被各学科和公共政策领域广为接受。无论是否研究性别与性问题，我们都是在充分认识到它们乃是社会力量的突出维度，并在这一学术前提下从事研究工作，这些维度在几乎任何历史或当代研究中都可能是至关重要的（艾马尔 2013；Lowe 2015）。

后结构主义理论和社会建构主义

20世纪60年代出现了被称为"后结构主义"的哲学思潮，这在根本上是对现代思想流派，特别是功能主义、结构主义与现象学的挑战。这一思潮与法国年鉴学派以及爱德华·帕尔默·汤普森等英国马克思主义历史学家的著作有异曲同工之处，它们引入了一种凸显普通人视角而非锁定于国王、战争、战役与公共事件的，新的史学研究方法。后结构主义理论家致力于推动语言学、符号学、马克思主义、话语分析和精神分析等的发展。同时他们也受到物理学家、历史学家、科学哲学家托马斯·库恩著作的影响，他的研究将人们的注意力转向了科学实践中那些由社会建构、因而具有相对性的方面。库恩关于知识生产的研究使一种范式转型的观念得以普及，这种转型至今仍适用于开拓性的学术活动，而我们认为其中就包括了新兴的全球学研究领域（库恩1962年）。

常与后结构主义联系在一起的学者包括：雅克·德里达、米歇尔·福柯、罗兰·巴特、吉尔·德勒兹、朱迪思·巴特勒、雅克·拉康、让·鲍德里亚和茱莉亚·克里斯塔娃。尽管并不是所有这些人都对这个词予以认同，但他们都对标志、象征、语言、声音等符号学的社会性权力深感兴趣。符号学最出名的奠基人是费迪南德·德·索绪尔，并经过了路德维希·维特根斯坦、约翰·朗肖·奥斯丁等人的发展（索绪尔［1916］1983）。后结构主义对知识生产过程，以及知识是如何反过来赋予价值与信仰的社会建构以合法性的关注，开启了新的解释性框架，其中包括对个人主体性的进一步强调。

如今，社会建构主义已经成为主导框架，用以探究人们如何定义自身和他人，以及如何在他们生活于其中的社会结构中建构、争夺和生产"意义"（Berger & Luckmann 1966；Rose 1989）。换句话说，后结构主义为我们提供了理解社会与社会中的个人是如何建立起社会关系网络的途径，正是这些关系网络持续建构着社会现实并生成着变化机制。将个体能动性纳入一个动态的社会变革理论曾是学界内部的一次结构性转型，而现在这一转型已被大部分人看作理所当然的了。但这正是我们所要指出的：这些多元复杂的变化不仅仅是在一门学科里发生，而是横跨各门学科而发生的，并且所有受其影响的学科都把它们作为自身的重要组成部分了。无论现今的学者们是否承认后结构主义对其研究的影响，我们都是在这样一个学术氛围中工作的，即它能充分认识到身份、历史、权威和社会权力是由社会建构并不断接受质疑的。

文化转向

在后结构主义和语言学转向的背景下，文学批评、传媒学、文化研究与解释人类学等研究领域合力助推了一种更广泛的"文化转向"，它把整个学术界的注意力转向文化在社会中所承担的因果性、社会建构性角色，转向对意义的主观解释。一直以来，文化的人文主义和主观性要素始终有力抗衡着历史上长期主导社会科学的客观性、实证性、科学性冲动。继新马克思主义法兰克福学派之后，传媒学与文化研究的交叉学科领域把文化的政治动力学作为研究重点，而在此之前它一直被认为是无涉政治的（Lazarsfeld and Merton 1948；McLuhan 1964；Douglas［1970］2003）。文学评论家雷蒙德·威廉姆斯（1958年）论述道：现代文化观念是作为与工业革命相伴生的社会与政治变革的产物而发展起来的。威廉姆斯关于阶级和文化的交叉研究为伯明翰学派文化研究提供了基石，该学派的斯图亚特·霍尔（1980 年）与其他学者借鉴葛兰西的霸权概念来分析文化统治——统治阶级操控语言、文学、艺术和媒体等大众文化的生产以反映其自身信仰、意识形态与价值观念，从而维护主流文化对下层阶级和各种亚文化的霸权的方式。文化研究将文化生产与社会权力的生产联系起来，从而论证了不同形式的经济与政治资本可以转化为文化资本，反之亦然。在相似的脉络下，人类学家克利福德·格尔茨（1973 年）则指出了非西方语境中对文化和意义体系的不同解读方式。这一文化转向将霸权、统治和亚文化等概念加入到我们的共同词汇之中，由此，文化认同以及文化生产、表征、批评、接受、解释、消费、挪用与自我表征过程都被理解为有争议的政治过程。

后殖民主义、东方主义和文化帝国主义

最近四十年间的后殖民研究对当代国家与跨国家背景下的文化流动及张力给出了大量深刻洞见，这些视角深受弗朗茨·法农（Frantz Fanon）与爱德华·萨义德（Edward Said）的理论影响，这两位学者共同建立起一条关于非西方国家人民被征服地位的批判性思考的长轨（法农 1961；萨义德 1979）。具体而言，后殖民理论揭示了隐含在现代性和资本主义之中的暴力与统治技术，以及当代国家、亚国家和跨国家民族主义。此外，后殖民理论还为历史上的殖民主义不公正现象和当代北方国家与南方国家之间经济、政治与社会力量的全球性失衡架起了知识桥梁。

总体来说，后殖民研究、后殖民理论和关于西方中心的欧洲主流史学的反思有很大关联（Guha and Spivak 1988；Loomba 2005；Amin 2009）。后殖民研究设想了与西方价值观及科学理性所控制的等级制度无关的多元文化视角和意义体系。作为一股学术思潮，后殖民研究与南亚的学术活动、庶民和文学研究以及对抵抗运动的分析密切相连。它肇始于20世纪70年代的南方国家,并继而在欧美大学里发展起来(Darian-Smith 2013b)。从事后殖民主义相关研究的理论家包括了:Dipesh Chakrabarty, Homi K. Bhabha, Arjun Appadurai, Jean Comaroff, John L. Comaroff, Achille Mbembe, Upendra Baxi, Peter Fitzpatrick, Paulo Freire, Boaventura de Sousa Santos and Gayatri Chakravorty Spivak。后殖民理论承认并复原殖民地人民在塑造认识论、哲学与实践过程中,以及在转变主流西方知识和主体性特征的过程中持续发挥的重要作用(Freire [1970] 2000;Santos 2007,2014)。根据这些学者的论述,西方优越性的殖民主义假设延续至今,并侵损着当代试图建立更包容的多元文化社会的种种努力。尽管现今国家政策从表面上看是欢迎多元文化主义与文化多样性的,但种族分类和种族主义差异仍然存在于所有社会。无论学者们是否在其研究中探讨了种族主义、殖民主义与帝国主义的后果,我们的工作都是在这样一种学术氛围中展开的,在其中那些仍然塑造着当今种族主义和新帝国主义的暴力史不再被忽视。

民族主义和身份

通过民主革命、现代帝国主义、社会主义、法西斯主义和非殖民化进程在全球传播的民族主义是历史上最成功的政治意识形态之一。在现代进程中,民族国家变成了国际监管体系的基石。"个人和集体身份是由社会建构的"这一后结构主义观点,对学术领域产生了极大影响,这部分地是因为它从根本上削弱了作为自然的或理所当然的范畴的现代国家认同。正如本尼迪克特·安德森在《想象的社区》(1983年)中所言,民族主义是一种社会建构并不断受到质疑的集体认同。

民族主义也同时在国家内部对公民进行分类和授权,并处理合法公民与被认为是非法外来人员或侨民之间的分歧。公民身份是获得国家资源、权利和保护的通道。因此,确定公民身份的标准成为持续不断的冲突与紧张的根源。20世纪60年代,"身份政治"一词首次出现在美国、英国和其他西方民主国家的女权主义和黑人社会运动中，它们要求承认少数群体的政治与公民权利（Harris 2001）。随后数十年间，身份政治促成了围绕着移民、恐怖主义、堕胎、医疗保健、劳工权利等问题以及各国多元文化主义政策的激烈的全国性辩论（参见 Schwartz, Luyck and Vignoles 2011；McGarry and Jasper 2015）。

民族国家的去中心化

很多学科的学者都意识到，民族国家正按照跨国领域、国家内部以及它们之间运作着的新的全球化经济、政治与文化动力学被重新架构。民族国家主权正在受到诸如市场一体化、区域贸易协定、放松管制、不发达、新的区域化和去疆域化冲突形式、全球变暖、非政府组织与其他非国家行为体的激增，以及不断发展的有关人权、妇女问题、环境保护的全球社会运动等全球化力量的攻势与挑战（Beck & Willms 2004；布朗 2015）。这些力量共同作用，极大地削弱了民族国家作为自主的政治与经济单位的能力；与由此产生的普遍不安全感相称的便是日益加深的国家军事化程度与超安全战略。

全球化力量又反过来造成了数百万被贫困、暴力与环境退化所驱迫的移民和难民的流离失所，进而威胁到相邻国家的稳定。在当前的管制体系下，流离失所的人们大都处于被忽视和不受保护的状态。他们会发现自己是无国籍的，不再享有家园、国家认同或对其公民权的保护，并且极易受到种族迫害、经济剥削、奴役和性交易的侵害（Bales 2016；Brettell and Hollifield 2014）。数百万人长时间的背井离乡可能会形成种族和民族的侨民群体，使单一的国家认同进一步复杂化。这些力量质疑了民族主义、身份认同、公民资格、经济、政治、治理、法律等与国家相联系的概念。这就是学者们所说的"我们生活在一个后民族时代"的含义（Darian-Smith 2015；Balibar 2015）。

与此同时，民族国家还面临着上升的分裂运动、宗教激进主义以及种族和土著民族主义的挑战，其中很多都与殖民和殖民地自治的历史有关联。这些挑战导致了国家内部持续的合法性危机，开始出现了民主理想的幻灭、对运作失灵的政府丧失信心，以及有关政府代表着跨国公司与超级富豪而非普通工薪阶层利益的日益强烈的感受。这些情绪在选民的不满、仇外心理、伊斯兰恐惧症，以及向宗教激进主义、极端民族主义右翼政治、有些情况下向新法西斯主义的回归中反映出来。本土主义的反移民浪潮在世界各地的极右运动中涌现，其中就包括英国脱欧公投和唐纳德·特朗普筑起的阻止移民入境的边境墙。

　　各学科学者都开始研究民族国家去中心化或不稳定性的种种影响，包括重新思考关于主权（Hardt & Negri 2001）和全球治理（Falk 2014；Gill 2015）的概念。社会学家马尔里克·贝克（Ulrick）认为，传统研究假设"人类被分成若干个庞大但数量有限的民族，其中每一个都应发展起自己的统一文化，并在国家这一集装箱的保护下安全无虞……它构成了我们看待问题的全部方式。方法论民族主义是决定着相关性范围的无争议的框架"（Beck and Willms 2004：13）。去中心化研究则驳斥了把民族国家作为研究分析与社会组织的基本单位这一假设（Khagram and Levitt 2008）。对长期以来束缚着西方政治思想的"方法论民族主义"局限的超越开辟了理解复杂跨国与跨地区关系的新途径，而这些关系此前一直潜藏在"方法论民族主义"狭隘的理论与概念视野的荫翳之下（参见第五章中的"方法论民族主义"）。

跨学科性和未来的学术研究

　　对未来的学术研究而言，一种共享的跨学科框架意味着什么？我们认为，对这一框架的确认使我们能够认识到任何问题相互联系的那些维度，从而可能有助于我们超越学科与交叉学科间的争论。

当然，上述那些共同的跨学科研究主题绝不是面面俱到的。例如，系统理论似乎也是以一种类似的方式在各学科领域发挥着作用（Bertalanffy 1969；Baran 1964；Luhmann 2013）。然而，考虑到这些共享的研究路径的数量与重要性，我们很难否认它们在过去几十年里对大部分学科领域所发生的重大影响。这些影响显见于各种学术取向和社会理论，并建构起相交性、东方主义、后民族主义、生命政治、民族结构和治理等概念。此外，它们还催生了被称为"文化转向""语言学转向""空间转向"以及最近的全球转向的学术思潮，这些学术思潮席卷了人文和社会科学的大部分学科领域（Arias and Warf 2008；Tally 2012）。这些不同的理论概念和学术思潮合力将各文化、各大洲与各种意识形态交错在一起，并将学术界的广泛关注引向政治与经济力量的社会文化维度，这些维度现已成为世界各地很多学术团体的中心议题了。

当代欧美学界的一些学者，包括哈贝马斯，拉图尔（Latour），布特勒（Butler），森（Sen），查克拉博蒂（Chakrabarty），阿皮亚（Appiah），萨斯基娅·萨森（Saskia Sassen），戴维·哈维（David Harvey），麦克·戴维斯（Mike Davis），约瑟夫·施蒂格利茨（Joseph Stiglitz），保罗·法默（Paul Farmer），塔拉勒·阿萨德（Talal Asad），诺姆·乔姆斯基（Noam Chomsky）以及其他很多人，都做出了对众多学科有着重要影响的卓越学术贡献。这些学者的某些观点可能是有争议性的，但他们都有能力超出其所接受的理论或方法论训练，并使他们的专业知识吸引更广泛的受众。在很多方面，这些学者都代表了一种灵活和创新的思维，它超越了传统学科并提出了知识生产与组织的新方式。

跨学科框架已经发展到这样一个阶段，以至于很难想象当今任何一门社会或人文学科会对阶级、种族、民族、性别、宗教等问题以及相关研究领域的评论完全视而不见。同样地，大多数学科也无法忽略民族国家内部、外部和跨国家的经济、政治、法律与社会权力维度间的纵横交错。越来越多的学者开始对作为相关知识与分析的框架范围的民族国家中心性保持警觉。换言之，没有任何一门学科全然没有受到后结构主义、建构主义、语言学和解释学理论丰厚遗产的影响。无论是否读过葛兰西、福柯、萨义德或者柯林斯的著作，社会与人文科学领域内从事创新性、前沿性学术研究的学者们势必要直接或间接地对他们的学术遗产与贡献作出回应。

我们并不是指每一门学科的每一名学者都有意识地接受了具有跨学科框架特征的批判性社会理论与视角；总会有一些学科或次级学科的学者出于各种各样的原因而对跨学科研究不那么有兴趣。专业化和专业知识的生产仍是学术界一项独特的以及必要的功能。事实上，对发展新的跨学科研究方法以及用来分析全球问题与不断变化的地缘政治现实的更具包容性的研究框架来说，专门化知识的持续生产仍有其必要性。就像定量与定性方法缺一不可一样，专业化与一般化也是缺一不可的。实际上，创新的学术研究所要求的恰正是专业知识与一般知识、定量知识与定性知识之间的这种交流。

阐明全球跨学科框架

融合了第二章中全球学研究特征与本章中跨学科框架的研究，最终架构起一种新的分析范式。这一新范式的典型特征在于，它将研究焦点引向作为研究对象与更广阔分析背景的本土—全球连续统一体（McCarty 2014c）。我们称这一新范式为全球跨学科框架。它既是跨学科的，同时又是后跨学科的，因为它克服了传统学科领域的固有局限，从而能够在整体上回应当今世界所面临的多层面全球性挑战。我们提出，一个全球跨学科框架同时适用于主流学科以及新兴研究领域的各类研究，无论它们的研究焦点就范围而言是否具有显见的全球性。

我们的很多学生都清楚地知道，学术界有必要发展起新的研究方法来应对当代问题，这就使传播全球跨学科框架这一挑战变得相对容易些。相较于资深学者，年轻人更少受到那种青睐民族国家和以学科为边界的知识生产的世界观束缚。简言之，对他们来说全球化并不新鲜，而采用全球跨学科框架来理解这个高度一体化的世界也就顺理成章了。而且他们还发现，这一框架能够将他们从每天铺天盖地出现的那些把世界呈现为相互脱节而混乱的事件组合的头条新闻中解放出来，并赋予他们能量。全球跨学科框架鼓励学生去辨识在时空维度上具有持续性的模式，这些模式使他们能够将各个节点串联起来。通过这种方式，该框架可以革新学生有关当前广泛全球问题的理解。在此过程中，它还鼓励学生超越他们自己的文化价值界限去拥抱全人类，这可能会从根本上改变他们对个人在社会中的角色以及全人类共同点的理解。

  研究与教学经验使我们得出了如下在某种程度上有悖于直觉的论点，即全球跨学科框架使分析全球问题变得更容易了。该框架促成了一种探讨全球问题的综合性方法取向，它包括根据研究问题而非学科训练，有选择地分析相关历史、空间、经济、政治与社会维度，并融合一系列理论与方法。它还允许研究者在不同分析层次上随需使用微观、中程或宏观理论以及定性和定量方法。我们认为，这一整体框架能够结出丰硕的研究成果，具有分析上的灵活性，以及在学者手头通常有限的资源条件下令人意外的可行性。我们的学生对这一综合范式的掌握、用其来理解当前的事件并将其应用于他们自己的实际研究的能力，充分证明了该范式能够被有效地传播并富有成果地应用。它在我们教学中的成功也表明，其价值可以被传递到更广泛的受众，包括大学管理层、资助机构、政策制定者，并最终传递到社会公众。

  下一章中，我们将详细讨论如何设计一个全球学研究计划，这一计划脱胎于我们所说的全球跨学科框架并使之具体化。将理论与设计相联系、并选择能够最好地探讨核心研究问题的方法论取向，对传统的研究计划设计方式提出了一系列挑战。我们希望帮助入门学者和资深学者充分思考这些挑战，并有效设计一个包含全球维度且更适于理解当下时代的研究计划。

第四章

全球学研究设计

我们在上一章中概述了全球跨学科框架的含义，并详细讨论了其从社会科学与人文学科、从活跃于南方与北方国家的学者那里借鉴来的各种理论方法取向。本章中，我们将转向把理论与研究设计联系起来的更具体讨论——这是从事全球学研究的必由之路。本章指出了全球学研究取向对常规的研究设计所构成的挑战，以及在设计一项全球性维度与应用的研究计划时可能会遇到的问题。

正如我们在第三章所讨论的，全球跨学科框架要求我们认识到，全球问题几乎总是被社会、政治、经济、空间与时间维度以及种族、民族、阶级、性别与宗教问题所横断。所有这些因素都可同时以不同方式在地方、国家、区域和全球层面上表现出来。对于研究者个人来说，要设计用来研究当今复杂的全球化进程的理论与方法论取向似乎是一项来势汹涌的任务。幸运的是，采用全球跨学科框架为我们提供了一种研究与生成新知识的方法，以回应21世纪的错综复杂性。我们自己的研究和教学经验可以作为这一论点的论据。我们发现应用全球跨学科框架能够帮助学生设计切实可行的研究项目。学生们不需要对某个特定全球问题的每一个维度进行分析，但他们确实需要认识到不同维度的存在，根据他们的研究目的，其中有些是相关的，另一些则可能不相关。同样，学生们也无须分析从地方到全球的所有概念与空间层面，但他们应当意识到他们所试图回答的问题可能在任何一个或所有的层面上运作，并且这些层面间的互动可能是该问题最有趣和最重要的方面。

取决于不同的研究主题、目的与问题，你将需要做出不同的决定以制定出可行的、可理解的全球学研究设计。关于定性、定量和混合方法的研究设计，社会科学和人文学科已经有很多这方面的文献（Creswell 2014）。每一门学科都有自己关于如何进行其主要关切问题研究的标准文本。① 我们不打算在本章重复这些讨论。相反，我们要对过去一百年里囿于国家中心框架的欧美学术界内发展起来的标准化方法论取向提出质疑，并对那些现代主义方法取向进行改造以使其适用于全球研究。我们的观点是，第三章中讨论的理论的跨学科框架是与一个多维度方法论框架同时出现的，后者通过使用混合研究方法并整合多种形式数据，以更好地分析全球学研究问题。这一整体性方法取向的目标是使研究者更全面地了解作为他们所调查的全球问题的背景与组成部分的大图景。

实证研究的基础

开展第一手研究在很多重要方面不同于其他学术活动，如教学、学习、写作与评分等。正如每一名研究生都会发现的那样，从事自己的第一手研究与我们在课堂上所做的有很大差别。尽管有效教学包含了教师与学生之间的互动关系，但简单来说，教学是把已有的知识传授给下一代。恰恰相反，开展研究的目的则是创造并不必然已经存在的新知识。理想情况下，研究者会得出能够改变我们对重要问题的理解的那类知识。成为一名研究者——一位探索家，如果你愿意——并弄清那些关于世界的未知事物，将是一项特别的

---

① 各学科的文本之间有很多重叠。关于这方面的通用文本，参见 j. Creswell 2014。社会学的相关文本，参见 Berg & Lune 2011；福勒 2014；历史学的相关文本，参见 Tosh 2015；Bombaro 2012；人类学的相关文本，参见伯纳德 2011；DeWalt 2011；传播学的相关文本，参见 Merrigan & Huston 2014；政治科学的相关文本，参见 Gerring 2012；Ragin 2008；布雷迪和科利尔 2010；国际关系研究的相关文本，参见 Jackson 2010；拉蒙特 2015；克洛茨和普拉卡什 2009。

而又令人兴奋的挑战。

就像大部分现代研究领域一样，全球学研究背后的逻辑是在启蒙运动中发展起来并仍通行于许多现代学科的实证主义。简单地说，实证研究基于对直接观察或经验的记录，而这反过来又能通过定性和/或定量方法加以分析和解释。在社会和人文科学领域，学者们为了更好地回答那些无法通过实验室的实验来回答的问题，常会将多种研究方法结合起来使用。这是因为，与在可控环境下进行的化学实验不同，社会科学与人文研究通常是对人的研究，并试图了解他们在不同历史时期和文化背景下的思维与行为方式。人不同于机器人，在随时间而变化的不同的政治社会环境中他们会有不同的行为方式，因此其行为通常不能被简化为可复制的实验和静态的客观数据。

现在我们所说的科学方法有着漫长的历史；史学家通常将其发展源头追溯到在亚历山大港建立了解剖学研究学院的希腊医生。像 Herophilos（公元前355—前280）和希俄斯岛（Chios）的 Erasistratus（公元前304—前250）这样的医生摒弃了诸如放血之类的医疗传统方法，代之以对现象的直接观察，并相信基于实验的医疗实践以及观察病人对某些治疗的反应是更为有效的手段。Erasistratus 是一位非常娴熟的外科医生，他对有关心脏作为血液循环动力器官的功能的解剖学理解做出了巨大贡献，并为17世纪威廉·哈维及其关于循环系统的论文奠定了基础。Erasistratus 的细致观察为他对人体医学理解的探索性拓展提供了支撑，并为新的理解与知识模式铺平了道路（Lloyd 1999）。

伴随着对实验证据的汲汲追求，一系列归纳、推理方法被发展起来。公元前4、5世纪的希腊哲学家柏拉图和他的学生亚里士多德，以及后来10、11世纪的科学家如阿拉伯物理学家 Ibn al-Haytham（也被称为 Alhazen）和波斯科学家 Abū al-Rayhān al-Bīrūnī（也被称为 Al-Bīrūnī），都曾力图发展一种可以产生可复制的实验以及经得起检验的普遍法则的科学方法。Alhazen 和 Al-Bīrūnī 都是中世纪伊斯兰时期的卓越学者。Alhazen 因其对光学、镜子和光的研究而广受赞誉。他是最早提出"假设"这一概念的学者之一,并指出"假设"必须要通过实验和可复制的结果来证明。Al-Bīrūnī 则以其在物理学、数学、天文学、自然科学、语言学方面的专长而著称,他的研究强调了多视角取向对理解复杂现象的适切性。早在文艺复兴时期的科学家如列奥纳多·达·芬奇、伽利略·伽利莱、笛卡儿和约翰内斯·开普勒等进一步发展这种方法的大约 200 年之前,这些伊斯兰学者就已在积极倡导后来所称的科学方法了(参见 Dear 2001;Grafton etc. 1992)。

被译成拉丁文的古希腊与阿拉伯经典使形成中的科学方法在 12 世纪和 13 世纪的欧洲被重新发现并引入,在那里,像博洛尼亚大学(建于 1088 年)、巴黎大学(建于大约 1160—1170 年)这样的新的大学把这种方法教授给学生。但一直到文艺复兴时期,新的科学思想才真正在欧洲繁荣起来。这部分的是由于人文主义的兴起,其中包含了关于艺术与建筑中透视法的新知识;部分的则是由于 15 世纪后期新大陆的发现,它冲击了很多有关自然与物质世界的传统观念(参见 Hall 1994;Grafton 1992)。大学不仅仅是把学问传递给下一代的知识贮存所,它们更应该创造新的思想,并为实现自身内在价值而积极地发展知识,这样一种观念使欧洲大学的数量激增。这些新的学习机构培育和鼓励科学研究,而其标准化课程囊括了一系列领域:文科、法律、医学、数学、工程学和天文学(Ridder-Symoens 2003)。在这些欣欣向荣的学术活动中心,科学方法就像它在古典时期刚被提出时那样,成为人们热烈讨论和辩论的对象。

笛卡儿的"我思故我在"是现代西方哲学和科学的基石之一。关于科学方法和它所包含的逻辑与前提的作用,还有很多著名的哲学家、科学家与数学家也加入了讨论,如弗朗西斯·培根(1561—1626 年)、伽利略(1564—1642 年),以及因为发现了运动定律和万有引力定律而享誉盛名的艾萨克·牛顿爵士(1643—1727 年)。这些学者和他们所发展的新知识推动了被视为普遍真理体系的现代科学的建立。启蒙运动中，科学研究的领域得到了进一步拓展。像帮助船只在公海上航行的航海经线仪和驱动机械设备与铁路的蒸汽引擎这类发明，推动引领着欧洲进入殖民主义、大西洋奴隶贸易以及工业革命的时代（Uglow 2002；Sobel［1995］2007）。如图 8 描绘了一场关于太阳系仪的演示，它是一个太阳系的机械模型，用以模拟围绕着太阳的行星运动，这个模型使宇宙看起来几乎像是一座时钟（See Uglow 2002：122—24）。

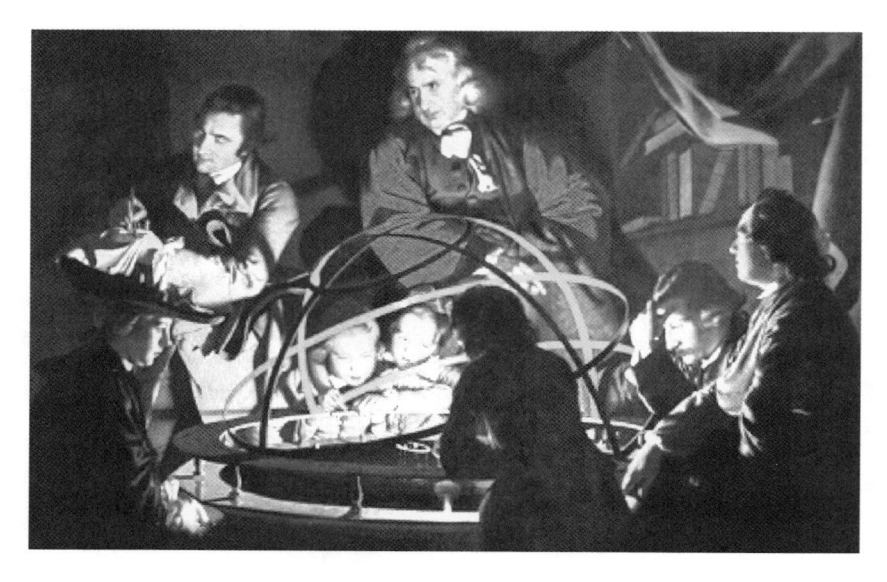

图 8　德比的约瑟·莱特，《一位在做关于太阳系仪的演讲的哲学家》，大约于 1765 年

更晚近些，卡尔·波普尔（1902—1994 年）和托马斯·库恩（1922—1996 年）就是否存在适用于所有科学知识的单一科学方法展开了争论。库恩在其重要著作《科学革命的结构》（1962 年）一书中提出，科学突破往往是在他称为"范式转换"的时期发生的，它将此前可能一直被忽视或不予理会的新的思维方式纳入了视线。此外他还指出，有关存在着一个科学真理的观念取决于当时科学界的共识，而一代人的"真理"可能会受到下一代人的全盘抨击

（库恩1962；Shapin 1994；Jasanoff 2004）。由于所有研究者都同处于一个学术共同体中，并将各自充满了主观性的社会世界观带进其研究结果，因此我们对科学的理解也就不可能依赖于那些"客观"真理。从而我们可以看到世界上关于什么是科学知识的各种相互竞争而又经常不一致的观点。随着北方国家中人们日渐重视非西方视角以及对世界的选择性理解，这一启示在今天激起了更多共鸣。

关于什么是科学以及什么是最适于阐明知识的科学方法的争论已经持续了好几个世纪，这也表明了至今还没有一个确定的观点。例如，横亘于理性主义者与实证主义者之间的深刻分歧：前者宣称，新知识可以通过理性获得，因此它们是可以独立于感官经验的；而后者则认为，感官体验是我们用以获取新知识的概念与努力的主要源泉。幸运的是，对于大多数从事全球学研究设计的研究者来说，这些争论——尽管就其本身而言很吸引人——并非核心所在。但关于什么是适当的研究方法的持续对话仍应作为一种对我们的时刻提醒，我们需要（1）不断质疑我们视为理所当然的那些假设和思维范畴；（2）审慎思考我们认为恰当的数据或证据，并检视其中是否忽略了有悖于我们的直觉但可能相当重要的信息；以及（3）认识到，我们为了证明一个可信论点而收集的数据以及组织它们的方式是依赖于深受文化浸染的逻辑与关系值的。

在自然科学中，经验模型假定了理论、方法论观察、逻辑分析和可靠证据或数据之间存在着必然联系。非常简单地说，自然科学中使用的实证方法依赖于直接观察、实验、数据收集、严密的文档和逻辑分析。科学方法力图产生的结果应是既能被使用该方法的其他独立研究所证伪，也能被证实的（Latour 1988）。人文与社会科学对自然科学中的实证方法加以改造，使之用于研究人类社会。在此过程中，它们必须因其研究对象——人类的行为常常是不可预测的，而做出相应的调整。社会行为与思维并不总是能够以化学实验的方式被复现（参见 Flyvbjerg 2001）。

实证方法的传统意味着，大部分学科领域的权威性在某种程度上仍然依赖于这种实证基础。一个研究领域实证上的诚信度有几方面来源，其中包括该领域所探讨的实质性问题的重要性、理论框架的解释力、实证方法与分析过程的信度以及研究结果的意义。因此，尽管在复现证据的能力上有所差异，但人文和社会科学与自然科学仍有着共同之处，那就是对支撑理论的可观察的证据的依赖，通过对它们加以检验和分析，从而得出研究结论。研究结论又反过来支撑起一个新的理论框架，研究者可能会找到支持这一新理论框架的证据，也可能找不到。换一种表述，理论推动着研究设计与方法，而研究结论又在理论、设计、方法与研究发现之间的持续互动中重新架构着理论命题。这就是研究者孵化新理解、生产新知识的方式。

尽管实证方法如今已有很大变化，但其基本轮廓在大多数学科中仍清晰可辨。在任何一个研究领域，现有的学术文献都提供了一套核心词汇，包括了分析特定议题的概念、理论与分析框架。研究者在现有文献的基础上建构起一个核心研究问题，该问题可能涉及一个或多个相关议题。随后，研究问题便成为设计一套研究策略的指南，后者则能够引出回答研究问题所需要的可靠证据。理想情况下，这种实证主义取向不仅是从某一特定领域的现有文献中发展起来的，它还会导向能够反哺该领域学术工作的发现与结论。简单地说，理论驱动着研究问题，研究问题驱动着研究设计，方法论引出证据，而对证据的分析则产生了研究发现，这些发现为现有文献注入了新的知识。

大多数学科都有一套限定的、公认的数据收集方法和分析程序，这些方法与程序经过时间检验已被证明能够提供可靠的经验证据。有些学科采用定量的方法，主要依靠直接观察或定量数据的系统分析（实验、调查、统计分析）。另一些学科则采用定性的方法，它们更依赖于主观观察，强调研究者自身的洞察和理解（访谈、参与观察）。至于什么是合适的研究设计，随着不同领域和学科所侧重的不同研究问题，其答案也是多种多样的。这并不意味着一项研究设计比另一项更具有实证性或更科学,仅只是某些学科将某类证据看得比其他种类的证据更重要而已。所谓更科学的说法往往基于这样一种论点,即其采用的证据比其他种类的证据更客观。但必须牢记一点,所有的数据集都受限于其所由产生的研究方法论(Stiglitz, Sen and Fitoussi 2010; Darian-Smith 2016)。

同样地,与其他学科相比,一些学科更注重理论在塑造研究问题和研究设计中的作用,这就可能使人认为他们是不偏不倚的观察者,从事着"客观"的学术研究。其他一些学科则坚持认为是数据推动着理论发展,而非理论首先驱动着该收集什么样的数据。但大多数研究者都理解,正在发生的是新的理论、恰当的设计、严谨的方法与实证结果之间的动态互动,而一种学术方法也并不比另一种方法更实证或更具有学术上的优越性。

无论定量和定性的方法论取向有何差异,我们必须认识到这两种类型的研究都有赖于经验观察和对证据的逻辑分析来支持其中心论点与结论。全球学研究领域同时对人文学科以及社会和行为科学中的定量与定性研究所做出的宝贵贡献给予了充分认可。

作为背景的现有文献

一项研究设计及其所得出的研究结果若要被认为具有可信性,就必须经得起同行的批评,并且最终应该是可复制的,或至少能通过独立研究加以证实。对于学生来说,导师常常就是评议的同行。对于教师来说,他们的同行则是该领域内的其他专家。对同行评审的需要就是研究者应在学术会议上展示其研究结果并在学术期刊上发表的原因所在。一项研究如果恰当地进行,并经得起同行的详细审查,那它就可能会对其领域现有的知识体系做出贡献。简单概括地来说,这就是全球学研究的目标所在——探讨重要的全球性问题、发表自己的研究成果并对现有文献做出贡献,最终开拓有关全球性问题的新的思维方式,这些思维方式将可能产生重要影响或提供解决方案。

认识到现有文献在研究设计过程中的作用是十分重要的。真正意义上的学术研究是从现有学术文献中发展起来并反过来回馈后者的。这就意味着，给定领域中的现有文献是学者确定学术议题、形成研究问题、设计研究项目的背景。由于研究的目的是进一步充实已有知识，因此研究也通常不是全盘由研究者本人的思维过程所塑造的。任何给定领域的文献都明确了相关议题，定义了可用来理解这些议题的基本概念和理论框架，并提供了用于研究这些议题的数据收集和分析方法。研究者头脑中宏大思想的重要性与它们在现有学术文献中的融入程度有关。这意味着有抱负的研究者必须熟稔该领域的相关文献；同时也意味着研究项目的每一个阶段，从设计到实施与分析、再到对研究结论及其意义的讨论，都应明确地引用相关文献。这就是学术文章、研究计划、学位论文和出版物必须自始至终都有恰切引证的一个重要原因。

与其他学术领域一样，全球学研究也涉及全球性主题的现有文献。当前明确探讨全球化进程的学术文献数量正在快速增长，而最近全球学研究领域自身的学术文献也开始崭露头角了。然而，全球问题研究的很大一部分仍是在诸如人类学、经济学、地理学、比较文学、历史学、政治科学、法学和社会学等传统学科的框架内进行的；而在发展研究、后殖民研究、环境研究、种族研究、女权主义研究和宗教研究等交叉学科领域中也可以找到大量与全球问题有关的文献。关注全球问题的学者应当熟习全球学研究领域的学术文献，但也可以从其他领域相关文献中自由地汲取养分。

理论和概念框架

理论、研究设计、方法与数据都是必然相连的，故而设计一个全球学研究项目通常涵盖了多种全球学理论方法与概念。现有的全球学研究文献为研究者提供了大量理论方法和概念框架，其中有很多我们在第三章中都已提及。

理论不是静止的，它的提出、检验、拒绝和修正过程是动态的。现有的理论方法和概念是为了支撑研究设计及其实施，但与此同时，研究结果也能改变现有理论，这些理论本身就构成了新型问题。全球学研究是一个相对较新的领域，因此，新理论、新方法产生和拒绝的动态过程就更加剧烈。同时，由于全球学研究的目的之一是增进西方与非西方学术的融合，所以新理论产生的动态过程便将受到跨文化交流的推动而进一步加速。

尽管全球学研究者跨越学科边界博览文献，但必须牢记的是，每一门学科的实质性议题、理论与方法都是被建构的，而且在某些方面受到了该学科基本假设与概念的限制。传统学科各自代表了强有力的但又大相径庭的认知方式与新知识的生产方式。学科方法对某些类型的分析有效，而对其他类型则无效。交叉学科和跨学科学者应牢记于心，一个学科的理论、概念与数据很可能无法被原封不动地转化到其他学科。例如，我们每天在课堂上使用的许多想当然的概念，如文化、发展和可持续性等，可能并且经常在人类学、经济学、政治学、心理学和社会学等学科中有着非常不同的含义。这是因为概念与语汇是由社会建构的，体现和反映了它们被构成、表达、实施、确认与质证的文化背景。

当学术概念在各学科间穿梭时，这可能是因为它们表征着如自主个体、理性行为者、市场逻辑等西方共同的学术概念，以及对民族国家的单一理解。全球学研究者应不会惊讶于这样的发现，即西方学术文献体现着作为欧美社会基本特征的过度理性的逻辑与假设，因为正是后者首先塑造了现代学科领域。尽管这些逻辑对某些类型的分析有效，但它们同时也会使其他认知方式失效（见第二章）。对于许多学者来说，与非西方概念的融合可能会教人望而却步。但我们不妨从这样一种认识起步，承认大量非西方学术文献的存在，并看到它们通过新的学术词汇、概念与分析框架的形式做出了颇有价值的贡献。

研究问题

　　研究问题或论题是推动着某一具体研究项目并决定着其总体设计的核心问题。在最基本的层面上，研究就是回答某一具体研究问题的过程，在此意义上，无论怎么强调论题在研究设计过程中的重要性都不为过。研究问题最终决定着研究设计的整体结构，包括概念框架及相关的方法论与分析进路。坦白地说，假如你没有一个研究问题，那么你就没有在做研究。你可能在检阅文献或总结你的观察，但没有一个研究问题，你就并没有真正在试图回答什么。

　　这似乎是显而易见的，但在实践中，我们发现很多学生并没有意识到一个明确的、可研究的问题的重要性。学生们通常对诸如不平等、发展、性别或环境等宽泛的问题感兴趣。普通学生会有一套抽象的兴趣，并围绕着这些宽泛的话题撰写论文。这种对宽泛话题的兴趣是激励研究的必要条件，但它们并不足以支撑起一个可行的研究项目。很多学生没能充分理解的是这些笼统的兴趣和更具体的问题之间的区别，而后者能够为一个具有可行性的研究项目奠定基础。一个聚焦的研究问题是能够在特定时间段内、通过可能得到的资源与数据加以回答的那类问题。而对大多数研究者来说，这些资源往往是短缺的；因此研究项目的范围也应相应缩减以反映出上述局限。

　　学生在确定可研究的项目方面存在的困难，部分原因也许在于中学和大学对研究训练不够重视。学生们经常被要求阅读一组给定的文章，然后用指定文章作为论据就某一问题展开逻辑论证；或者被要求进行某一特定实验。这样的练习有助于学生熟悉文献、确定研究兴趣，并发展其分析技能；然而，它们与设计并实施自己的第一手研究并不是一回事。学会设计并实施第一手研究是一项更为复杂的努力，它要求对该领域现有文献的熟练掌握以及大量的方法论训练；它还要求学生与他们的导师投入大量时间。随着班级规模的扩大和资源的减少，教学机构越来越难以为学生提供密集的方法论培训和精准的研究指导，而这些都是学生们学习如何进行自己的第一手研究所需要的。因此，很多学生在进入研究生阶段之前从没有真正学习过如何形成一个可研究的问题，更遑论去设计和实施他们自己的第一手研究了。

大多数可研究的问题都有如下这些共同的必要特征。一个可研究的问题应当是：

- 在开拓一个可行的研究项目的同时，体现研究者的广泛旨趣
- 在某种意义上，脱胎、建基于现有学术文献并能够对后者作出反馈
- 不是无法回答的问题（一枚针头上能够容纳多少个天使跳舞？）
- 还没有一个明显的答案（穷人希望他们能有更多的机会吗？）
- 可以通过适当研究方法所获得的信息予以回答
- 可以在规定时间内、利用研究者现有资源予以回答

简而言之，一个可研究的问题应当是与某一给定主题的学术文献相关，并且能够通过研究者收集的信息予以回答的。要找到一个既吸引人而又有价值的研究问题可能很困难，但这里还是有诀窍可学的。一旦你开始寻找并充分思考构成一个好问题的要素，它就会变得容易起来；大多数有经验的研究者在听到的瞬间就能够准确辨识出一个好的研究问题，这便是一个很好的佐证。最好的研究问题包含着很多新联结，并往往会引出一系列衍生问题与假设。对如何回答一个好的研究问题的创造性思考本身就是一项极富成效的练习。

形成一个全球学研究问题

核心研究问题应能驱动从概念框架到方法论与分析进路的整个研究设计；而且，一个有效、可控的研究问题还应该能引导出在限

定时间、资源情况下具有可行性的研究设计。在全球学研究中，上述特征使得找到恰当的研究问题变得更为重要，因为这一领域的主题是横贯本土—全球连续统一体，并常常以相当复杂的方式互相联结。当研究者处理极其复杂的全球性问题时，找到一个可控的、可研究的问题至关重要。假如没有明确焦点，全球学研究者便很容易迷失在无边无际的关联与可能性之海洋中。

在全球学研究中，最好的研究问题通常会对我们所说的本土—全球连续统一体予以充分重视（见第二章）。这就意味着将十分抽象的全球性概念定位于现实世界之中，定位于普通人的日常生活之中。这些宏大的抽象概念往往看上去和本土视角或相关的微观与宏观的内部/外部、本位与客位视角截然不同。例如，学术界以外的人们理解气候变化或移民等全球性问题的方式往往不同于学者对它们的理解。各种观点之间的差异几乎总是饶有趣味的，并为仔细思考得出一个令人信服的研究问题提供了良好开端。对多样化视角的关注也引出了全球学研究的几个普遍特征。

好的研究问题的第一个特征是它们都具备一种批判性面向。批判性问题对现状以及使事物以其现在的方式呈现的那些不受质疑的假设提出质疑（有关批判性，见第二章），通过从不同视角切入，好的研究问题往往能够指明我们认为互不相关的事物之间的矛盾，或暗含着它们之间的联系。例如，一个好的问题可能会凸显出经济生产与性繁衍之间的联系，或者金融资本与文化资本之间的交换关系。刚开始，你可能无法确切地回答在特定情境中这些联系究竟是什么，但对这些联系的深入探究极有可能提炼出能够回答的更聚焦的研究问题。

最好的研究问题同时也是具有反身性的，它们承认研究者并不是通过某种方式创造中立或客观知识的毫无偏倚的观察者。研究者应当承认他们自己的假设、能力及局限性对研究结果的形成是有影响的，也应当承认存在于研究者与研究对象、东方与西方、北方国家与南方国家之间的认识论鸿沟。正如我们在讨论库恩的观点及其范式转换的概念时所指出的，我们有关科学的理解并不是客观真理。所有研究者都身处学术共同体之中，并将他们自身的主观世界观注入了他们的研究发现。

所有研究者，尤其是那些全球学研究者都应觉察其研究的伦理维度。学术性知识能够而且经常会对我们所研究的人们产生影响。我们应该问自己：我们在生产什么样的知识？为什么要生产它们？那些知识可能会被如何使用或滥用？这项研究可能对世界产生哪些影响？全球学的很多研究都涉及富裕国家、地区、大洲与贫穷国家、地区、大洲之间的权力不对称，以及这些权力动态关系对弱势群体的影响。认真思考自己的研究发现可能会如何在无意中进一步加深对边缘人群的压迫并将其置于险境，这是研究设计的一个必要组成部分。

内含着批判性、反身性与伦理属性的研究问题往往具有一种耐久的品质。无论是全球学研究还是任何其他学科或交叉学科领域的研究，莫不如此。在人类历史上的任何时间、任何地点，那些最好的研究问题几乎总是恰切的。它们引申出一些可以明确或含蓄处理的衍生问题，例如：

·作为一名研究者，我的研究假设是什么？它们是如何成为我的理论、方法、实践与项目的组成部分的？

·哪些假设构成了我的主题词汇（如援助、发展、公民社会、民主化）？

·参与研究的那些人认为问题有哪些？他们又如何理解这些问题？

·与该问题相关的人们有哪些共同假设？

·共识是如何被建立、维护、挑战及改变的？

·在促成共识的假设背后隐藏着什么？

·行动者是哪些人？他们为什么要参与？谁有权力，谁没有？

·谁是变革的推动者和反对者？他们将会得到或失去什么？

·讲故事的是谁？谁能从不同版本中获益？

・历史是如何被利用并重新解读的？为了什么目的？
・解释、翻译、挪用和误解过程在该问题中起着怎样的作用？变化间的连续性在哪里，而连续性之中的变化又在哪里？
・有哪些观点被压制或排除在叙事之外？
・控制和剥削过程是如何被合理化的？
・如果存在冲突，那么冲突的某些方面是否尚未解决？
・人们如何理解、适应或应对他们无法控制的情况？
・有哪些替代方案被提出或暗含着，为什么？
・替代方案是被拒绝还是接纳？是否还维持着现状？

之所以要定义一个好的研究问题是非常困难的，原因在于研究者对问题的反应与问题本身同样重要。如果希望一个研究项目能吸引其他人，那么它首先必须能够吸引你自己。你认为这个问题有学术吸引力并且饶有趣味吗？它会促使你重新组织你的想法、重新思考你所读过的内容吗？它对指导和组织你的论文写作有价值吗？这个问题是否让你兴奋得想要跳起来立刻着手研究以找到答案？要了解你的项目之所以令人兴奋和有趣的原因。当你在深入研究项目的过程中，会很容易忘记你最初始的动机。

值得注意的是，研究问题并非一经闪现便是完全成型的。研究者通常是从一个简单的问题起步的，随着研究项目的推进以及研究者对这一主题越来越熟悉，最初的问题不断发展、日趋精练。演进中的研究问题常会有徘徊不前的时候，有时甚至会绕回原点，但通常情况下在此过程中它会变得更清晰更精细。追踪核心研究问题与衍生问题的各种不同版本不失为一个好主意。整篇论文或核心研究问题可能要一直到研究项目完成之时，才会形成最终版本，然后再演变为下一个研究项目。尽管在研究过程中研究问题可能不断演进，然而多少有些自相矛盾的是它仍是整个研究设计的基石。

研究设计

  研究设计是大部分研究计划的必要组成部分，包括硕士、博士学位研究计划和申请科研资金的教学研究者的研究计划。一般说来，学生的研究计划由其所在教育机构的教师审议；教师的研究计划则由其他教师与专家所组成的评议小组审议。

  全球学研究设计过程与其他领域的大致相同。全球学研究的学术权威有赖于传统学科所使用的同样的实证假设、研究设计、数据收集方法与分析进路。有关理论、数据与分析之间的关系的基本假设仍是不变的。全球学研究设计应包括一个清晰的概念框架以及明确陈述的核心研究问题或论题；它还应包括明确定义的方法论以及有关研究中将使用的具体研究方法的解释。全球学研究的基本数据收集与分析方法，如档案研究、观察、访谈、调查和统计分析等，与其他学科的相同（见"数据收集的基本方法"第五章）；而用于分析定量数据的统计方法也是一样的。你的研究计划应当对你将使用的任一具体分析方法作出解释说明。此外，研究计划还常常要求对可能的研究发现以及它们将如何回应最初的研究问题进行论述。最后，大部分研究计划都包含一个有关可能得出的研究结论及其对该领域潜在意义的章节。换言之，你需要能够指出你将取得的研究成果以及它为什么是重要的。

  全球学研究者必须将一系列非常广泛的问题纳入考量，这些问题很可能会对他们的研究项目设计与实施产生影响。一些学科对研究设计与实施有相对明确的目标期望，它们会有清晰的理论假设以及有限且明确界定的数据收集与分析程序。但跨学科领域如全球学研究却并非如此，因为该领域的研究可以在世界上任何地方进行，同时不难想见，可以从人文、社会、行为与自然科学各学科中汲取各种方法。摆在全球问题研究者面前的，不仅有广泛的实质性问题与可能的理论框架，同时还有一系列方法论选项。

根据你的核心研究问题的性质和你所希望找到的证据的类型，你的研究设计必须能够产生出用以处理该问题的那些证据。所有的研究设计与方法论必须在实证和诠释、演绎和归纳、探索性和解释性方法间找到一个不尽完美的平衡。即使是用最严格的定量方法收集的"原始数据"也包含了大量的价值与主观假设、偏向及解释。同样，即使最完全意义上的解释性方法与分析也包括实证的、定量的数据材料。至于一个具体研究设计如何平衡这些要素，则取决于包括该研究领域的预期、你的兴趣与目的、你的核心研究问题、你所寻求的证据与答案以及你所使用的数据收集与分析方法在内的多种因素。

全球问题研究者应当对一些在传统学科中可能并不常见的基本的研究设计问题做好应对准备。比如，在一个理论范式仍处于发展之中的新的交叉学科领域，探索性研究项目远远多于解释性项目。研究者有必要对在多元方法研究设计中使用给定的某些定量、定性或混合方法，或在世界的某些地方而不是其他地方寻找信息的原因作出解释。同时还可能需要考虑档案材料的有效性，甚至是官方统计资料的可靠性——这取决于统计资料的来源及其采集方式。例如，在很多社会里，某些类型的犯罪惯常会被受害者与政府瞒报少报，从而扭曲了官方统计数字。在全球学研究中，同样经常需要处理的还有国际与跨文化背景所特有的伦理问题。在某些情况下，一项研究设计可能需要考虑在政治不稳定或其他方面不安全的地区开展研究是否可行或适当。

研究设计的类型

广义上说，大部分研究设计都属于几个主要类别——解释性、探索性、描述性或应用研究——之中的一个或若干个。实践中，这些方法可能看上去非常相似。几乎任何实质性议题都可以用它们之中任何一种或若干种来进行研究，并且它们可以有相同的数据收集与分析的基本方法。之所以如此的其中一个原因在于，这些方法之间的主要区别乃是其不同的目的、最终目标以及研究者希望能够得出的结论。尽管这些方法在某些方面有相似之处，但对于研究者来说非常重要的是要了解它们之间的关键区别以及研究项目应如何与这种方法组合协调一致。

解释性研究

顾名思义，当研究者试图通过运用现有理论来解释世界上正在发生的事情时，就产生了解释性研究。解释性研究背后的主要假设是，现有理论能够从因果关系、联系与互动等方面对结果进行解释。解释性方法是在影响着观察结果的各种因素已被充分理解、从而能以一定的信度预测结果的那些领域中发展起来的。以教育对个人收入的影响为例，这些影响是业已被证明的。在大多数情况下，教育先于收入，因此教育被假定为对依变量——收入产生影响的独立变量或因变量。一项解释性研究可以验证这一假设，即不同的教育水平解释了特定人群中收入状况的差异。

从其定义来看，解释性研究在某种程度上是由理论驱动的。然而当理论被赋予过多的重要性时，这也可能变成一个问题。没有一种理论能够被用来解释一切。当研究者过分执着于某一特定理论解释时，便不愿对有助于解释本研究不同方面问题的其他理论取向加以考虑。过分偏好某一种理论会使研究者变得教条主义，从而更可能对那些与该理论不一致的重要证据不予理会，心理学称为确认偏误。

解释性研究的另一个难点在于发展起可以用于证明有关因果关系或联系等理论的那类证据。举例来说，要说明一群人在特定情况下如何行动是相对较为容易的，但要有信度地查证为什么会这样行动却困难得多。群体中每一行为个体对所发生的事情以及他们为什么卷入其中，都可能会给出不同的解释。如果询问十几个罢工者他们游行罢工的原因，他们的回答可能五花八门："它比工作强多了，不是吗？""乔，我是在兜风。"你不太可能听到对你最偏爱的劳动理论的详述，因为个体行为者并不总是用学术理论的语言来描述他们的动机。个人关于其行为的自述解释也可能随着时间推移而变化，尤其是当事态的发展改变了所处情境时。除非研究者有一个完整可靠的研究设计，并谨慎地收集必要数据，否则将很难支持因果解释或证明决定性联系。

收集能够最终证明因果关系或联系的数据时存在的困难，可能会对能够选择的研究问题类型以及能够解释的关系类型造成严重局限。研究者可能因此就只提出一些可以用现有数据回答的问题。令人遗憾的是，这样所得出的结论就会是相当狭隘的对假设的验证，它忽略了更广阔的研究背景或者仅仅证实了现有的理论而已。回到教育对收入的影响的例子，关于教育是否影响了收入这一基本问题已经被一而再、再而三地回答过了。

解释性研究不应仅对已经知道的事情作出解释，并得出一个只是确认了现有解释性范式的最终结论。更高的目标应是去解释那些还没有得到解释的事情、去挑战现有的理论、去突破我们基本假设的边界、去完善并最终提升我们的理论范式。

探索性研究

与解释性研究不同，在那些尚未建构起理论范式或其发展程度还不足以支持预测性因果解释的研究领域中，探索性研究便显示出自身的必要性。有些研究领域可能还没有用来发展可检验假设的既有概念框架。这种情况就需要探索性研究来对各种主体、力量、变量、影响与结果加以识别和确定。探索性方法的目的便在于发展起一套有效理论以及对可能发生的事情的解释。通常来说，探索性研究结果应是理解本问题的一个基本框架，这一框架将促进更深入的研究并推动新理论、新解释的发展。

当研究者遇到她/他感兴趣但尚不理解的主题时，探索性研究应需而至。例如，许多年前，我们的一位同事在进行以变性人为对象的研究时，碰到了一名与他所界定的性别模式不符的性工作者。从接受过变性手术的意义上来看，这名性工作者属于变性人范畴；然而，当手术进行到他们既拥有女性乳房又保留着男性生殖器之时，他们终止了这一过程。我们的同事发现这名研究对象多年来一直"介于"性别之间，并对事情的现状感到满意。他们有意识地决定不向任何一种性别过渡。问题是这个人就不再属于"变性人"，至少在变性人是从一个既定性别过渡到另一个既定性别的意义上来说不属于。20世纪90年代中期，除了这种过渡模式以外，性别理论还没有其他处理变性问题的概念工具与词汇，学者们也还没有把过渡本身看作一种可取的、独立存在的性别认同。这就促使我们同事之前的解释性研究采取了更具探索性的转向。随后的性别研究为这类研究建立起丰富的词汇库，包括两性人、无性别者、非二元性别、性别酷儿、性别流动者和泛性别等专业语汇。

探索性研究适用于全新的实质性主题，但也可被用于新的理论取向和视角，从而可以从新的角度探讨那些既有主题，并产生出新的联系与结论。在此意义上，大多数全球学研究都有着探索性特质。全球学学者在将全球视角应用于研究既定问题并重新审视传统方法时，往往采用探索性方法。

进行探索性研究，光顾着追赶一个你所知甚少的主题是远远不够的。上述跨性别研究的例子表明，和解释性研究一样，探索性研究的出发点不是无知，而是对大量相关学术文献的成竹在胸。当遇到一些尚未得到充分解释的事物时，你必须对相关的学术文献足够熟悉才可能开始认识这些事物。

要避免这样一种诱感，即把"探索性研究"这个短语用作逃避制定一项适当研究设计的免费通行证。经验已经证明，聪明的学生们常常未经预先思考或计划就去到异国他乡，试图就那些听起来很时髦的主题开展探索性研究。这类研究到头来就像是旅游，更多的是在娱乐调情而非别的什么。那些没有将探索性研究认真当回事的学生，当他们意识到自己没有任何值得写进论文的东西时，往往会以辍学收场。

探索性研究的主要困难之一是，很容易在做了大量毫无重点的探索工作之后，最终没有获得任何有价值的信息。你会发现自己迷失在各种笔记和备忘录的纸堆里，却找不到任何可以用系统性方式加以分析的数据。这是因为数据并不像人们所想的那样是随机且可互换的。信息、证据或数据通常是根据特定目的而收集的。谨慎且有针对性地收集所得到的信息可能最终会有助于达到预期目的，但这也不是绝对的。而要将为了特定目的所收集的数据挪作他用却并不容易。例如，政治民意调查数据就不像人们所以为的那般容易被用于社会科学研究。简而言之，通过非系统性方式收集且未加清晰设计的信息可能到头来毫无用处。

和其他任何类型研究一样，设计和实施能够最终产生有用知识的探索性研究，在许多方面是非常严苛的。如果有什么区别的话，那就是在学术文献还没有完全覆盖的领域内开发一项可行的研究项目需要更多的预先思考和规划。此外，探索性研究的研究者在研究过程中可能需要根据他们遇到的新情况来调整其研究设计，而这可能反过来使该研究的目的发生变化。探索性研究是有风险的，即便最老练的研究者也可能在做了大量工作之后仍空手而归。另外，探索性研究又是研究者能够为新知识的生产做出最惊人贡献的途径。探索性研究可以开启新的对话，并为重新定义世界上正在发生的事情创造空间。它对新知识图景的描绘会是一个非常有创造性和令人兴奋的过程。然而，要使探索性研究能够做出有益的贡献，就必须经过深思熟虑的计划以及审慎周密的执行。

描述性研究

有别于解释性研究和探索性研究，描述性研究并不重点聚焦于对现有理论的应用或发展新的理论。描述性研究旨在准确详细地描述一个主题，并在没有理论或分析的情况下给出数据。这类研究有时会被指责为不够科学或实证。最主要的问题在于描述性研究不是由一个特定研究问题所驱动的，因此可能被认为不属于真正意义上的研究。这种批评对纯粹的描述性写作是适当的，尽管这类写作在学术界极为鲜见。这是因为所有的研究者——事实上，所有的人——都是根据一套关于这个世界是如何运作以及为什么人们按照他们现有方式行事的未宣之于口的宽泛理论假设而行动的。不管承认与否，我们自身的意识里负载着一系列关于重力、心理学、社会与经济行为的理论，而这些内隐理论和假设最终形塑着我们的研究。即使当研究者努力尝试完全撇开理论，他们通常也会失败。几乎不可能有一项研究的进行是全无个人、机构或政治动机的，而这些动机则使研究本身远远超出了纯粹描述性的工作。

撇开上述这些局限，我们仍须承认描述性研究可以被用于多种重要用途。其中一个例子便是 20 世纪初人类学家的保护民族志实践。随着世界各地越来越多的人被卷入工业化与城市化进程，很多土著社区受到疾病、种族灭绝、被迫迁移等问题的严重冲击，这一点已经相当明显。殖民主义者常常辩称，土著民族将无可避免地"灭绝"，而许多土著语言、文化与历史也将伴随着他们的灭绝而从此销声匿迹。为了回应所谓"消失的种族理论"，一些人类学家力图通过收集史前古器物、采访长者以及制作土著语言、音乐和神话的音视频记录以保护本土文化（Gould 1996；Cole 1985）。他们的动因并不是花时间对收集到的材料进行分析和理论化，而只是在无法挽回之前及时记录和收集它们。

从学术意义上来说，翔实的描述性工作可能不是真正的研究，但某些类型的描述性研究可以为研究者提供那类能够完善我们对各种主题之理解的数据和其他重要信息。我们仍然可以看到几乎完全没有明晰化分析的当代描述性民族志研究。这些研究能够提供有价值的资料，或者至少能够帮助学生学会分析和应用不同的理论框架（如 Sikes 1997）。话虽如此，有志于从事全球学研究的研究者仍应避免在没有和指导教师预先沟通的情况下，就计划进行纯粹的描述性研究。大多数主要研究机构和科研资助机构都要求研究者有一篇条理清晰的研究论文连同对理论、方法与数据的精细阐述。

政策和应用研究

政策和应用研究与大多数其他类型研究都有所区别，因为它们的设计指向某种实践性结果——在大多数情况中，用以改进一项将影响到某一目标群体的特定实践或政策。这类研究着眼于某一具体应用知识的生产。它包括旨在改进当前教育实践或社会服务的研究，并经常出现于社会政策、社会工作、公共卫生、青少年和成人矫正、犯罪学等领域。

一般研究与应用研究之间的界限有时会变得非常模糊。一般研究的结果也可能会有实用价值；同样，应用研究的发现也会对不着眼于工具性目的的相关一般研究有所助益。因此，与其说是研究结果区分了这些不同的方法取向，莫若说是研究者的意图划分了它们之间的界限。在应用研究中，目标、预期的研究发现和研究结果可能最终会以违背实证研究规范的方式，在不同程度上驱动研究议程。

研究者意图也是应用和政策研究的一个最有争议的伦理问题。取决于谁在寻求什么样的结果以及社会的哪个部门将从中受益，为某个特定目的而开展研究这一既定目标，可能将研究者置于道德上的危险境地。几乎没有一项政策或实践是政治中立的；它们大多是政治议程的结果。想想旨在改进基础教育标准化考试的应用研究，或者支持"三振出局"法（惯犯法）的政策研究。这类应用研究很可能最终为导致了这些政策与实践的政治议程服务。换言之，不加鉴别而开展的应用研究会进一步支撑那些由意识形态所驱动的政策，并毫不质疑这些政策背后的假定以及它们对社会的影响。

伴随着资金和资源机会的减少，以及存在于部分学者之间的"跟着钱走"而对一些可疑的私人与公共资助机构背后的政治议程几乎不予置问的倾向，这一问题进一步加剧了。历史一再证明，当我们把知识生产用于除了获取知识之外的目的，我们便将核心学术价值推入了险境。要记住保守派、种族主义者、新纳粹分子和其他仇恨组织都有智囊团，并资助他们自己的应用和政策研究。关键是要批判性地考量应用或政策研究背后的政治与社会动机，并深思谁将是预期结果的受益者。

抽样逻辑

抽样是一种非常强大的工具，它可以在不直接研究总体中每一个体的情况下开展涉及大量人口的研究（Henry 1990）。在实证研究中，理解抽样逻辑是理解选择性和代表性的重要部分。选择性与代表性逻辑通过这样或那样的方式，几乎影响了社会科学和人文学科的全部实证研究。

实证研究背后的一个基本假设是，我们的研究结果应该准确地反映世界上正在发生的事情。我们所说的"世界"指的是人类社会世界，而我们所说的"社会"则是指人类群体。如果所要研究的群体规模很小，那么就有可能直接研究这个群体中的每一个人；然而大多数研究都是在一个更大的范围内进行的。要面试一个群体中的每一名成员是非常耗费人力、财力与时间的；而当群体规模达到数千人时，所需要的时间和精力就变得令人望而生畏。当试图研究一个国家的人口时，要一名研究者直接对每一个体进行研究是完全不可能的。幸运的是，研究者没有必要为了能够代表整个群体而去研究该群体中的每一个人。这就是抽样逻辑的由来。通过使用抽样逻辑，研究者能够准确地选择一个个体子样来代表更大的群体中正在发生的事情。如下是一些抽样术语：

· 样本。样本是按照一定的抽样规则从总体中选取出的一个子样，可被认为能够准确地代表更大的总体。

· 样本容量或 n。要恰当地代表一个总体，就要求有一个足够大的样本以克服选择过程中的任何非随机变化。代表一个更大总体所需要的样本容量是由统计概率确定的。假设研究美国总体人口所需的样本容量是 n = 1500 人。一个 1500 人的样本将足以准确代表美国总体人口而不偏向于样本内的这个或那个群体。那么，一个显著较小的样本中就很可能有一些群体占据压倒性席位，而其他群体则不能得到应有的代表。一个显著较大的样本并不能显著提高结果的准确性，只会徒然增加调查成本。

・总体。这是被研究人口的总数。重要的是，我们几乎不可能知道一个国家的确切人口数。因为不断有人出生和死亡、来来往往、改变他们的姓名，如此等等，故而即使最精密的国家人口普查也只是对当前人口的一项估测。我们永远无法完全确知准确的人口数字。事实上，确定某一特定人口的规模和特征也是一种最常见、最重要的人口学研究形式。

・抽样框。抽样框是一份非常近似于被研究总体人员的名单。理想情况下，一个抽样框的大小应能够将统计上不显著的人群排除在外。根据所代表的总体不同，抽样框也会相应变化，但常见的有人口普查数据、电话簿和选民注册表。

・随机或概率样本。这是从一个总体中随机（纯粹偶然性，没有可预测性）选取的子样（Henry 1990：96）。随机样本要求总体中的每一名成员都享有平等、独立的被选取机会，由此产生的随机样本被认为公平地代表了该抽样框。例如电话调查中，研究者可以从电话簿中每隔 4 个电话号码选取一个。假设抽样框能够代表研究目标总体、样本容量足够大，且抽样方法是随机的，那么该样本就可以被认为是无偏的而且代表了总体的概率样本。

・非随机样本。这类样本是非随机选取过程或无法确定被选取概率的抽样方法的结果。滚雪球抽样是非随机抽样法的一个例子。滚雪球抽样依靠样本群体中的被访者确定能够成为样本成员的其他调查对象（Henry 1990：14）。这种方法可以被用来接近那些很难界定其总体的人际网络（Emmel 2013：37）。非随机选取方法所产生的就是非概率样本。非随机抽样法可以有效应用于对特定群体特征的研究，但却不能以随机样本那样客观的方式来代表一个总体

（Emmel 2013：134）。

选择与代表

抽样逻辑这一主题通常是与调查方法及数据的统计分析联系在一起被讨论的，但选择和代表的基本逻辑几乎适用于所有实证研究，无论定性还是定量、微观还是宏观（Emmel 2013）。例如，当研究对象是每一个个体，或是对小群体进行民族志研究时，学者们通常也会这样做，因为他们试图说明（或代表）那些影响着更大群体的发展过程。对个体的选择可能不是随机和概率性的，但它仍可被用来代表更大的环境的某些方面。个体之所以被选中，是因为他们独特的故事反映了现实世界的某些部分。同样，对某一位女性、移民或者雇员的生活故事的研究，几乎总能说明一些与更大的女性、移民或雇员群体有关的内容。这就是为什么要进行这样的研究：为了有代表性。几乎所有实证研究都带有某种选择与代表的动力要素。

研究者可能并不总能意识到暗含于他们自己工作中的抽样逻辑，因为这些抽样逻辑是潜隐而非显性的。以巴洛克时期的葡萄牙语文学研究为例，博学的学者会选取这一时期中的某些作品来代表同时期更广泛的文学作品。根据学术领域的相关要求，学者可能需要也可能不需要详细阐述他们的选择标准，或是解释为什么选择了这些文学作品而不是另一些。他们可能也不需要论述所选取的作品究竟在多大程度上代表了该时期更广泛的文学作品。尽管如此，在选取这些特定文学作品的背后很可能隐含着某种逻辑。也许它们是这一时期最著名的作品；或者它们是研究者感兴趣的某种特定文学体裁的范例。如果所有被选中的作品都来自葡萄牙呢？那么我们可以认为这项研究并不能代表葡萄牙语文学，因为它将巴西以及世界上其他葡萄牙语地区的文学作品排除在外了。在任何情况下，无论清晰与否，在选择所要分析的数据背后总是存在一种抽样逻辑。通常来说，最好能明确阐述你的抽样标准以及你所选取的样本试图代表的那个群体。这种反身性除了能保持抽样参数的方法论透明度以外，还表征着一种伦理立场——一种关于谁在代表、谁被代表的意识。

抽样逻辑的局限

抽样逻辑存在着不少局限，最显而易见的便是抽样逻辑本身即现代西方思维的产物。抽样逻辑是在 19、20 世纪与民族国家不断膨胀的现代官僚体系一起发展起来的；作为一种统计分析方法，它在界定国家公民、公共政策和民族主义议程中起着很大作用（Desrosières 1998；Darian-Smith 2016；Lepore 2015）。

即便我们可以认为调查是一种能够公平地代表目标总体的中立的统计工具，但这样的调查却变得越来越难以实行。以民意调查机构已使用了几十年的现代电话簿作为抽样框的典型例子。由于近些年的人口变迁与技术变革，电话簿上的姓名可能不再像以前那样准确地代表了总体人口。拥有自己的住宅的人口变得比以前少了，而非业主又不太可能出现在电话簿上。此外，手机和互联网的出现意味着越来越少的人拥有会出现在电话簿上的那类电话号码。出于各式各样原因，越来越多的人群没能在电话簿上得到同等的代表，其中包括了少数族裔、移民、穷人、年轻人、学生和囚犯等。使用电话簿作为抽样来源，易于导致由年长者、富人和白人业主占据大多数的不均衡数字，至少在美国是如此（Lepore 2015）。

技术与人口统计数据的变化如此之巨，以至于连大型调查机构也越来越难找到可靠的抽样框。这一问题已相当严峻，导致在 2012 年美国总统大选中抽样框构成了一个争议点。按照几十年的惯例，民意调查机构使用了注册选民名单作为他们的抽样框。他们重点关注那些最有可能投票的选民。然而事实证明，随着时间推移，可能投票的选民名单已成为对总体人口较不具有代表性的抽样框之一。对这份名单的依赖使民意调查结果发生了偏斜，因此两党都很难对选举结果作出预测。选举日当天清楚地表明，一些政治民意调查大大低估了年轻人和少数族裔在选举中所产生的影响。

当谈到抽样和代表性时，我们必须承认，很多人从未得到现代科学抽样技术的充分代表。土著居民一直都，而且至今仍然很难触及标准化研究方法；性少数群体（LGBTQ）和其他可能被污名化并且不太愿意自我认同的人群也很难通过标准化研究方法来界定；同样，移民长期以来一直未被充分代表，尤其当他们被入罪化并被称为"非法移民"时更是如此。一般说来，贫穷的、入罪化及污名化人群更易于处于不能被充分代表的状态。即使在富裕国家，现代研究方法也几乎总是少算了部分人群的数量。

全球抽样逻辑

当我们将抽样逻辑从国家范围扩展到全球范围中时，要找到一个准确代表总人口的可靠抽样框这一问题就被进一步放大了。如果说要在国家范围内找到一个可靠的抽样框变得越来越困难，那么要为全球人口寻找一个可靠的抽样框则是不可能的。目前全球人口已经超过了70亿。最近的努力已使各种国家数据集得以标准化，这些数据集为我们提供了此前所没有的获取某些类型数据的途径。与此同时，诸如贫困、腐败、移民、内战、国际冲突以及日渐攀升的难民数字等持续性全球问题也使我们很难在深受这些问题滋扰的地区找到抽样框。

据我们所知，目前要对世界上所有人口进行具有科学效度的调查是毫无可能的。但即使不可能找到一个全球人口的抽样框，但仍可能为特定人群和问题确定合适的抽样框，并用它们开展概率性或科学调查；我们还可以使用各种非概率抽样方法来研究这些人群和问题。关键在于要承认抽样框对我们有关代表性的那些要求的限制。事实上也一直如此，我们总是在与那些明显少于总体人口的子群体打交道。

当我们将抽样逻辑转向全球背景时，那些未被充分代表的人群、那些不被科学方法覆盖的人群的数量就跃升到数十亿。不被充分代表的少数成为世界上不被充分代表的多数。对于在欧美国家从事全球学研究的我们来说，很显然不能继续在统计学意义上过分代表我们自己——通常是白人、拥有特权的教育者——而忽视那些构成全球人口的被低度代表的大多数了。

我们将在第六章"全球学个案研究方法"中讨论使用有限的案例来代表更大规模的全球过程中所面临的挑战。

信度和效度

在思考各种可能的研究设计时，理解信度和效度这两个概念以及它们之间的张力是很有帮助的。信度是指一种研究方法能够在何种程度上产生出稳定的、一致的结果。如果一种研究方法在被研究者重复多次使用或被其他研究者重复使用时能够产生大体相同的结果，那么该方法便可被认为是具有信度的。例如，对数据集的定量分析往往是具有信度的，因为如果另一名研究者正确应用同样的分析程序，他们也将可靠地得到相同的结果。效度是指一种研究方法能够多好地测量研究者所要测量的对象。如果一种研究方法所产生的结果可以通过其他途径被证实，我们就可以认为这些研究结果是有效度的。例如，一项关于选民对政治候选人的反应的调查结果如能被活动参与率、先期投票数、选后民调等其他指标所确证，那么这项调查就是有效度的。

所以你的研究设计想要的是信度还是效度？显然我们希望两者兼备。问题是任何特定方法的信度与效度都是具有情境性的。也就是说这些属性不是某一既定方法的固定特性，它们是在不同情境及用途中不断变化的。没有任何一种方法能够在每种用途中都生成具有信度的结果。同样，也没有任何一种方法能够在每种用途下都生成有效度的结果。此外在某些情况下，研究方法的信度或者效度是以舍弃二者中的另一方为代价的。

为了更好地理解研究信度与效度之间的张力关系，请设想你自己正在进行一项关于虐待儿童的频率的全国范围调查。想象你正在设计这项调查并将数以千计的调查问卷发往由全国各地随机挑选出的那些家庭。这项调查可以单刀直入地向父母提问："你是否体罚或者通过其他方式虐待你的孩子了吗？"你认为大部分父母会怎样回答这个问题？我们猜想大多数人会说他们从不虐待自己的孩子。这其中也将包括那些从任何法律标准来看都是在虐待孩子的父母。然而，由于人们会主观地回答这些问题，因此这项规模庞大、耗资不菲的调查所得出的结果很可能会支持这样的结论：虐待儿童的情况完全不会发生。只要资金充足，就有可能让几个独立研究者重复进行此项调查以验证上述结果。假设后续调查证明了这些结果是全然具有信度的，至少在其他研究者能够多次复现研究结果的意义上是如此。那么我们能否就此说虐待儿童的情况不会发生呢？这些结果也许是"有信度的"，但它们有任何意义吗？就准确反映世界上正在发生的事情的意义而言，它们具有效度吗？在这种情况下，这些发现是毫无意义的。只要和儿童保护机构谈一谈或是在任何一家医院的急诊室里过一晚，你就很可能会看到虐待儿童的案例，这些案例使这项具有极高信度的调查结果全盘无效。结果的信度与效度并不是一回事。

让我们再来看看另一个例子：经典民族志。民族志研究要求一位训练有素的文化人类学家在一种特定文化中开展大量的田野调查。他们通常会学习当地语言，然后与他们所要研究的人们共同生活一年或者更长的时间。接着，人类学家会对他们所观察到的人群与文化进行叙述性描写。鉴于民族志是由训练有素的观察者所撰写的，因此它们中大部分都有着很高的效度就不足为奇了——它们准确地反映了当时当地所发生的事情的某些方面。但就是否能被其他研究者重复和验证而言，民族志是否有信度呢？出于种种原因，民族志缺乏上述意义上的信度。事实上，它们是众所周知不可复现的。两位民族志学者可以去同一个地方，遵循完全相同的方法论，而写出迥异的民族志。这部分的是因为任何两个民族志学者的经历都可能是不同的。民族志学者们各有其独特的技能水平、个性、外貌、种族、性别、阶级、分析方法和写作风格。研究者的个人特质必然会影响其社会交往，并最终影响到他们的田野实践。每一个民族志学者都会循着不同的路径、经历不同的偶然事件、遇到不同的人、关注不同的事物，并作出不同的反应。由于民族志学者及其经历互有差异，他们所作的民族志描写也很可能各有千秋。在本例中，研究方法的效度较高而信度却很低。

上述两个例子是否暗示了某种方法优于另一种方法？或者有些方法是可取的，而有些则是不可取的？并非如此；我们的观点是，研究方法只是工具。没有一种研究方法是适用于每一类研究的正确工具。在任何既定情境中，不同研究方法有其各自的优缺点。所有的研究设计都必须在信度与效度之间力求一种不尽完美的平衡。而为了获得有意义的结果，研究者应当只使用那些适合于本研究情境并能够生成解决核心研究问题所需的那类证据的方法。

全球效度。在全球语境中，效度问题被赋予新的意义。不同文化对什么是有效度的这一问题有着不同的理解。认识这些跨文化维度意味着我们不能简单地用我们自己的术语来定义研究效度；假使我们这样做，就会面临复制以往知识帝国主义的风险。

进一步地说，如果效度是对研究结果在何种程度上反映了世界上实际发生的事情的衡量，那么我们必须认识到这些现实也是处于迅速变化中的。这个世界正变得越来越互联以及全球化，因而我们所共同面对的问题也变得越来越互联以及全球化。就其他学术领域未能认识这种变迁的程度而言，它们正日益和这个快速全球化的世界脱钩。全球学研究领域通过调整方法论以更好地适应新的复杂性，从而获得了一种现实意义；而在很多执着于过往和现代主义基础的传统学科及研究领域中，这种现实意义正迅速式微。

三角测量/多元互证法

理解三角测量/多元互证这一概念对思考研究设计中的信度和效度问题助益匪浅。这一被古代文明所使用的技术是通过测量一条基线上的两个已知位置或界标与第三个位点之间的角度,从而确定该位点的位置。例如,测量者可以利用勾股定理——直角三角形的斜边的平方等于另外两条边的平方和——确定两点之间的距离(见图9)。

图9 "通过三角测量来测量河流的宽度",莱文·赫尔斯
(Levinus Hulsius)《机械仪器》1605 年

当尝试对一个位置进行三角定位时,该位置离基线上已知两点的距离越远,就越能精确地测量它们之间的角度并锁定第三个未知点的位置。三角测量技术在现代几何学、天文学、土地测量、制图

和航海中仍在继续使用。研究者通过应用一种以上的测量方法或研究方法，用三角测量/多元互证提高研究结果准确性的置信度。

方法论多元互证法

在上述假设的关于虐待儿童的自报告调查一例中，单一方法的研究可能会产生无法如实反映真实情况的研究结果。尽管在该例中我们有意放大了某些细节，但它强调了这样一个事实，即所有可用的社会研究方法，无论定性还是定量，都有其固有局限。采用两种或两种以上方法的三角测量/多元互证则是克服内在于社会研究方法中的信度与效度局限性的最有效方式之一。

在许多研究设计中，只要引入第二类数据源便可以大大提高整体准确性与效度。回到有关虐待儿童的假设性调查，研究者可能要耗费大量时间与精力以提高调查方法的效度。比如，他们会对数以千计的人展开调查研究，吸收大量关于被调查者育儿态度的开放式问题，或者创建一个由问题构成的指标以衡量家庭惩戒的严重程度。然而，即使投入了大量时间和金钱，也不可能设计出一项能够产生有关虐童问题的、有意义结果的自报告调查。尝试另一种不同的数据收集方法会是提高整体研究设计效度的更有效途径。例如，对若干名社会工作者进行定性访谈将会显著提高该研究的准确性。

将一组结果与定性访谈或次级资料分析进行多元互证通常是便捷且经济的，它所要求的方法论灵活性要比你所想象的更少。专业学者们常常在学会一种研究方法以后，便将其所有研究项目的设计都围绕着它展开；而这样做可能会使他们平白地牺牲其研究结果的信度、效度、准确性甚至是相关性。令人扼腕的是，学科领域、学术机构乃至学术研究的资助机构往往都强化着对单一方法研究设计的偏爱。

概念多元互证法

除了方法以外的其他研究因素也会对社会研究结果的准确性施加

限制，这些因素包括理论、学科训练及认识论。和方法一样，每一种理论取向都有其自身的优势与局限，单一理论的研究便很可能延续其分析范式的局限性。这就像试图闭上一只眼睛只用另一只眼睛来判断距离。深度知觉依赖于空间上分开的两个观测点。研究者应用一个以上理论框架对某一主题进行研究时，便能提供一种有助于生成新视角、新理解的理论多元互证，其结果往往是更加全面的分析。

三角测量/多元互证概念也可应用于学科领域。单一观察者的视角本质上是有局限性的；由此可推，单一学科的视角也会受其理论取向与假设的限制。汇聚了两个或两个以上学科学者及方法取向的交叉学科研究能够为全球学研究者提供一种有力的交叉学科多元互证，后者具备了突破学科本身局限的潜能。

更深一步讨论，我们还可以将三角测量/多元互证应用于认识论领域。在某一社会中发展起来的学术理论很可能受限于该社会的认知方式，因为其学术团体会持有它们潜在的认识论关怀与假设。与世界各地观点各异的独立研究者合作是主动寻求认识论多元互证的一条途径。与他人合作并向他们学习是我们所知道的全球学研究多元互证的最有效方法之一，它所产生的知识更好地包容了有关世界的多样化理解，并最终提高一个快速全球化世界中的研究过程及其结果的效度。

全球学研究的伦理维度

关于学术研究存在着一些重要的伦理问题（Flynn & Goldsmith 2013）。一般说来，这些伦理问题可被分为三个主要类别：（1）学术诚实或诚信，（2）个体研究对象的保护，以及（3）研究对社会的影响。

学术诚信

对于研究者及其所属学术机构来说，进行研究的能力直接取决于信任、诚实与诚信问题。就像其他职业一样，学者们要开展他们的工作也必须具备信誉。如果学者之间不能互相信任对方研究的诚信，那他们也就很难行使其职责。这就是为什么大多数职业的行为守则都会涉及如下话题：

- 诚实
- 诚信
- 透明
- 责任
- 保密
- 客观
- 尊重
- 守法

而在学界以外，对于取得公众对学术研究的支持来说，他们对学界、学术机构以及整体学术研究重要性的绝对信任至关重要。如果没有公众的信任和支持，研究者就找不到自愿的研究对象，研究机构得不到公共资助，个人奖助金得不到拨款，研究文章不会被发表，研究结果也不会对相关领域知识发生影响。盗用、剽窃、伪造研究结果、剥削或伤害研究对象等不专业行为破坏了研究者个人及其所属研究机构的诚信，并可能最终损害到公众对学术研究的支持。

保护研究对象

开展研究的首要伦理问题之一是避免对人们造成伤害。遗憾的是，学术研究不仅可能对其直接参与者造成伤害，还可能伤害到并未直接参与研究的社会群体。大多数情况下，这些伤害并非故意为之的。更经常的情况下它是那些带着良好出发点所开展的研究不可预知地、无意造成的结果。但即便是无意识的伤害，研究者也可以预见并规避它们。大多数情况下，我们发现研究者所承担的风险以及这些风险对研究对象造成的伤害是完全可以避免的。大部分研究准则都要求研究者得到他们研究对象的知情许可，但获得知情许可只是研究者责任的起点。研究者需要充分了解研究伦理，认真思考其研究的道德影响，并尽其最大努力预测和避免对人们造成任何伤害。

伦理审查委员会。大多数主要研究机构都设有针对以人类为研究对象的学术研究的审查委员会，在欧洲它们被称为伦理审查委员会（ERBs），在北美则被称为机构审查委员会（IRBs）。一般来说，伦理审查委员会负责界定有助于减少对研究对象潜在伤害的规则、程序和方针，它们同时还对个人及机构遵守这些规则的情况进行审查。大多数伦理审查委员会都要求：

· 对拟议研究项目、研究方法和预期结果的陈述
· 所有参与研究的研究对象的书面许可
· 关于研究期间随时能够撤销许可的事先声明
· 保护研究对象隐私的适当程序

通过鼓励合乎伦理准则的研究，伦理审查委员会能够在保护研究对象免受伤害的同时，维护研究机构的诚信。它们还能防止粗心大意的研究者陷入"毒井谬论"，后者会使其他研究者更难接近研究对象并获得研究所必需的知情许可。而且，保护研究对象往往也能减轻研究者和研究机构的法律责任。

伦理审查委员会会要求学者保护其研究对象的隐私。但同样地，学者的责任并不止步于获得研究对象的同意以及为他们保密。在研究过程中的每一个阶段，从设计到出版再到之后的阶段，学者们都应尽量预测并减少其研究可能对人类研究对象所造成的伤害。

伤害的类型。学术研究可能会对个体研究对象造成几种不同类型的伤害。研究者应该觉察到伤害的不同类型，并仔细思考其研究可能会如何导致其中一类或几类伤害。对人类研究对象的伤害类型包括但不限于：

· 信任丧失（在你的研究目标是什么这一问题上，误导研究对象）

- 公开曝光、隐私丧失（性取向、不忠、吸毒）
- 社会性伤害（社会地位或成员资格的丧失、关系的破坏）
- 精神损害［米尔格拉姆（Milgram）电击实验、强加的自我认知］
- 心理伤害（斯坦福监狱实验、羞辱）
- 身体伤害［损伤、心脏病、塔斯基吉（Tuskegee）梅毒实验］
- 经济损失（参与研究的成本、失业、医疗费用）
- 法律上的伤害（民事或刑事指控、逮捕、拘留、驱逐出境）

在有关人类研究对象的研究准则被普遍接受之前，一些研究者所进行的实验使实验对象经受了身体或精神上的压力，有些研究对象甚至承受了伤病的危险。当代的研究准则禁止这类研究。如今研究者对研究对象造成的最常见伤害可能还是那些由于公开曝光和隐私丧失所导致的。隐私的丧失可能不像身体上的伤害看起来那么严重，但它会导致污名化、失业、精神损害、逮捕、驱逐出境、侵犯人权，以及在某些情况下的暴力性报复。例如，那些讨论不公平工作环境的雇员如披露职场性骚扰的女性，假如其身份被披露或被发现，不难想见他们可能就会遭到解雇。更骇人的是，有关冲突地区交战各派的研究很容易最终将研究的参与者置于险境。

大多数研究机构都有关于弱势群体研究的规则和准则。例如，尽管在细节上可能有所出入，但各国通常都会有关于将儿童作为研究对象的严格规定，这正是因为儿童很容易受到操纵与伤害。儿童可能并不理解研究的目的或参与研究的可能后果，因此在法律上他们自己不能决定是否同意参与研究，即使当他们是儿童兵并且像成年人一样参与暴力活动时也是如此。对病人、囚犯、难民、非法移民以及其他种种受到限制的人群进行研究同样也有着严格规定。这部分的是因为这些被限制的研究对象感情脆弱，更易受到权威影响，并且常常不具有摆脱研究者及其研究的实际自由。

隐私、保密与匿名。从选择研究对象到发表研究结果再到之后的整个研究过程，都要求研究者保护其研究对象的隐私。大多数研究机构都有相关指导准则和条款以保护研究对象的隐私以及确保研究材料的安全。研究者应当在研究早期就拟定好隐私与数据安全协议，并将它们贯彻研究过程的始终。

我们必须认识到要真正建立并维护研究对象的匿名性是很困难的。即使研究者决意不去询问其研究对象的姓名，也可能会有其他人知道他们是谁。这可能是其他研究对象、团队中的其他研究者、研究对象的家人或者其他社区成员。可能他们进入或离开研究场所时已被人发现。在这个高度监视的时代，研究对象的来来去去很可能被记录下来，而他们的车牌号码也被拍下。监视技术及其实践正在为研究对象隐私的保护带来许许多多挑战。

即使研究者没有公布其研究对象的全名，仍有很多其他途径可以辨认出后者从而使他们失去隐私。可被用于这个目的的各种不同类型个人信息如：

- 名字、昵称、用户名、头像
- 照片（脸书、人脸识别软件）
- 电子邮件、街道地址、居住地
- 工作地点或类型
- 年龄或出生日期
- 种族、民族、性别、阶级、宗教
- 外貌
- 独有的特征、衣着与特殊习惯
- 个人历史、出生地、受教育情况

在大部分情况下，使用这些信息进行排除法来确定研究参与者的身份是非常容易的。社区或对象池的规模越小，就越容易识别参与者的身份。确认个体身份的可能性随着时间推移而递增。一项研究吸引的媒体关注越多，其研究对象身份被识别的可能就越大。由于上述这些原因，研究者应避免公布任何辨识信息。

事实上，研究者并不能真正对保密或匿名作出担保。即便研究者从研究初始就遵守隐私协议、建立和维护数据安全，并避免在其出版物中出现辨识信息，个人隐私仍然可能通过很多途径被打破。研究笔记、电脑和文件可能会丢失、被盗或受到黑客入侵；在研究者不知情或未同意的情况下，研究对象的身份可能已被公布；研究文档和材料可能被用于民事和刑事案件审理；研究文档也可能被当地警方、国家安全部门和移民局官员没收。

因此，研究者应对他们一开始就收集到的个人信息非常谨慎。除了遵守材料安全程序之外，研究者还可以通过只收集与其研究直接相关的个人信息并主动回避所有其他个人信息，从而尽可能减少其研究对象身份曝光的风险。例如，研究者可以告诉研究参与者，他们对那些可能令人尴尬或有罪化的信息毫无兴趣。

平衡风险与收益。作为审查过程的一部分，大多数伦理委员会会对拟议研究项目的潜在收益以及可能包含的风险加以权衡。如果一项研究具有很大的潜在公共利益，那么伦理委员会便更可能会容忍其一定程度的风险。

假设乔纳斯·索尔克（Jonas Salk）即将研制出第一个成功的脊髓灰质炎疫苗，他将研究计划提交给了所在机构的伦理审查委员会。负责审查索尔克的研究的伦理审查委员会可能会认定脊髓灰质炎疫苗对社会的潜在好处超过疫苗研究的风险。这里的重点是你不是乔纳斯·索尔克。在人文和社会科学领域，一个研究项目对社会的好处通常并不那么明确和可预测。这就是说研究对象受到伤害的风险仍然非常真切，而我们研究的潜在益处却可能是面目模糊的。如果一项研究对社会的好处难以量化但却可能对人类研究对象造成重大风险，那么它就不太可能得到审查委员会的批准。

如果你是一名正埋头于硕士或博士学位论文的研究生，认识到这一点非常重要，即你的研究的唯一预期受益者是你自己。你才是那个将取得学位、发表研究、然后迈入学术或其他职业生涯的人。大多数情况下，几乎没有任何别的人会从你的研究中受益，至少不会有重大收获。实际上，你的学位论文的可能读者相对来说很少。

硕士和博士论文对学术项目的教育目的而言极具价值，但它们中的绝大部分却很少会受到直接相关领域以外的关注。无论有意还是无意，到头来研究者可能是利用了研究对象来发展自己的职业生涯，而往往对后者并无明显益处。这种结果显然并不理想而且经常是无意的，但通常它却又是被默认的。

总之，很少有某项社会问题研究的潜在收益重要到足以使它对个体或群体人类研究对象所带来的重大风险正当化。涉及如上所述那些弱势群体的研究设计几乎必将受到你所在研究机构伦理审查委员会的密切、详细审查。

减轻伤害风险。除了遵守我们所概述的以及你的研究机构的伦理准则，还有不少策略可用来减少人类研究对象可能面临的风险。上述伦理模型假定了人类研究对象是可辨认的个人，这些个人有其关于隐私的合理预期，而你所收集的信息则将被公开。在很多情况下这些假定会失效。

伦理规范适用于人类个体而非机构、组织或企业。比如，一项设计合理的组织研究几乎总能通过伦理审查委员会的审查，只要它关注的是一个组织而不是组织中的个人。研究者可能不被允许直接研究儿童兵，但他们可以研究为这些儿童兵提供住所与社会服务的组织。这些组织的几乎所有行为或它们发布的内容被公认为属于公共领域且可以被用于研究。

社会运动、社会问题、公共事件、政府项目与政策也非私人个体。一项聚焦社会运动的研究只要不对个人身份进行辨识，就很可能得到伦理审查委员会的批准。组织领导者的演讲、组织的公共活动及其发布的文件大都属于公共领域。此外，如果访谈对象是政治家、企业家、组织领导者或艺人等公众人物，那么对隐私的预期可能也不适用了。一名公众人物所说的几乎所有内容都可被用于研究目的。

在大部分情况下，你可以使用公共场所收集到的信息。假设在某个既定的公共场所，有其他什么人也看到了你所看到的东西、听到了你所听到的内容，或拍下了和你一样的照片，那么这些信息就可被看作属于公共领域。例如，在公共场合与过路人的交谈通常是被允许用于研究的，只要不公开关于此人的辨识信息。如果你不使用受访者的姓名、外貌、民族、衣着或其他任何可辨识这些研究对象的信息，那么在你们的交流中所获得的信息一般也是被允许使用的。

如果你所寻求的信息是之前已经公开的或是发布于公共领域的，那么在大多数情况下，它们是可以被用于你的研究的。在这个社交媒体、微博与过度分享的时代，作为一个最公开领域的互联网上已然充斥着海量非常私人的信息。你是否对谁在实施家庭暴力或性虐待行为及其原因感兴趣？只要订阅相关博客，就能获得丰富的非常公开化的个人资料。只要稍加浏览和搜索，你便会发现几乎所有你认为只会在秘密性访谈中透露的私人信息都已经公开了，有时还是你想要私下采访的那个人所公开的。

如果研究者能如下所述的那样做，就能够减轻对研究对象的伤害并避免侵犯其隐私：

·保护研究对象的隐私
·避免收集任何可用于辨识个体研究对象的信息
·避免公布任何可用于辨识个体研究对象的信息
·使用已在公共领域发布的数据集
·使用已删除所有辨识信息的数据集
·聚焦于群体、组织及机构而非可辨识的个人
·对政府官员及其他公众人物进行访谈
·使用可在公共领域免费获取的个人资料（如回忆录）
·使用已被研究对象本人公开的个人资料（如发布在博客、论坛上的信息）

我们的一些建议也许有助于你获取个人信息，但我们应注意在某些情况下，将已经自我公开的研究对象曝光于更大的范围，仍可能造成伤害。对此保护研究对象的规则依然适用。即使当你从公共

来源获取资料时，也要避免收集名字、昵称、用户名和其他可能导致个体研究对象被人认出的个人信息。

利用专业知识。避免伤害到研究对象的另一种办法是利用可用道德资源与专家。大部分研究机构都有专门人员帮助研究者设计并实施合乎伦理准则的研究，任何一所高校的专门人员都会具备所属机构独有的道德资源及准则。他们能够帮助你仔细考虑伦理问题、提高你的研究计划通过伦理审查委员会审查的可能性，并最终使你的研究对人类研究对象的潜在损害最小化。

除了所属机构之外，大多数专业团体的网站上都有关于专业行为与研究伦理的准则。而且特定研究领域还会有为伦理问题提供具体建议的指南，以下是其中一小部分：

《基于图像的研究中的伦理问题》（Clark，Prosser and Wiles 2010）

《儿童研究的伦理学》（Farrell 2013）

《媒体伦理》[帕特森（Patterson）和威尔金斯（Wilkins）2013]

《职业生涯、个人奋斗：无家可归者研究的伦理与辩护》（Valado & Amster 2012）

《研究的战争：女权主义方法、伦理与政治》（Wibben 2016）

如果拟议研究需要在你不熟悉的文化背景中开展，那么利用当地资源将是非常重要的。有关合乎伦理的研究的标准因各文化而异（Israel 2015）。无论你的研究主题是什么、研究地点在哪里，总会有当地专家可以帮助你解决你的实质性课题及相关伦理问题。你应该和当地学者、专家、组织、政府官员、律师、医疗工作者以及其他在你的研究所在的城镇、城市或地区工作过的人们取得联系，这些当地专家经常面对和处理同样的伦理问题，他们可能对所属社区的议题、规范与关注更为熟悉。花点时间结识当地专家并和他们多交流，有助于你精准定位与在该地区开展研究相关的独特伦理问题。

研究对社会群体的影响

除了对个人的伤害，学术研究也会对社会群体及社会部门造成伤害（Mertens & Ginsberg 2008）。学术研究一经出版便成为公共领域的一部分，研究者不再能够掌控其研究及发现将会被如何使用，因此可能产生意想不到的后果。已发表的研究可以直接或间接地固化社会刻板印象，从而对妇女、种族、民族与宗教少数群体、穷人、性少数群体、移民、残疾人和精神病人等众多弱势群体带来负面影响。研究对社会群体可能造成的其他类型伤害包括但不限于：

- 污名化
- 歧视
- 迫害
- 制度和法律歧视
- 公共服务缺位
- 有罪化
- 强硬措施
- 种族和民族暴力

很多情况下研究者以及支持其研究的机构并没有意识到他们正在造成伤害，因为这种伤害很可能难以捕捉、具有渗透性与持续性。它可能会以各种意想不到的方式表现出来，需要数年之久才能显现出来，并且/或者世代相传。因此，我们很难量化这种损害并确定谁是肇事者、谁是受害者。向下研究的问题突出了社会权力在研究伦理中的重要作用。

向下研究。现代社会科学主要是作为研究诸如贫困、犯罪、越轨和群众暴动等现代城市社会问题的工具而发展起来的。这就令人遗憾地意味着社会研究的历史在很大程度上是"向下研究"的历史。而我们所说的向下研究是指研究社会中贫穷的、不那么强大的以及有罪化的那部分人。鉴于这段历史，社会研究仍然倾向于聚焦主流社会所界定的"有问题"的人群和议题，就不足为奇了。研究者仍在研究那些在种族、阶级和性别方面处于劣势的人们。我们很少研究富人、权贵或者守法的或"正常的"、主导的或主流的文化。更确切地说,正是更富有的主流阶层赞助着有关那些在某个方面被认为畸形、异常、异域、禁忌或者脱离了社会规范的人的研究。研究者常常被涉及非法团伙与亚文化、移民、罪犯、犯罪及自然灾害受害者的社会问题所吸引,因而他们经常访谈那些无家可归者、流落街头的儿童、异装癖者、变性者、妓女、儿童兵、绝症患者和难民。

边缘群体之所以是受欢迎的研究对象,恰恰由于他们处于社会规范之外。在此意义上,向下研究会使研究蒙上恼人的窥视与哗众取宠的特质。研究者可能怀着最好的意图进行向下研究,但仍无意中造成巨大伤害。正是那些赋予边缘群体以特殊吸引力的特质,使得他们更容易受到歧视、排斥、迫害、逮捕或驱逐。故此,现今大部分研究机构都制定了有关弱势群体研究的规则与指导方针。

社会权力、学术权威和知识产生。多重劣势的反面则是特权。特权与多重劣势之间的权力动态关系对研究的影响也是一个伦理问题。研究者与研究对象之间的任何权力差异都应引起伦理思考,因为无论有意与否,权力、权威及脆弱性上的差别都为强制或伤害研究对象创造了机会。

研究者的社会地位会对其研究对象产生影响。性别、阶级、种族和年龄差异会以同样的方式影响研究对象以及其他社会互动。研究者与研究对象的地位差距越大,这些因素就越可能对研究过程施加影响。且以研究对象是否同意参与研究的决定为例。这一决定很大程度上取决于研究对象对权威的信任度,而研究对象的信任又转而受到研究者和研究对象社会地位的影响。而在研究工作开始以后要做出撤回许可的艰难决定时,地位差异甚至会更加重要。这也是围绕着斯坦福监狱实验所提出的伦理问题之一(Zimbardo 2007)。该实验中,学生志愿者被逮捕并囚禁于一个模拟监狱,受志愿典狱官的管制。这项研究后来失去了控制,一些扮演囚犯角色的研究对象受到了占据权威位置的典狱官们的故意羞辱。久而久之,人们不再清楚那些心神错乱的囚犯们是否仍认为自己可以自由地退出研究。从那时起,他们的参与就不再能被看作自愿的了。

除了社会地位,大多数研究者还享有作为专家的一定权威——后者就是斯坦利·米尔格拉姆(Stanley Milgram)所证明的伴随着实验室白大褂与带夹笔记板的同一类权威(米尔格拉姆 2009;Blass 2009)。研究者还因其代表着某个受尊敬的学术机构而拥有权威。如果你所在的大学有能力招收研究生,投入时间和资源培养他们、教他们如何设计研究、如何使用研究方法、如何申请研究经费、开展实际研究工作并发表研究成果,那么你就具有这样的地位了。隶属于一所知名研究机构能够在你本来的社会地位上更添一层权威,并扩大你的社会权力。

与这种学术专业与机构权威相伴生的便是责任。研究者的权威是否可能过度影响研究对象有关是否参与研究的决定?权威的强制性权力能否被用来阻止研究对象撤回其许可?在研究关系中,谁是有资历的专家?谁有权力发表研究结果并生成知识,这些研究与知识是关于谁的?谁能从这项研究活动中获益?谁更容易受到研究的伤害?研究对象是否接受过必要训练以了解该项研究及其意义与结果?被研究的对象是否有质疑研究结果的权威、资质、资源和机会?他们可以发表反驳意见吗?在大多数情况下,答案显然是否定的。研究者必须审慎地思考其学术权威对个体研究对象以及他们的安全、福祉、隐私权和给予或撤销许可的能力的可能影响。

社会权力伦理在社会群体研究中也扮演着重要角色。当学者们对社会群体进行"向下研究"时,许多同样的权力动态关系正在发挥作用。被研究的群体是否同意参与,甚至是否知道这项研究?他们是否了解研究的目的以及对他们的可能影响?谁能从边缘群体研究中获益?被研究的人们是否具备资质、权威与资源来生成有关其自身的学术知识?他们是否有办法挑战你所作出的关于他们的结论?他们能否对这种科学结论提出辩驳?被研究群体的权力越小、脆弱性越大，研究者就越有义务要谨慎地避免对他们造成伤害。

全球学研究伦理。回溯历史，我们不难发现殖民和帝国主义时期那些试图将世界上各种族与文化范畴化的所谓客观的科学研究，实际上对数百万人民造成了惨重伤害。而要着眼现今并意识到这种危险仍然非常真切，就没那么容易了。我们可能会使用不同的专业术语——发展、不平等、人权、人道主义援助和环境——但更重要的是理解前殖民者与被殖民人民之间的权力动态关系的某些方面当前仍在延续。北方国家所生成的关于南方国家的知识仍可能为后者带来与早期殖民时期相同的服务于前者自身的、具有破坏性的后果。

很多研究南方国家相关议题的北方国家研究者经常把这些议题视为须由外部人士予以解决的"问题"（Lunn 2014）。北方国家研究者在对发展中国家、文化和人民进行"向下研究"时的这种家长式定位会直接或间接地导致：

- 对难民、移民和其他无家可归者的歧视
- 对政治对手的报复
- 民族或种族暴力
- 内战或地区冲突
- 旅游业或外国投资的中断
- 人道主义和境外援助的中断
- 国际制裁和"失败国家"地位

在全球语境中，权力的伦理维度呈现出新的含义（国际科学院组织 2016 年）。研究者应当问一问自己：他们的研究对象在该研究中是否有发言权？他们是否有平等的机会参与知识的创造，而正是这些知识形塑了影响着他们的生活与未来的国家与国际政策？知识生产的对象是否具有生成属于他们自己的知识类型的同等权力？他们是否拥有与正在生成中的有关他们的知识相抗衡所需的那类经济、政治、社会与军事力量？

伦理多元主义。全球学研究的伦理维度常常超越了个体研究者与研究对象，超越了单一社会中的各类社会群体，而拓展到全球语境之中。这些全球语境包含着不止一种，而是多种伦理传统。每一个社会都有其自身的伦理、道德和法律体系，这些体系是在非常具体的历史、文化及宗教传统中发展起来的。某一社会关于研究伦理的理解方式必将反映其独特传统（Israel 2015）。这就意味着全球问题研究者很可能会迎头撞上截然不同的文化与伦理传统。例如，现代法律和发展实践经常和基于集体身份及所有权的本土价值观念相悖（Anker 2014）。当面对这种伦理多元主义时，罔顾其他人和他们的理解方式而武断地采取自己的伦理标准是有欠缺的。换言之，全球语境中伦理视角的多元性要求一种对伦理议题的世界性方法取向，这一方法取向在承认并吸收伦理视角多样性的同时，不会将其中某种视角提升至超越其他视角的地位。全球学研究者必须学会从多种伦理视角切入全球问题，并始终对他们自身的道德偏见与假设保持警觉（见第二章）。

我们不希望把处理研究的个人、社会及全球层面伦理维度粉饰成简便快捷的。在我们看来，研究伦理应不仅是一篇研究计划中的规定段落。事实上认知方式是多种多样的，伦理体系的多元性应能使全球学研究者设计、开展和发表其研究的方式发生改变。同样，把握全球语境的伦理及文化多元性也并不是午休时间就能完成的事情，它甚至不是一件人们能够声称已经完成的事情。在全球语境中把握伦理多元主义应始终是进行中的研究实践的一部分。

多元视角和声音。如果全球学研究的学者们想要把握文化与伦理的多元性，我们建议他们首先从知识生产的去中心化开始（见第二章）。对于来自精英机构的享有特权的学者们来说，仅仅沉思那些不及他们幸运的人们所面临的困境是不够的。立场理论清晰表明了我们每一个人能够知道些什么以及怎样知道它们，都受到自身生活经验的塑造与制约。在任何跨文化交往中，各方有关对方的知识都被各自的经历所制约。仅凭学术上的接触无法给予学者们必要的知识与经验以代表其他民族和他们的文化。任何跨文化努力最终都必须允许世界各国人民代表他们自己；同样也必须允许特定文化中的妇女和少数群体代表他们自身及其生活经验。

在任何跨文化研究中，各文化的成员都应参与到有关其自身文化、有关那些影响着他们的全球问题的学术知识生产过程中去。这就要求包括学者、专家以及研究进程所涉及群体的代表在内的广泛参与。研究者应鼓励这些群体的代表们尽可能地参与到研究经费申请、研究设计、数据收集、分析、得出结论和出版等各环节。

乍看之下，拥抱文化、伦理及认知方式的多样性这一理念可能令人手足无措，但这些多样化的认知方式创造了能够对多面向全球议题进行多元互证的丰富机遇。分析中引入多元视角使我们更深刻地理解什么是关键性全球议题以及哪些人受其影响最大。多元视角可能会使"科学"理论和方法复杂化，但这种复杂化恰恰是我们克服西方全球知识的局限性、克服欧美学术模型的局限性所必需的（见第三章）。拥抱多元视角能够赋予全球学研究以探讨当代问题所要求的复杂性、有效性与相关性。

开展平衡的研究

理论、方法与数据之间互为启发的关系驱动着实证研究。但与生活中其他很多事情一样，诀窍在于要找到观察、分析和应用之间的平衡点。一项好的研究应该不仅对经验材料加以描述，还要使分析超越纯粹的描述工作。研究者应该恰如其分地使用理论，但他们不应教条式地应用理论或拘泥于任何单一的理论。研究者应该尽力使用研究方法，但他们同时也应认识到每种数据收集方法都各有利弊。研究者还应该密切关注他们研究的实际应用，既不能让想得到的结果腐化研究过程，也不能为达目的不择手段。最有效用的研究在这些不同推力之间达到了平衡。

与某一特定研究相关的全球问题、维度、理论和方法应围绕其核心研究问题。例如，如果你的研究问题是要找出本土风俗习惯与全球市场之间的联系，你就可以将民族志或定性研究方法和计量经济学或定量方法结合使用。如果你发现某些历史资料与你的研究问题相关，你便应使用历史研究方法及材料来支撑你研究的相关方面。不同的分析方法及方法论取向只要对某一议题的不同侧面有所帮助，全球学研究者就应该毫不迟疑地用它们来研究该问题。简而言之，你的研究问题应驱动着你的整个研究设计，包括哪些是你将要探究的议题、众多理论框架中你将采用哪一种、你的总体方法论以及你将使用的具体数据收集与分析方法，而不受学科所限。

问题驱动的方法可能略显抽象并且在具体研究中难以操作，所幸我们找到了使研究者能够实施这一方法的几条途径。第五章的主题就是如何发展一种问题驱动的方法论，而第六章中所述的全球学个案研究方法则是我们所找到的实施一种切实可行的研究方法论的最佳途径之一。

第 五 章

全球学研究方法和方法论

过去数十年间涌现出各学科关于数据收集方法的大量文献，而此处我们并不想重复已经在其他地方被详细讨论过的内容。本章第一部分中，我们讨论方法与方法论之间、原始研究与二次研究之间的区别，接着梳理传统学术研究中的标准化数据收集方法。数以百计的著述——毫不夸张——都对这些方法进行了专门论述（Lewis-Beck，Bryman and Liao 2004，另参见脚注9）。我们只是力求确定大量社会科学和人文研究中的基础性方法，并进而转向混合方法这一概念。这一方法对很多学者来说已经越来越必要，我们相信尤其是对于全球学研究者而言，它虽然不具有强制性但其重要性丝毫未减。

本章第二部分中，我们对方法论策略展开讨论，究其本质，方法论策略乃是围绕着特定研究目标而设计的数据收集方法的组合。在概述传统方法论策略之后，我们进而探索关键的方法论策略。这些关键策略的有趣之处在于，它们开启了数据收集的新模式并促使研究者去思考在学术研究中哪些能够作为证据。本章最后一部分介绍我们所说的全球学方法论策略。这些积累性、包容性研究策略包含了批判性方法论中的很多特征，而我们发现在开展全球学研究时这些研究策略相当适用且有效。

方法与方法论

　　研究方法论不同于收集资料和证据的具体研究方法。女权主义学者 Sandra Harding 对方法论和方法这两个概念作了明确区分。她写道："研究方法论是有关研究如何或应该如何推进的理论及分析。"相较之下，"研究方法则是收集证据的技术（或途径）"（Harding 1987：2—3）。Linda Tuhiwai Smith 详细阐明了这一区分并指出："方法论的重要性在于它架构了所要探讨的问题、决定了所要采用的整套工具和方法并塑造着研究分析……方法则成为探讨核心研究问题所必需的手段与程序"（Smith 2012：144）。换言之，方法论是对一种明确的证据收集策略的详细阐述，包括所要使用的具体数据收集方法、所要收集的证据类型以及分析证据的方法。

　　全球学研究设计具有与其他领域研究设计相同的轮廓：理论、论点、方法、数据收集和分析。然而，该领域的跨学科性质却使全球学研究所面临的方法论挑战更加复杂。由于全球学研究横跨了人文学科、社会科学与自然科学，学者们手头有大量现成的定性或定量研究方法或技术。每一个学者都可以使用任何能想到的包括人类学、通信学、经济学、地理学、法学、历史学、语言学、哲学、政治科学、环境科学、健康学、心理学与社会学在内的各类传统学科的标准化方法。依据其研究设计以及研究问题的性质，研究者要在既有的范围极广的定性与定量数据收集方法中进行抉择，以便收集回答核心研究问题所需的各类信息。思考研究设计时最重要的一个问题在于：假如研究设计被完整且成功地予以施行的话，它是否能产生要回答最初的研究问题所需的那类证据？

　　从事全球学研究所遭遇的挑战使得研究设计过程中的某些方面比起它们在其他一些学科，甚至跨学科领域中更为关键。某些研究领域有其清晰界定的研究目标以及数量相对有限的可用的研究方法，因此其方法论的陈述形式可能就较为简略，比如它可能仅解释研究者将如何应用一套特定方法。但是适用于全球学研究的方法与取向的范围却极广，它们能够被应用于更大范围的可能情况中、应用于全世界几乎任何地方。故此对全球学研究者而言，明确讨论其总体研究目标、研究设计的基本假设、方法论选择、有关分析与伦理的问题，以及预期结果和结论的意义是具有极端重要性的。

原始研究和二次研究

大部分传统方法教科书对原始研究和二次研究作了明确区分。当研究者使用一种或一种以上的原始资料收集方法（访谈、观察、调查等）来采集自己的源数据时，就有了原始研究；而二次研究则使用已被其他人分析过的数据材料，比如对现存学术论文的元分析便可被认为是次级分析的一种形式。

人们通常认为设计自己的原始研究、寻找研究资金并予以实施是相较而言更困难、昂贵且耗时的方法（Bryman 2016：11）。开展原始研究需要充分的计划、广博的文献知识、大量的专业方法训练、一份申请研究资金的成功计划，更遑论严苛而漫长的资料收集过程；从计划到寻求资金、执行和发表研究结果的整个研究周期可能需要数年之久的时间和数千美元的花费；而与原始研究相联系的还有一些重要风险。因此谁都无法保证一项原始研究项目能够按计划完成，或保证它必会导出要解决最初的研究问题所需要的那类材料。

相较之下，次级资料分析则可能相对快捷简便，比如当学生们利用学校图书馆的专著、文章来撰写自己的论文时，他们就是在进行二次研究；还可以通过分析联合国、各国政府和其他众多国际及地方组织每年公布的成堆的人口普查数据和政治资料进行二次研究。大部分次级数据都只是被最粗略地分析过，这就是说巨量数据集已摆在那儿，它们要么完全未经分析，要么翘首以待新的、创造性的分析方式；而且其中很大一部分都花费低廉或免费向研究者开放。这便意味着对普通学者而言，相比尝试开展自己的原始研究来收集新材料，对现有资料的二次研究可能更便捷和经济。

话虽如此，有些情况下研究者还是必须开展原始研究。当研究某一给定主题所需的资料尚不存在时，研究者自然必须考虑着手进行原始研究以开发原始数据。促使原始研究的另一个原因是数据集并不具有无限的灵活性。特定学科的具体研究者为特定目的而收集的资料并不总能调适于其他类型研究。例如，一项政治调查收集的数据可能产生，也可能无法产生对其他类型研究有用的信息。数据材料能否调适于新的研究目的，取决于原始的调查设计、调查问题的狭窄程度以及数据所服务的新的目的。

对我们的学生来说，着手原始研究还另有一项重要原因。学术项目把硕士或博士论文作为获得相应学位的必修部分，它们通常会要求学生进行原始研究。为了完成学位论文，学生们必须证明他们能够构思、设计、寻求资金和实施自己的原始研究项目，并随后将研究结果写成一份与其研究领域相关的清晰连贯的总结。没有原始研究，就没有学位论文。

原始资料和次级资料之间的这种简单化区分对教学目的而言可能是有帮助的，但这一区分在其他有些地方却变得相当模糊。例如，一项对非由研究者本人收集的数据的统计分析可以被视作原始研究，只要这些数据之前未经分析。而在另一些情况下，根据不同的研究问题与研究设计，对同样的档案、话语、文本和内容的分析既可以被看作原始研究，也可以被视为次级分析（Salevouris 2015）。此外，一项混合方法的研究设计可以同时包含原始和二次研究。而且正如我们之前已经指出的，研究者在研究设计的早期经常会同时使用第一手来源（访谈）与次级来源（文献）的信息，即使这些来源最终并未出现在有关方法的章节中。总体而言，原始研究与二次研究的区分很大程度上是学术意义上的区分，而在大多数情况下，过于严格地执行这一区分往往得不偿失。

数据收集的基本方法

人文和社会科学各学科有数十种研究方法（Given 2008；Lewis-Beck、Bryman and Liao 2004）。为清晰起见，此处我们对数十种专门研究方法和一小组数据收集的基本方法作了区分。下面介绍的七种数据收集的基本方法作为基础模块，可以任意组合成几乎其他所有的研究方法与策略。例如，一名采取社区研究方法的研究者可能采用了档案研究、观察、访谈、调查和统计等方法的组合。

历史档案研究

档案研究是一种最基础、应用最广泛的资料收集方法，一位埋首于尘封史料中的戴着框架眼镜的历史学家是其经典形象（Storey 2009）。而只要研究者是对业经收集并存档的资料进行分析时，他们便正在从事档案研究，如学生们利用学校图书馆进行档案研究。档案的类型繁多而可被存档的资料也多种多样，包括书籍、杂志、报纸、历史文献、博客、艺术、音乐、电影、私人信件、地图、政府报告、教会记录、法庭记录和其他很多材料。由于学术文献也被存档于图书馆，所以可以肯定的是，大部分学者在设计、实施和发表其研究的不同节点上都会照例用到档案研究。

全球学研究者应审慎批判地使用历史与文化档案中的资料。历史记录和文化制品作为一种证据类型，能够代表某一特定时期和地方的某个侧面，但关于它们究竟代表了什么以及代表的方式，研究者不应想当然地接受（Salevouris 2015：169）。一些历史记录和文化制品来自具有特殊动机或目的的人或机构（Howell and Prevenier 2001：18）；另一些来源则可能是不可靠的、被错译的、错误描述或记载日期的制品，以及有意伪造或修改的记录（Howell and Prevenier 2001：58）。

历史学家在区分第一手和次级资料来源时，对它们参差不齐的质量有清晰的认识（Brundage 2013：20）。原始资料是在研究期间产生的记录，如战争时期的战争记录。可靠的第一手资料更接近于真实事件本身、更接近于当时实际所发生的，也更接近于历史经验现实（McCullagh 1984：4）。次级资料则是之后所作的描述，通常包括对一种或一种以上原始资料的分析与解释。作为对有关过往事件的资料的叙事解读，次级资料引发了一系列关于表征、历史意义以及更普遍的史学研究的复杂辩论（Carr 1967；Hobsbawm 1997；Laslitt etc. 1997）。原始资料和次级资料的区别体现在即时性、解释以及可能的失真程度等方面。但正如前所述，一些不同类型的资料根据其如何被使用，既可被作为原始资料，也可被视为次级资料。研究者应认识到资料的信度与质量是良莠不齐的，它们受到众多因素的影响，包括其何时、何地、为何、如何、被谁创建以及研究者如何使用它们。

　　档案研究对正在发展自己的全球学研究课题的学生来说尤其重要。通过利用所在机构与网上的可用档案，时间与财力皆有限的学生们得以在界定、发展自己的研究项目上取得重大进展。学生们首先求助的档案资料应该是有关其实质性研究课题的学术文献。此外，如联合国、世界银行、国际货币基金组织（IMF）、世界贸易组织（WTO）、欧盟、北大西洋公约组织（北约）等众多国际性组织也提供了大量关于各种全球性问题的信息，其形式包括详细的政府报告、总结报告、文献目录、照片、曲线图、表格、图表等，这些信息都能免费在线获取。无论处于何种学术水平，学生们都可以利用这些资源为其论文、研究计划和公开演讲找到并发展起相关佐证。

　　除他们所选择的实质性课题以外，学生们还应利用现有档案建立起系统性的分析、方法论及其所要研究地区的专业知识。档案资料能够帮助他们了解其感兴趣的地区的历史文化、当下事件、区域人口、工商业新闻和其他大量可能与其研究主题相关的背景信息。了解某一既定研究主题的社会、政治和经济环境，对于完善硕士、博士论文及研究计划而言是大有裨益的。

你也可以使用档案和在线资源来追踪研究和经费申请计划的具体细节。大多数情况下，研究者都能找到有关其研究区域、当地学界与学术机构、在该地区工作或研究特定实质性课题的专家，以及/或活跃在相关领域的组织的专门档案，并可能找到在该地区政府机构、非政府组织和/或企业实习的机会。这方面的少许细节就能极大地帮助提高研究计划的质量。此外，与在该地区工作的机构、组织建立联系有助于你找到并获取其他当地资源。当地组织能够为你提供一个落脚点以及去到那里的理由。比起毫无计划地出现在某个地方，使用档案资源来发展起前期知识与联系通常是一种强得多的策略。

档案研究还能帮助你超越互联网的局限（令人震惊的消息）。无论我们的研究进行到哪一步，我们都会与大学档案室、地方公共图书馆、古籍善本档案馆、纪念碑、教堂记录、博物馆、美术馆和其他负载着大量宝贵信息的地点邂逅，而这些信息并不一定都能在网上找到。要获取这些档案非常容易，并且会大有收获。通常只需要一点事先计划———一通电话或一封系部抬头的信件——就能获得令人惊叹的资料甚至是一些伟大的世界历史财富。作为额外奖励，与管理这些专门档案的当地专家的会面会是一段信息量巨大且难忘的经历。

观察和参与观察

观察是另一种基础实证方法，它包括"对研究所选的社会环境中事件、行为以及器物的系统描述"（Marshall & Rossman 1989：79）。研究者凭借感官仔细观察研究对象并予以记录，如一位化学家可能会观察实验室里的某种化学反应并做好笔记，同样一位人类学家可能会对其他文化中的一场婚礼进行观察并做笔记。作为观察的一部分，研究者可能会拍照或通过其他方式记录下他们所观察到的事件。自然科学假定了研究者在场不会改变被观察的事件，观察某种化学反应并不是为了使该反应本身发生改变。而在社会科学中，观察者的存在能够而且确实经常改变了被观察的事件。无论我们抱着怎样的初衷，我们几乎总是参与者。

参与观察是"通过接触或融入研究参与者的日常或例行活动而达至理解的过程"（Schensul, Schensul and LeCompte 1999：91）。长久以来，参与观察一直是民族志田野研究的主要方法之一（DeWalt and DeWalt 2011）。它以基本观察为基础，承认在社会情境中观察者常会以某种方式对被观察的事件产生影响。进行观察的研究者并非独立于社会行动之外，而是参与到他们所观察的事件中或在其中发挥着积极作用的。这种区分相当重要，因为积极地参与为研究者提供了一个主观性维度，后者能够深刻改变研究者对其所观察的社会行动的理解方式。好几代人类学家都发现当试图理解其他文化背景下发生的事件时，这种第一人称式的参与尤为重要。

访谈

访谈是另一种被广泛使用的数据收集的基本方法（Weiss 1994；Seidman 2013）。这是一种旨在探索人们关于某一特定主题的思想、观点、信仰、经历与动机的定性方法。与其他数据收集方法（如调查或统计分析）相比，访谈具有更大的互动性。理想情况下，这一互动性特质可以使研究者比通过其他途径更深入地了解人们的想法。

在实践中，研究访谈的形式可以从简短的非正式聊天一直到长时间的正式会议。日常交易中与街头小贩或出租车司机的交谈即非正式访谈的一个例子，而更正式些的访谈可能是为了与一名政府官员讨论拟议研究项目的具体方面而有计划安排的会面。

不同访谈在结构化程度上也有很大差别。它们可以是结构化的、半结构化的或者几乎全然非结构化的。结构化访谈通常由研究者提出一系列预先设计好的、旨在引出特定类型信息的问题。例如，一次结构化访谈可能类似于执行一份书面问卷调查，差别仅在于问题是由研究者口头提出的。这种类型访谈的结构给予研究者对谈话过程更多的主导权；相反，不那么结构化的访谈则给予受访者决定讨论主题与谈话方向的更大自由度。在访谈一位对你所感兴趣的主题颇有了解的受访者时，结构化访谈可能使你受益匪浅；而非结构化访谈对于发现你最初可能以为无关的信息尤其重要。

我们猜想普通研究者使用访谈的频次比他们自己能够意识到的要高得多。人们经常能看到学者们一起喝着咖啡、谈论着自己正在阅读的东西（档案研究）及其研究项目、研究结果与出版物。在着手正式设计一项研究项目之前，他们先在会面及学术会议期间与特定研究领域的其他学者进行交流。与学界内外博学者的交流一直都是学习、开展、分析及传播研究的关键部分。

访谈是一种技能。有些研究者能够熟练切换于保持其在双向交谈中的积极存在与仔细参与，以及始终专注其研究目的、记录、分析甚至有选择性地引导谈话这两项任务之间。随着时间与实践经验的累积，大部分研究者都能培养起这些技能。但更重要的访谈技巧则是确定合适的访谈对象。一名经验丰富的研究者能够准确锚定那些与研究主题利害攸关、对该主题具有独特视角或具体了解的人们。从本土—全球连续统一体的不同节点上选取不同受访者不失为一个好办法。取决于研究的需要，与决策者和地方监管机构、跨国公司管理层和小企业主、国际专家和当地学者、社区领袖、当地居民以及临时工进行交流可能是非常有意义的。这些行为主体与研究所涉及的议题之间各有其联系与理解，试着深入这些不同的理解是把握多面向全球问题的一项关键技能。

焦点小组

焦点小组法是将一小群人集中起来以便研究者进行一次半结构化的小组访谈。例如，研究者可以利用一个焦点小组来测试观众对某一电视商业广告或政治广告的反应。在焦点小组研究中，研究者可以使用一种或多种数据收集的基本方法——如访谈、观察和问卷调查等——以对该组成员的反应进行研究。然而，焦点小组的独到之处在于它可以被用来研究小组内部的社会互动。焦点小组法承认人们深受群体和群体行为的影响，人们在群体中的反应常常不同于他们被单独研究时的反应。焦点小组可用于研究群体反应以及对某一给定刺激的集体反应的形成过程（Kitzinger 1994）。集体反应的研究面向使焦点小组法对媒体研究等领域具有重要价值，因为在这些研究领域中受众反应是其重点关切。

调查

调查法是从大规模群体中收集自报告信息的最有效方法之一，这些群体通常是为某些特定目的而被选择的（Engel etc. 2015；福勒 2014）。全国人口普查或潜在选民关于选举的态度调查是较为常见的例子。

调研者通常利用抽样逻辑选取一个能够代表更大范围群体的较小样本，而不是对该人口中的每一名成员都加以调查（见第四章"抽样逻辑"）。接着，该代表样本的成员会收到一组预先设计好的问题，这些问题旨在获取研究者所寻找的那些信息，并可以通过书面问卷、电话或面对面的方式被提出。调查的结果通常是一组能够进行统计分析的大量定量数据。

遗憾的是，要进行一项能够恰如其分地代表一个大规模人口的调查可能难度极大且花销不菲。开展有代表性的调查要求几组不同的技能，其中每一组都需要经过大量训练。首先，设计和管理一种能够获取可分析信息的调查工具并不如人们想象的那么容易。调查人员必须使用大多是封闭式的调查问题，这些问题应当没有歧义、同时对具有不同背景的各类人群都具有意义并能从他们那里得到清晰可理解的答案。调查人员还必须掌握抽样逻辑和统计分析。使用所有这三组技能以获取有用的结果需要时间和经验。此外，针对大规模人口进行一项有代表性的调查所需的费用超出了大部分研究者的能力。对于这类调查，大多数研究者都需要来自机构外部的实质性支持，这种支持通常表现为调查补助的形式。学会撰写、提交申请并获得调查补助可能会使调查研究的周期拉得更长。总之，新入门的研究者如果缺乏充分训练，也没有具备丰富调查经验的人的持续指导，那就最好不要试图开展大规模的调查研究。

对于全球学学者而言，跨文化背景的调查研究所面临的挑战会使问题更加复杂化。在异国文化中设计并开展一项有效调查为研究者更添几重严峻挑战。这些挑战远远超出了语言翻译这一简单问题。调查问题必须在当地语言和社会环境中、在跨社会部门间都是具有明确意义的。要促成一项异国文化中的调查，经常需要研究者与当地富有调研经验的专家合作。鉴于一系列实践与伦理原因，我们十分鼓励在几乎任何形式的跨文化研究中开展这类合作（见第四章中"全球学研究的伦理维度"）。

幸运的是，一项调查若要能够提供有用信息，它未必是规模庞大、科学定量、随机选择或者花费高昂的。对很多研究者来说，针对大规模人群进行完全意义上的概率调查可能力所未逮，但还是有一些利用小规模的、不那么正式的调查问卷有效收集资料的方法，所收集到的资料尽管在统计代表性上有所下降，但仍属于实证资料。比如你正在研究某一特定社区的历史，那么你就可以询问每户家庭的户主关于他们是何时、如何来到该社区定居生活的，以及共同生活的成员年龄、职业等。这样一份不那么正式的调查问卷所需的技能与资源在大多数研究者的能力范围之内。这类问卷所得到的信息可能并不完整、随机或对整个社区具有科学代表性，但你将会对该社区有更多的了解、遇到很多当地家庭、让人们知道你出现在那里的原因、创造许多深入访谈的机会，甚至可能发现深化研究的新途径。

你还可以用不那么正式的问卷调查各类组织。你可以调查校园社交俱乐部、某个联盟中的企业或某一社会部门中的行业组织；或者你也可以调查在某个具体社会议题领域或某一地区工作的非政府组织。此类情况下，不那么正式的调查问卷有助于你识别和接触到某类组织、获取关于它们的定性与定量资料,并使组织中的主要联系人了解你和你的研究项目。只要合理安排与运用,调查问卷将会是用以收集多种类型定量与定性资料的非常有效的实证工具。

其他研究方法和策略

以上介绍的数据收集基本方法只是常用方法中的一部分。在全球学研究者手头可用的数十种研究方法中,大部分都是结合了这些基本方法中的一种或一种以上,从而建立起一套适用于某类研究的连贯一致的方法论。以下列举了这些方法中的一小部分:

表1

行为研究与参与式行为研究	McIntyre 2008;Chevalier & Buckles 2013;Reason & Bradbury-Huang 2008;Stringer 2014;Herr & Anderson 2015
个案研究	Stake 1995;Willig 2008;Yin 2014,另见第六章
社区研究	Hacker 2013;Stoecker 2013;Halseth etc. 2016
发展研究	Haynes 2008;Sumner & Tribe 2008;Desai & Potter 2014
民族志	Marcus 1995;Burawoy etc. 2000;Gille & Ó Riain 2002;O'Reilly 2012;Falzon 2009
女权主义研究	Reinharz 1992;Hartsock 1999;Harding 2004;Hesse-Biber 2014;McCann & Kim 2013;Tong 2014
田野研究	Bailey 2006;Rossman & Rallis 2017
生活史	Rosenzweig & Thelen 1998;Caughey 2006
组织研究	Powell & DiMaggio 1991;Czarniawska 1998;Clegg etc. 2006;Knights & Willmott 2010
方案评估	Fitzpatrick, Sanders & Worthen 2011;Bamberger, Rugh & Mabry 2011;Royse, Thyer & Padgett 2016

相较于数据收集的基本方法,这些方法中的很多都远为复杂和专业。但所有这些方法,即便是其中最精密、最有力的那些,都是瑕瑜互见的。可见一种研究方法在某些方面越专业、越有效,则在

另一些方面越会有所弱化。这便是全球学研究者应尽可能使用一种以上研究方法对其发现进行多元互证的原因之一（见第四章中"多元互证/三角测量"以及本章下文中"混合方法"）。

常规分析方法

如上所述，全球学研究者可以采用非常广泛的理论与方法论取向。由于不同的研究方法会产生不同类型的证据，全球学研究者必须择取适用于其方法论所导向的那类证据的分析方法。遗憾的是，从理论—方法—数据的角度来讨论研究过程，可能会使分析技术的选择看起来好像一种由收集到的数据类型所决定的事后考量。而在很多情况下，反过来说会更准确些。

在实证研究中，概念框架、研究问题、方法论、得出的证据类型以及分析这些证据的方法之间存在着一种必然关系，但存在于研究设计的这些要素之间的关系并不是单向的。有些研究取向是始于数据材料，然后朝着理论推进的（Glaser & Strauss［1967］1999）。但最终必须对研究问题作出回答的是分析，因此在很多情况下研究所使用的分析类型决定着研究设计的其余部分。研究者可能由于某一特定方法论能够提供分析所需的证据资料而予以采用。

非常笼统地说，关于定量议题的研究问题——如教育对收入的影响或外国直接投资对经济产出的影响——需要偏定量的或计量经济学的分析类型（Treiman 2009；Martin & Bridgmon 2012）。关于定性议题的研究问题——如歧视产生的原因或观众对一部外国电影的理解——则需要定性分析（Wertz etc. 2011；Miles, Huberman and Saldana 2014）。一个关于某件艺术作品的研究问题可能需要视觉分析方法（Van Leeuwen & Jewitt 2001；Helmers 2005）；而一个关于某本自传的问题则可能需要定性（Kim 2016；De Fina & Georgakopoulou 2015）或定量（Franzosi 2009）的叙事分析。根据研究问题的性质以及研究者的目标，一项混合方法的研究设计可能需要两种或以上的分析类型。对大多数研究生来说，这是问题的关键所在。他们之所以无法设计其研究项目，正因为他们没有一个足够具体的研究问题、一个能通过特定类型分析加以回答的问题。

有些类型的证据或数据可用于不止一类分析——如种族、性别、阶级、年龄和教育程度等基本人口统计数据。这些统计数据解释了社会结果的诸多变异，因而不同领域的研究者都会使用它们。但当研究者所应对的信息变得越来越专门化时，为某一目的而收集的数据也会越来越难以适用于其他目的。正如我们所指出的，大部分证据都必然反映着最初收集它们的目的，故而，它们支持某些类型的分析而不适于其他分析类型。很多证据都是研究者为了某类特定分析而收集的，此后它们很可能就被束之高阁。

那些未曾从事过原始研究、未曾尝试着分析自己所收集的材料的研究者对于收集可系统分析的数据有多困难并没有什么概念。这听起来似乎很简单，但假使研究者此前没有分析证据的经验，那么对他们来说要收集可分析的证据也许就没那么轻松了。每年都有一些不幸的学生从其田野研究中扛回"成吨的资料"，结果却发现他们所收集的只是一堆压根无法分析的杂乱无章的信息。如果研究者对其打算使用的分析技术不够熟练、如果他们之前从未尝试着分析自己的数据资料，那么他们也就不太可能成功地收集起他们所需的那类材料。为了设计一种能够导向可分析证据的方法论，研究者首先必须接受不同类型证据及分析方法的限制性条件。

内容分析和统计分析是分析的两大类型，它们广泛应用于人文、社会和自然科学领域并包含了多种不同的研究设计与方法。

内容分析

我们用"内容分析"这一术语指代一系列不同的方法，通过对文化产品——语汇、美术作品、图像、歌曲等——的分析，这些方法可以被用来研究文化。作为一个宽泛类别的内容分析不应与同样被称为"内容分析"的具体文本分析方法相混淆（Krippendorff &

Bock 2009），也应避免与文化研究这一跨学科领域混为一谈（Barker & Jane 2016）。进行内容分析的研究者会分析作为文化产物的文化制品，其中包括了视觉艺术、表演、手工艺制品、文学作品、电影、广播与平面媒体和建筑，还可以包括服装、日用品、硬币、玩具以及很多其他的物质文化形式。对于不同类型的文化制品——文学作品（Parker 2015；Zimmermann 2015）、媒体（Jensen 2012；Ott & Mack 2014）、音乐（Collins 2013）、表演（Madison & Hamera 2006；Schechner 2013）、视觉艺术（Van Leeuwen & Jewitt 2001；Helmers 2005）等——有多种不同的分析方法。

内容分析法依赖于研究者对特定文化背景中文化制品的观察、分析与诠释能力，在此意义上它们往往是定性的。但内容分析同时也包括了一些定量方法，如文本分析（Jockers 2014；Kuckartz 2014）和话语分析（Schiffrin，Tannen and Hamilton 2001；Gee 2014）中就同时包括定量和定性的分析方法。

内容分析可以非常有效地用于对文化的分析。例如，近年来对大众传媒的内容分析围绕着媒体如何复现了社会中存在的性别与种族偏见的方式，进行了适时深入的调查。这一方法能够揭示出大量社会信息，但通常对文化生产过程（如创造者创造某件文化制品的意图）展示的不多。它也无法很好地揭示受众对某件文化制品的感受与反应。因此，仅靠内容分析很难说明文化制品（如电影中的暴力展示）的生产与具体社会行为（如社会中的暴力行为）之间的任何关联。对文化生产与接受过程的探究要求使用另外的方法——如访谈和焦点小组——来提供更宽广的社会情境。

统计分析

统计分析是另一类分析方法，它们是用以总结、分析与诠释可变数值型资料的定量技术（Vogt & Johnson 2015）。统计方法被广泛应用于经济学、地理学、政治学、心理学、社会学等多个领域，它能被用来研究大量数据中各种变量之间的关系与联系。统计分析员一般不自己收集数据，而是对他人收集的数据集进行分析。例如，研究者若是对大学教育对个人收入的影响感兴趣，他可以利用人口普查数据来分析其中教育和收入两个变量之间的关系及联系。

一般而言，统计方法可分解为几类：有描述性统计，它们被用来描述某一数据集的基本特征：平均值、中位数、范围、百分比等（Holcomb 1998）；有通过可视化技术探索数据的技术，如盒型图、直方图、散点图和多维标度（Kirk 2016）；线性与逻辑回归模型可用来判断变量间的关系（Schroeder etc. 1986）；方差分析（ANNOVA）可用于研究群体均值的差异（Iversen & Norpoth 1987）；有回归诊断（Fox 1991）、拟合优度（R 平方）、统计显著性（F 检验）以及独立参数检验（T 检验）；还有用于时间序列分析和多变量分析的不同技术，等等。

统计分析之所以被广泛使用，原因在于它所具备的几点重要优势。统计分析是处理大量定量数据的有效方法。它与实验、调查同样属于定量方法，因而一些人认为相较于定性方法，统计分析更实证、科学及公正。差不多关于任何一项全球议题都有堆积如山的几乎未经分析的在线数据，这些数据以电子表格的形式免费向用户开放。很多政府与国际组织如联合国、世界银行、国际货币基金组织、世界贸易组织、欧盟、北约等都通过其门户网站发布数据资料，研究者可以从其网站上得到这些信息。有别于调查方法，在统计分析中，采集大型数据集这一耗时且高昂的任务已由这些组织承担了，具备必要统计技能的研究者只需下载相关数据资料，便可立即着手进行研究分析。

但统计分析也存在一些严重局限。首先，并不是每个人都具备进行这种分析所必需的技能，而要掌握这些技能则需要大量的时间与精力投入。各种统计模型也有其自身局限性（参见 Burawoy 1998：12；Stiglitz, Sen and Fitoussi 2010；Darian-Smith 2016）。例如，回归模型建立在线性因果关系的假设之上——即数据集中自变量导致了研究者所观察到的因变量的变化；这种线性因果逻辑并不总能与社会现象相符。此外，统计分析还限制着研究者可以提出的问题范围，研究者之间存在着一种倾向，即将研究问题局限于可用手头的定量数据加以回答的问题范围之内。

其他分析方法

表2

比较历史分析	Mahoney & Rueschemeyer 2003；Lange 2012；Mahoney & Thelen 2015
内容、文本和解读式分析	Krippendorff & Bock 2009；Jockers 2014；Kuckartz 2014；Zimmermann 2015
人口分析	Hinde 1998；Wachter 2014；Yusuf, Martins and Swanson 2014；Rowland 2003
话语分析（福柯式和社会语言学的）	Stubbs 1983；Schiffrin, Tannen and Hamilton 2001；Johnstone 2008；Dunn & Neumann 2016；Gee 2014
计量经济学	Simon & Blume 1994；Hayashi 2000；Chiang & Wainwright 2005
地理信息系统（GIS）	Bodenhamer, Corrigan and Harris 2010；O'Sullivan & Unwin 2010；Steinberg & Steinberg 2015
扎根理论	Glaser & Strauss（1967）1999；Charmaz 2014；Birks & Mills 2015
元分析	Borenstein etc. 2009；Cooper 2016；F. Wolf 2013
网络分析	Wasserman & Faust 1994；M. Jackson 2010；Newman 2010；Borgatti, Everett and Johnson 2013
政策分析	Weimer & Vining 2016；Bardach & Patashnik 2015；Patton, Sawicki and Clark 2012

回答一个全球性问题

研究者往往容易深陷分析技术的具体细节之中而忽略了全局。无论你最终采用哪种分析方法，最重要的是将你的分析带回到最初的研究问题——全球学研究问题（见第四章）。取决于你的研究分析，你可能认为有必要明确指出：

- 总体研究问题
- 具体研究问题
- 研究问题中可通过实证分析加以处理的方面
- 所使用的关键分析概念
- 研究设计与方法论背后的逻辑
- 分析中所使用的证据类型
- 所使用的分析方法
- 证据及分析方法是如何处理研究问题的

在进行全球学研究时，最好记住你的研究成果的读者可能对全球学研究一无所知。因此之故，我们建议研究者尽量对如下问题作出回答：你为什么使用全球学方法？具体是什么使你的分析变得全球化？要明确构成了你的研究与分析的全球性议题、特征、视角及维度（见第二章、第三章），详细阐述你的研究重点探讨哪些全球规模议题以及它们相互间的交叉关系，解释你的研究分析怎样以及在哪些方面体现了整体性、整合性、批判性、跨学科性和去中心性，讨论相关的方面——全球、空间、历史、政治、经济、社会文化、跨部门及伦理维度对分析的影响。并不是每一名研究者都有必要同时涉及全部这些特征与维度，但我们还是建议你更明确地吸收那些相关维度并将它们纳入分析之中。关于全球议题及其维度如何被用于全球学个案研究分析的更详细讨论，参见第六章中"展开全球视野，分析全球维度"。

混合方法

有些领域中的大部分研究都采用单一方法的研究设计。只要这一方法能够导向回答研究问题所需的证据，那么这种研究设计就没什么问题。然而，还是有若干非常有力的理据驱策着全球学研究者采用混合方法的研究设计（Plano Clark & Ivankova 2015）。第一个原因是我们已经提到过的：每种方法都是有利有弊的。正如我们在

第四章所指出的，全球学研究者可以通过多种研究方法的多元互证，极大地提高研究信度和/或效度。

需要注意"混合方法"这一专业术语有时被用来专指同时整合了定性与定量研究方法的研究设计（Creswell 2015）。根据这一定义，两种及以上定性或定量方法的混合便够不上真正的混合方法设计的资格。整合多种定性或定量方法的研究设计有时被称为"多样化方法"研究设计，以区别于结合了定性与定量方法的混合方法研究设计。

我们不确定围绕着定性/定量区别来界定"混合方法"对于多元互证是否真有帮助。这一狭义定义起因于这样一种可能性，即两种方法彼此太过相似的话，则可能有着相同的局限与弊端，从而无法进行充分的多元互证。按照这一逻辑，混合方法之间的差别必须足够大才能获得不同类型的证据。对于有些人而言，混合使用定性与定量方法能够确保这种差别；另一些人则会更进一步认为最有效的多元互证必须混合人文和社会科学的方法；还有一些人可能会主张一项真正稳健的研究设计会同时包括人文和社会、自然、行为科学的不同方法。但我们认为研究方法应是由研究设计决定的，而不是试图通过方法来界定多元互证是否成功。正确的混合方法只需产生能够达到所希望的多元互证程度的不同类型证据即可。

有关混合方法的其他定义甚至走得更远，它们把仅在研究分析阶段导入外部数据的研究设计都排除在外。据此要成为一项混合方法的设计，它必须从一开始就将定性与定量方法整合起来。我们对此并不认同：在某些情况下，在研究分析部分导入世界银行或世界卫生组织等组织的数据分析足以对由其他种类方法得出的结果进行多元互证。

考虑采用混合方法研究设计的第二个原因是这种类型的设计通常更适合于多角度的全球分析。全球规模议题可能同时包含微观与宏观维度，这就需要研究者——比如，把对当地官员的访谈和有关该地区的定量数据配合使用。然而，这仅仅是对创造性的混合研究方法之众多可能性的匆匆一瞥。通常，定性方法与微观分析相联系，而定量方法则更多地与宏观分析相联系，但全球学研究者不必受此拘束。我们在实践中发现定性访谈可被非常有效地用来处理宏观全球议题。对合适的专家、政府官员或行业领袖的一次访谈便可直接切入全球议题的核心所在，从而使它们较之原来更易于理解。同样，定量数据可被非常有效地应用于处理微观议题。例如，测算某个特定地区学校中男女生的比例，有时会比无论多少次对当地官员的访谈都更快地切入性别问题的核心。

第三点原因，采用不同的方法可以为研究者提供追踪跨地理与时间界限的复杂全球议题的创造性途径。你可以使用区域统计数据将某一社区的情况与规模更大的区域性模式联系起来；或者你也可以访谈难民以进行跨边界或与冲突地区的间接接触，它们要么是你无法跨越的、要么是你不应该进入的；或者你还可以通过搜寻历史档案而将当前问题与更深层次的历史渊源联系起来。采用混合方法使你不仅能够穿梭于本土—全球连续统一体，还能跨越地理、政治与历史的边界。

第四点原因，使用多样化方法常常要比听起来容易得多。几乎无须额外努力，你就可以显著提高研究信度和/或效度。混合使用多种方法其实很简单，以至于很多学者甚至是在无意识中就已经这么做了。例如在研究伊始，经常是对世界上正在发生的事情的观察，将研究者引向他们的研究问题；当我们使用有关某一主题的大量文献时，我们已经在进行档案研究了；当我们和专家们谈论某个主题或区域时，我们正在使用访谈法。那些将自己看作定性研究者的人们经常使用定量图表来加强他们的论证；而调查研究者则常常对调查对象进行少量的定性访谈以得到有关调查问题的反馈，从而可能对调查本身加以改进。通过这样的方式混合使用不同方法可以使研究更完善、论证更有力，使它们能够传播给更广泛的受众。取决于所选择的附加方法，采用多样化方法也可以是轻松容易、花费不多并且非常有收获的。

总之，全球学研究者应当根据他们所提出的问题类型及其所需要的用以回答这些问题的数据类型来选择单一方法、多样化方法或混合方法的研究设计。对于有些研究问题，仅用一种方法便可获得用来回答它们的证据；其他一些研究问题则只能通过由多种方法所生成的不同类型证据予以回答。无论最终选择单一方法、多样化方法或是混合方法的研究设计，你都应准备好在你的论文开题报告、经费申请书以及发表的论文中证明这一选择的合理性。研究者要能够解释为什么他们选择了某个特定的研究设计、这一设计如何探讨和处理他们的研究问题，以及他们将如何使用由每一种方法所产生的证据来回答这些问题。

批判性方法论策略

复杂的全球问题不只是单边的，甚至不只是双边的。重要的是认识到世界各地的人民都有其自身的文化、宗教、价值观念以及认知与解读方式，对世界多样化的理解方式深深植根于不同的历史传统之中，并得到其生活经验的确证。从未有某种共同体、历史或真理是独一无二的，因为每一种文化传统的认识论、理解方式与意义体系都是动态的、历时变迁的。批判性地思考意味着愿意开放性地思考——挑战自己的假设；反思知识是如何产生的、由谁产生，以及与之相伴的可能性影响；更概括地说，就是质疑嵌入各种形式交流之中的隐性偏见。正如我们在第二章中所讨论的，全球学研究之所以重要的一个最关键原因在于它促进了批判性思考，它包括从多个有别于研究者本人的视角思考问题的能力，以及在此过程中反思自身世界观的局限性及其内隐文化假设的能力。反思过程，或通常被称为反身性，使立场理论和相交理论以及世界主义、跨文化交流、多元主义与多视角主义等概念对全球学研究而言变得至为关键（Smith 1977；Collins 1990；Appiah 2006；Beck & Sznaider 2006；Darieva etc. 2011；Gunn 2013）。

在寻找特定的方法论策略过程中，许多全球学研究者致力于找回通常被有关全球化的主流话语所忽视的声音及观点。这种主流话语倾向于将全球贸易与金融看作全球化的驱动力，故而其关注重心便集中于宏观经济过程、全球市场、国际和区域贸易以及发展议程。然而，宏观经济分析往往无法看到社会现实的更深入的细节，它们会取代对本地化进程的分析，并加剧来自全球经济外围地区的声音的边缘化。同样，聚焦于国家间的宏观政治关系——国际关系与国际政治经济学领域的经典方法——总是匆匆掠过国家内部及国家间情况的复杂性以及众多非国家行为体对地方、区域、国家和跨国社会部门的极有影响的干预（参见 Cohen 2014）。

作为一个新兴领域，全球学研究力求通过涵盖整个本土—全球连续统一体来平衡这些自上而下的宏观视角，它必须将女性、少数族裔、土著、后殖民对象、失业群体、不稳定性无产者、贫困人口、移民、难民和无家可归者等各种群体的声音包括进来。根据这一定义，全球学研究者着力体现歧视的多个相交维度——性别、种族、民族、阶级、性、宗教、健康及公民权——并强调一个全球体系中的不公平现象，包括极端贫困、侵犯人权、对人类与自然资源的剥削、环境退化、政府腐败、地区暴力冲突和种族灭绝。

在不少学科与研究领域中，有关批判性方法论策略的讨论已变得相当重要。很多这样的讨论都是为了确保社会科学与人文学科在我们这个复杂的全球化世界中仍具重要性和适用性，同时力图超越把"硬性"的自然科学与"软性"的社会科学甚至"更软性"的人文学科相互对立的所谓"科学之战"。正如傅以斌（Bent Flyvbjerg）所指出的，将自然科学与社会科学进行比较是不恰当且具有误导性的，因为后者的目的并非解释、预测或找到预设了"有关事物本质的真理"的普遍性理论（傅以斌 2001：166）。相反，他主张，社会科学应重点关注人以及他们如何赋予其世界以意义：

> 我们必须着手应对对我们生活于其中的地方、国家和全球

共同体具有重要性的问题，同时我们必须以具有重要性的方式去应对它们；我们必须把注意力集中在价值观与权力问题上，就像从亚里士多德（Aristotle）和马基雅维利（Machiavelli）到马克斯·韦伯（Max Weber）和皮埃尔·布尔迪厄（Pierre Bourdieu）等伟大的社会科学家们所倡导的那样……如果我们这样做了，我们就可能使社会科学从它正奔向的那种乏味学术活动中成功转型，这种乏味贫瘠的学术活动只是为学术而学术，并与社会加速脱节，它对社会毫无作用而社会对它也不屑一顾。我们可以将社会科学转型为一种为了公众利益且公开进行的活动，它有时是澄清，有时是干预，有时是激发新的观点，并总是在我们理解当下与思考未来的持续努力中充当我们的眼睛和耳朵。简而言之，我们可以实现一种具有重要性的社会科学。（傅以斌 2001：166）

对傅以斌来说，使社会科学受到重视具有方法论上的意义。他认为，研究者需要将注意力集中于人们是如何创造价值的，把权力置于其分析的中心，鼓励多样化的视角与诠释，并确保具体语境与扎根个案研究能够提供一种关于重"大"问题的归纳机制。正如他所指出的，这种去中心化的方法论取向吸收了克利福德吉尔兹（Clifford Geertz）的"深描"概念。它将本土的微观实践作为出发点，永远"在细小事件中追寻伟大事件，反之亦然……进行着在尽可能详尽的同时又尽量概括化的研究工作"（傅以斌 2001：133—34；Darian-Smith 2002）。

下面我们将列举若干使用更广泛的批判性方法论策略，这些方法论策略有助于社会科学与人文研究在进入 21 世纪中叶后继续保有其重要性。这份清单虽然不尽全面，但我们希望它能使我们对创新性方法论取向的范围及其为何会对全球学研究具有重要意义有所了解。每一种批判性方法论都被学者们以各式各样的方式应用，而使用它们的研究者们对此亦有大量论争与细微差别。方法论策略的选用在很大程度上取决于研究者的本体论、认识论和政治、文化与伦理立场，而它又会反过来影响研究问题和研究设计的选择。此外，每一种方法论进路都可以使用任意某种方法或技术以访问、收集和分析数据。批判性方法论在定位上既可以是微观的，也可以是宏观的，它既可以使用定性或定量方法，也可以使用混合方法。这些方法与传统学科研究中所使用的更为标准化的方法论进路具有同样的科学性与实证性。

这些批判性方法论的共同点在于，它们对欧美学术研究中想当然的假定与概念以及这种学术研究所导致的对社会现实的扭曲提出了质疑（Morrow & Brown 1994）。正如女权主义学者所指出的，社会解放运动"使人们得以从放大了的视角看待这个世界，因为它们去除了一直以来掩盖着知识与观察的遮蔽物和障眼物"（Millman & Kanter 1987：30）。故此，批判性方法论策略有时存在争议性，并且经常容易被保守派学者指摘为偏颇、主观、边缘、非科学以及不具有权威性。幸而具有批判性的全球学研究者往往是创新思考者，他们对那些试图使习以为常的事件变得陌生新鲜，并为探索复杂的全球议题拓宽智性空间的方法论进路秉持着开放态度。

超越方法论的民族主义

整体概述：紧接着我们在第三章中有关民族国家去中心化的讨论，其中一种被最广泛使用的批判性方法论进路便是对于把民族国家作为社会与社会关系之假想"容器"的超越（Beck & Willms 2004：13）。

约瑟夫·斯蒂格利茨（Joseph Stiglitz）和阿玛蒂亚·森（Amartya Sen）（诺贝尔经济学奖得主）对各国间的简单关联提出警告，尤其当这种比较涉及由各国自己收集的数据时。在一份题为《错误衡量我们的生活：为什么 GDP 没有意义》的报告中，斯蒂格利茨和他的两位合著者反思了人们日常生活中使用的测量方法，并强调受到民族国家框架约束的经济学的局限性（斯蒂格利茨等 2010

年)。他们指出,"我们的度量体系决定了我们构建的理论、验证的假设和怀揣着的信念。社会科学家经常轻率地使用那些容易获得的数字——比如GDP——作为其经验模型的基础,而不对其度量标准的局限与偏差进行充分探询。有缺陷或偏差的统计数据致使我们做出错误的推论"(斯蒂格利茨等2010:xix)。总体而言,欧盟委员会的结论是传统GDP指标不够充分,因而需要制定一种包括"多样化指标"的更全面的方法取向。对于诸如环境问题等全球性议题则更是如此。据委员会所言:"当全球化问题与环境和资源可持续性问题结合在一起时,GDP指标可能会具有本质上的误导性"(斯蒂格利茨等2010:xxii;参见Darian-Smith 2016;Hodgson 2001;Shionoya 2001)。

全球历史学者对学术研究中民族国家去中心化做出了重要贡献,特别是对于使民族国家问题化,并促成将国家置于跨洲际的观念、文化、资源和人口流动的背景中的新型研究模式发挥了重要作用(Hughes-Warrington 2005;Bentley 2013;Conrad 2016;Pernau & Sachsenmaier 2016)。这些学者共同呼吁消解"方法论民族主义的分析桎梏"(Zürn 2013:416)。作为一种比较新兴的次级研究领域,全球历史学者对史学研究传统进行了反思,并明确指出主导着过去两百年间欧美学术界的国家历史的局限所在。他们热切地探究跨国界文化交流与概念翻译模式以及多元文化是如何形塑了包括国家的建构本身和民族主义认同等在内的各类事件的。因此,全球历史学者拒绝把民族国家作为一个既定范畴并从而对它们进行比较;相反,他们探究作为跨国事件、复杂社会关系与地缘政治力量产物的民族国家是如何逐渐发展起来的(如Frühstück 2014;Goebel 2015)。

方法论意义:移民学者Andreas Wimmer和Nina Glick Schiller在其文章中指出需要发展起新的概念和方法以便更好地检验跨国与全球进程。他们写道:

为了规避既定方法论、界定分析对象的方式以及问题形成规则的吸力，我们可能需要发展（或重新发现？）不被民族国家所组成的不证自明的单一秩序世界所扭曲的分析工具与概念。我们和社会科学领域的其他许多时事观察员一样，将此视为摆在我们面前的主要任务（Wimmer & Glick Schiller 2002：324-5）。

学术论文集《超越方法论民族主义：跨境研究的研究方法论》（Amelina etc. 2012）便是致力于这项任务的。在这本论文集中，来自各学科的学者们力求超越对民族国家框架的简单批判，明确探讨开展跨国研究中的方法论问题（Nowicka & Cieslik. 2014）。他们提出了一系列新问题，如：研究者如何设计一项能够充分支撑对全球进程的实证分析的研究议程与策略？什么是社会、经济与政治关系的恰当背景及空间？研究者如何才能在看到国际/国家关系重要性的同时，又能够避免赋予其优先地位而把活跃在不同历史时期和不同地缘政治空间的非国家行为体、机构、关系、社会与文化转译的大量分类组合置之脑后？

正如《超越方法论民族主义》的所有作者一致承认的那样，发展新的分析工具与概念并不是一件容易的事。将他们的各种不同方法及关注——无论是探索全球化城市、劳动市场、原住民运动或是移民社区——联系在一起的，乃是他们都将其研究聚焦于对某个特定地点、群体或过程的探索。这并不是为使"本土"特权化或本质化，而是要对作为研究场所的某个确定"容器"进行深入探究，正是通过该场所，多种相交的跨国进程同时发生并实际上逐渐形塑着承载这些进程的容器以及我们如此辨识它的方式。需要特别注意的是，我们应该把各种关系看成流动的、整合的，且它们与国家领土或预先确定的地缘政治社会与政治实体并非必然相连。也是因为这个原因，妮娜·格利克·席勒（Nina Glick Schiller）在其关于城市移民的研究中，热衷于将城市作为一个透镜或入口进行探讨，移民们通过这一透镜或入口将跨国性嵌入于人们的日常经验场所。对城市跨国性的关注促使她将当地移民理解为形成中的新的联合形式，这种联合可以抵制和影响城市再构、把移民劳工与当地劳工联结在一起，并可能推动以社会正义为目标的全球性斗争。格利克·席勒写道："这些斗争一方面定位于具体地点，另一方面则能够对一个遍布着财富与权力的全球性不平等的世界展开批判，从而使人们得以同时在局部和全球范围内建立起团结与联合"（格利克·席勒 2012：36）。

对全球学研究的贡献：超越方法论民族主义的概念与分析局限对全球学研究设计具有重要意义。在全球学研究中，仅仅将一组国家数据与另一组国家数据进行简单对比，就好像所有正在发生的事件只是两个单一实体之间的简单关联，这样做是远远不够的。研究者可以在其研究项目中对两个国家进行比较，但民族国家不应被视为一个既定概念，或者不应以那些排除了非国家行为者的方式来使用它。一项全球学方法论策略应该为分析跨国进程，以及参与了全球进程、参与了最初创造起民族国家框架并赋予其意义的跨地区声音打开空间。保罗·艾玛尔（Paul Amar）的《安全群岛》是这类民族国家比较研究的一个出色范例，我们将在第八章中对其予以概述。

超越方法论的民族主义也意味着全球学研究者应将其注意力转向那些被政治与经济力量驱逐而无家可归或在民族国家框架内被边缘化的群体的经历。移民和难民潮以及流动的移民社区使现代认同这一概念更加复杂化，也使静态的、领土化的公民权受到越来越多的质疑（Cheah & Robbins 1998；Fangen, Johansson and Hammarén 2012）。全球学研究者应当对方法论民族主义的局限性保持敏感，并努力挣脱其概念、理论、分析和方法论上的束缚。然而，鉴于国家中心的主导思维仍然盛行于欧美学术界，因此，这并不是一件轻而易举的任务。

女权主义方法论

整体概述：很多著作都讨论过作为一个跨学科研究新领域的女性研究在 20 世纪六七十年代的兴起（如 B. Smith 2013）。包括加拿大、英国、印度、美国和其他国家在内的世界各地学者开始涉足妇女的历史、经济学、文学与心理学，探究女性受不同形式的歧视的影响。正如我们在第一章所讨论的，在美国，女性研究是和黑人研究、墨西哥裔美国人研究、亚裔美国人研究等种族研究，以及非洲研究、拉丁美洲研究、亚洲研究、东亚研究、欧洲研究、太平洋研究等区域研究一起发展起来的。

大量文献探讨了女性主义研究中所使用的理论及方法论框架（如 Harding 1987；Ramazanoglu 2002；Naples 2003；Tong 2014）。我们不打算在此处重复这些讨论，但需要注意的是，与第一波、第二波、第三波女权主义相联系的种种变化共同凸显了世界各地女权主义研究的差异及争论，这些女权主义思潮和女权运动浪潮也同样强调着该领域动态的、不断发展的议程及理论。这些动态过程在一定程度上反映了近年来不少学术机构从女性研究向女权主义、性别和性学研究的转型。在各式各样女权主义研究中，批判性女权主义方法论突出了两性间的不对称权力关系和父权制体系，后者在包括美国及其他所谓民主社会在内的世界大部分地区始终产生着影响。

方法论意义：女权主义方法论直接挑战了传统的社会关系分析方式，揭露了权力动态关系以及压迫和歧视的持续性机制，尤其是当它们关涉到女性的生活与经历时。杰出的女权主义与后殖民理论哲学家桑德拉·哈丁（Sandra Harding）在其开创性著述《女权主义与方法论》（1987 年）的引言中，阐明了当时女权主义研究中若干独特的方法论特征：其中包括女性经验在研究与知识生产过程中的角色；专为女性而设计研究议程，而非由男性代表女性来设计；以及使研究者同处于批判性位置之上，从而避免那些自封的科学家所假想的客观性。关于第一个特征，哈丁认为女性经验为重新思考"谁为谁代言"以及"在这一代表过程中哪些权利动态关系在起作用"提供了理论与实证的新源泉。哈丁特别强调不存在某种单一的女性经验，并指出"在每个阶层、种族和文化中，分属于女性及男性的经验、欲望和利益都是不同的；在此意义上，每一阶层、种族和文化中都总是存在着男性与女性这对分类范畴"（哈丁1987：7）。

哈丁对女性经验的关注借鉴了此前第二波女权主义者多萝西·史密斯（Dorothy Smith）在《女权主义和马克思主义》（1977年）中提出的立场理论概念。立场理论认为，知识是基于经验的。由于女性有着不同于男性的经验，所以她们也就拥有不同的知识，有时甚至是非常不同的真理。例如，男性很少提到有关男性特权的经验，因而以男性为主的知识与权威通常并不把男性特权看成一个问题。对大部分男性来说，这个问题似乎并不迫切或紧急。但对于女性而言，有关男性特权的体验可能是一种无处不在的日常现实。她们在家中、在工作场所、经常性地在媒体上，以及在几乎所有包括男性在内的社会互动中都能遭遇到男性特权。立场理论明确指出，男人和女人无法完全理解彼此的经验，因此无论在政府运作、政策执行、法律裁决、教育或知识生产过程中，他们都不可能完全地代表对方。从这一角度出发，只有当妇女充分参与民主进程、处于权力与决策地位，有效代表才可能成为现实。

女权主义对参与式代表的呼吁能够在有着其他"去权"经历的群体中找到共鸣。因此立场理论在若干重要方面促进了种族、阶级、酷儿理论、关于残疾群体无理论和后殖民理论的发展。种族化他者、边缘化他者、原住民、性少数群体、残疾人、儿童、老年人等都有其自身的独特立场，而且必须在谈判桌上占有一席之地以便充分参与政治、经济与社会生活。

女权主义立场理论与其他边缘化群体的共鸣促使法学家金伯利·克伦肖（Kimberlé Crenshaw）和社会学家帕特里夏·希尔·柯林斯（Patricia Hill Collins）发展起相交理论。基于第三波女权主义对多样性的思考，克伦肖和柯林斯把女权主义立场理论与批判种族理论结合起来对相交这一概念进行阐述。柯林斯指出，那些将妇女、少数种族与民族、穷人置于弱势地位的统治和歧视结构相互之间并不排斥，相反，它们是互相重叠并在许多方面相互累加的（柯林斯1990；克伦肖1991；巴特勒1990）。根据这一方法，一名贫困黑人妇女的弱势地位受到其阶级、种族和性别的累加性影响。相交理论强调，一名黑人女性的社会地位是由多重统治结构决定的——这就是柯林斯所说的"统治矩阵"。

帕特里夏·希尔·柯林斯对相交性的理论化是以西方发达国家中的女性为中心的（Collins 1990；Collins & Bilge 2016；汉考克 2016），它和其他一些有关相交性的早期阐述都未将全球与后殖民语境，以及全球南方国家人民、原住民、宗教少数群体、移民、难民或寻求庇护者的弱势地位纳入考量。正如邦妮·史密斯（Bonnie Smith）所言："（经济上的相互联系和知识的快速传播）揭示了女性间基于其所处的不同地区而存在的巨大差异。女性经验前所未有地受到了全球性差异与其共性的共同形塑。这些联系——经常是不平等的，有时又是共享的——已经成为女性研究的核心议题"（史密斯 2013：60）。从第一波女权主义运动到全球女性运动这一路走来，女权主义已取得了长足发展。

对全球学研究的贡献：全球学研究的很大一部分议程是与女权主义研究重叠的（McCann & Kim 2013）。例如，跨国公司和全球资本主义对女性劳动力的影响已跃升为当代女性主义研究的一个重大议题。另一个相关问题则是围绕着妇女为寻求各种机遇——工作、自由、安全——而卷入大规模移民和全球移民网络。第三个相关问题是关于作为一种全球话语的人权问题，这一全球话语是为保护妇女免受暴力侵害而被动员起来的（Merry 2006）。当然，全球性贫困与剥夺政治权利同样对世界上许多地区的妇女和儿童造成了严重影响。女性的贫困已经成为世界银行和其他机构以及非政府组织代表所谓受害妇女而对南方国家强加发展政策并深化干预的主要理由。女性在识字、教育、卫生、人权、冲突、社会和经济发展等问题上所发挥的重要作用，以及我们对于了解女性是如何理解这些问题的需要，共同凸显着女权主义方法论对全球学研究的重要性。

在过去十年里，学者们已开始使用最初由美国黑人女权主义者在广泛的全球语境中发展起来的相交性这一概念（Bose 2012；Chow etc. 2011；Purkayastha 2012；Sen & Durano 2014）。帕特里夏·希尔·柯林斯在其新近出版的著作中承认，世界各地的激进派都采用了相交性概念并对其作出调适（柯林斯和 Bilge 2016）。随着这一概念进入全球学分析并促进着一种探讨更大规模结构性不平等与歧视过程的方法论，它呈现出新的分析性潜力及意义。相交性超越了个人视野并囊括了群体、运动及跨国网络，从而具有灵活的跨时空适应性。全球性的相交理论意味着数百万女性的弱势不仅是被她们的性别、种族和阶级地位所决定的，而且同时由其后殖民、土著、移民及难民地位所决定（Wing 2000）。复合交叉的压迫模式是与殖民主义、帝国主义、种族主义的深刻历史和机制以及备受争议的权力关系纠缠在一起的（Grewel & Kaplan 1994；Brah & Phoenix 2004）。关注女性主体性及其弱势地位的各种时空维度的理论是全球学研究中一项重要的概念与方法论工具。对相交性的全球性理解强调了性别、劳动、环境和女性运动、民族运动、原住民运动等现象之间的复杂联系，它打开了一个将文献、研究主题以及围绕着这些主题的互构性视角勾联在一起的全新研究领域。

对全球学研究而言，立场理论与对相交性的全球性理解具有同等的重要性（Harding 2004；Hartsock 1999），它强调无论哪个研究主题都有关于它的许多不同视角与主体性立场，这些观点代表了人们认知和体验世界的方式的多样性。这具有重要的伦理含义（参见第四章"全球学研究的伦理维度"）。试想难民营中的一名女性，她可能和世界上其他某个人一样，处于相交性的弱势地位。但这并不意味着她的视角缺少价值或者可以不予理会，就像很多欧美学者经常所做的那样。作为一个研究领域，全球学研究努力避免对这名女性难民或其他任何一名女性的主体性进行本质化或具象化处理；

相反，全球学研究的目标是在所有有关难民法、难民援助、难民经历与实践的分析中赋予女性视角以根本的重要性。这一领域为女性声音和经历提供了一个以她们自己所希望的方式被倾听的包容性平台。全球学研究使女性视角得以合法化，承认她们在构建有关世界的紧迫性挑战的新知识过程中应有的重要性及权威性。

批判种族研究方法论

整体概述：种族和种族主义理论一直是现代社会理论的核心。以杜波依斯、詹姆斯（C. L. R. James）、埃里克·威廉姆斯（Eric Williams）、弗朗茨·法农、萨义德和斯图亚特·霍尔（Stuart Hall）等伟大思想家的工作为源泉（见第三章），当代的批评学者对种族化结构与机制的关注持续增长，这些结构与机制定义并塑造了第一世界和第三世界以及南方国家和北方国家之间的分野。Paul Gilroy 和 Howard Winant 等学者强调了种族主义的全球结构形态及其在奴隶制与更早时期的深厚渊源（Gilroy 1993；Winant 2004）。

批评种族研究方法论通常与社会科学和人文学科领域的某些特定研究者群体联系在一起，比如黑人研究、后殖民研究和批判种族理论。兴起于美国法学院的批判种族理论的最初构想是将关注重点集中在法律、权力、种族歧视与偏见的错综交叉之上，这种相交性加剧了社会的结构性不平等（Matsuda 1987；Crenshaw 1988；Williams 1992；Delgado & Stefancic 1993；Harris 1993；Crenshaw etc. 1995）。哈佛法学院教授德里克·贝尔（Derrick Bell）是这一理论的最早几位倡导者之一，他写道：

> 批判性种族理论著述与演讲的显著特点表现为经常使用第一人称、讲故事、叙述、寓言、对法律的跨学科研究以及对创造性的大胆运用。这类工作常常是具有颠覆性的，因为它在反种族主义方面的努力已经不再满足于公民权、一体化、平权行动及其他自由主义对策。这并不是说批判理论的追随者们会自

动或一致"丢弃"自由主义观念或方法（很多批判法律研究的拥趸就是那样做的）；而是说他们用怀疑的眼光审视自由主义议程与方法，希望保留下他们认为有价值的平等主义的那种张力，这种平等主义并不是来自自由主义，相反它可以不管自由主义而存在。（贝尔 1995：899）

贝尔以鼓励用故事来将人们的注意力引向其他替代性视角和普通人经历而闻名。他认为，让那些在传统研究中通常是边缘化、失声的人们讲故事，对于将新的诠释引入学术界以及"表达那些无法通过现有技术有效沟通的观点"来说必不可少（贝尔 1995：902）。他继而解释："被种族化了的主体往往有着自己的观点，但很多人却对这些群体抱持着截然不同的观念。我更喜欢通过讲故事的方式与他们交流。人们喜欢听故事，常常会在听故事时暂时悬置起他们的信仰，然后再将他们自己的观点与那些在故事中得到表达的观点——而非我的观点——进行比较"（贝尔 1995：902；另参见威廉姆斯 1992）。

就种族问题而言，经验在如何理解这一问题上起着关键作用。例如，白人很少提到与白人特权有关的经验。在过去几个世纪里，废除与反种族隔离运动业已表明，白人的知识和权力形态积极否认种族主义与白人特权成其为一个问题。在美国，尽管有着奴隶制、内战、种族隔离这段漫长而血腥的历史和仍在继续的种族歧视，但很多白人今天仍断然否认白人特权的存在。然而，对有色人种来说，白人特权却是一种日常经验，他们在政府、经济、医疗领域，在他们的社区和学校里，以及还过于频繁地在新闻中发现它的身影。这是他们日常现实的一部分，这种经验如假包换。

方法论意义：批判种族方法论通常采用自下而上的扎根方法取向，并经常呈现那些使边缘群体尤其是有色人群得以自我表达的故事及叙事。讲故事常是和第一人称小说、访谈以及诸如自传等其他创造性形式相连的，但它也包括复述第三人称故事与叙事以及利用各种类型"材料""创造出复合人物并将其置于社会、历史与政治情境中来探讨种族主义、性别歧视、阶级歧视和其他形式从属关系"的叙事（Solorzano & Yosso 2002：33）。对于批判种族研究者来说，所有的学术研究都是由故事所组成的，因为并不存在完全客观的分析。主流学术研究赋予宏大叙事以正当性，这种宏大叙事呈现为脱离了文化背景、结构性压迫与历史记忆的政治中立的分析。因此，批判种族研究者的主要目标是促进作为一种抵抗与赋权形式的与之相对的故事讲述方式。

批判种族研究不断拓展的权威性和适用性以及它与阶级、性别、性、种族、宗教等方面的交集，从其远超出法学院范围的扩张及其对北美人文社会科学的重大影响中便清晰可见（Essed & Goldberg 2001；帕克和林恩 2002；Omi & Winant 2014）。它孕育了一系列亚运动，如批判种族女权主义（Wing 2000）、拉美批判种族研究（LatCrit）（Bernal 2002；Delgado & Stefanic 1998）、亚裔美国人批判种族研究（AsianCrit）（Chang 1993）、南亚裔美国人批判种族研究（DesiCrit）（Harpalani 2013），以及美国印第安人批判种族研究（TribalCrit）（Brayboy 2005）。批判种族方法论用"民族研究、女性研究、社会学、历史学、法学和其他领域的跨学科知识与方法论基础来指导研究，以便更好地理解种族主义、性别歧视和阶级歧视对有色人种的影响"（索洛扎诺和亚索 2002：27）。正如批判种族研究者所指出的："这对研究过程非常重要，因为它为批判种族研究者们提供了一系列可供考虑的研究方法论，尤其是那些为了比传统研究方法更好捕捉及理解边缘化群体经历而发展起来的方法论"（Malagon，Pérez Huber and Vélez 2009：254）。

对全球学研究的贡献：全球学研究与批判种族研究之间——就像全球学研究和女权主义研究之间一样——有很多重合（Wing 2000）。种族主义理论和种族化理论广泛的结构性影响正在慢慢地向北美学术界以外扩展，其独特的理论与方法论贡献不断促进着世界范围内对社会组织中根深蒂固的种族维度的学术关注。批判种族研究方法论为全球学研究提供了多种探讨当代复杂问题——如世界范围恐伊斯兰现象以及相伴生的右翼政治抬头、恐怖主义、世界很多地区的宗教冲突等——的方法进路。殖民主义与帝国主义逾百年的深刻历史在一些学者——引用杜波依斯的早期作品——所说的"全球种族分界线"中，又创造出新的文化分野线（Winant 2004；席尔瓦 2007；Lake 和雷诺兹 2008）。只要哪里有少数群体的立场和视角，全球学研究就会为被种族化人群的声音、为理解当前世界秩序的种族化结构，提供一个包容的、倾听的平台。

后殖民主义方法论

整体概述：批判后殖民主义方法论强调在历史上长期的殖民主义与当代帝国主义背景下的个人和集体经历。欧洲殖民主义的起源可以追溯到比哥伦布更早的 1095 年，当时教皇乌尔班二世颁布了一项名为 *Terra Nullius* 的法令，该短语意为"无人之境"。在为第一次十字军东征（1095—1099 年）的合法性创造法律框架的过程中，教皇宣布，根据罗马法，所有非基督徒所拥有的土地都属于实际上的无人之地。这便授予了欧洲基督教国家以占领和拥有非基督徒居住地的权力。那一刻，世界上所有非基督徒人口实际上都被非人化了，他们的生命、财产与自决权也随之一概被终止了。

正是从那时起，欧洲列强开始向外扩张并建立起它们的殖民地，这绝非巧合。在十字军东征的过程中，欧洲人占领了"圣地"以及地中海的部分地区。1453 年君士坦丁堡沦陷之后，葡萄牙人开始寻找通往东方的新的贸易航路，从而开启了"大航海时代"。欧洲人开始在北非部分地区和大西洋岛屿上建立殖民地。1493 年，就在哥伦布代表西班牙发现美洲大陆后不久，教皇亚历山大六世将新大陆的东部土地划给葡萄牙，而西部则归西班牙所有。其后 400 年间，葡萄牙、西班牙、荷兰、英国以及其他欧洲列强继续向世界上的其他地区开拓殖民。

500 多年来，欧洲殖民列强利用文化与种族优越性的意识形态来为其征服、灭绝、镇压、奴役及剥削殖民地人民辩护。那些后来最终占到世界绝大多数人口的殖民地人民在当时几乎无一例外地被视为低等人群，并被剥夺了最基本的公民权。

紧接着20世纪中叶如火如荼的非殖民化运动，很多前殖民地国家争取到了政治上的独立。然而，它们却很快又被主要西方国家统统归入"第三世界"并随之被边缘化。今天，许多前殖民地国家仍经受着由现代化、工业化及发展所造成的结构性支配、新帝国主义与种族冲突的新形式。世界银行、世界贸易组织等国际性组织通过结构性调整等实践以及与禁毒战争和反恐战争有关的国际政策，加剧了经济全球化与经济大开发的影响。在21世纪，后殖民时期中的大多数人口仍在为争取承认和平等对待而不懈斗争。他们的劳动力与自然资源被一点点抽干去为"第一世界"服务，但在非殖民化运动之后的五十多年里，他们仍无法平等地参与世界事务。

后殖民研究主要是与重新思考占主导地位的欧洲史学研究联系在一起的，这种史学研究将西方国家置于世界中心。后殖民研究提出了文化视角的多元性，挑战着欧洲文化因其基督教价值与科学理性而具有优越性这一观点。与南亚研究、庶民研究、文学研究以及对抵抗的分析相联系，后殖民研究于20世纪80年代首先从南方国家兴起，并随后越来越多地出现在盎格鲁—欧洲的大学院校之中（Prakash 1990，1992；Chakrabarty 1992；O'Hanlon & Washbrook 1992）。随着后殖民研究的扩散，关于其术语及政治议程的意义与范围的讨论也越来越多（Williams & Chrisman 1994；Schwarz & Ray 2000）。尽管这些讨论仍在持续之中，但将注意力转向后殖民视角最重要的意义仍然很有助益——那些使其既区别于包括女权主义、批判种族研究及本土研究等的其他批判性方法论，同时又与它们相辅相成的意义。

后殖民主义理论强调殖民地人民在塑造认识论、哲学、实践以及改变支配性的、想当然的西方主体与主体性认同过程中一贯的重要作用（Santos 2007）。后殖民主义学者把前殖民地人民和前殖民者之间的文化与心理关系摆在研究最显著的位置上，并主张只有将两者连同考虑时，才可能理解他们（甘地 1998 年）。后殖民主义学者承认，在不同体制下，有关殖民主义的经历也是各不相同的。尽管如此，研究者在关注具体情境时，时刻意识到宏观话语的持续性存在仍然非常重要，这些宏观话语假定了"文明""进步""守法"的欧洲人与"野蛮""滞塞""目无法纪"的当地人民之间的对立。因此，虽然前殖民地人民的经历各有其独特性，但他们也有着受殖民主义与仍在延续的新帝国主义统治的共同体验。

今天，后殖民主义研究得到了较之以往任何时候都更为广泛的承认（Darian-Smith 1996，2013b；Comaroff & Comaroff 2006；Mongia 2009；Dann & Hanschmann 2012），但这一讨论所使用的术语已经发生了变化以便适用于当前的地缘政治现实。早期的后殖民主义学者将其注意力集中于殖民国家与殖民地人民之间的关系，并用西方/非西方的二元语言构建起这些关系；与此相反，当代学者则从对具体国家殖民主义野心的考察，转向一种更全球化的后威斯特伐利亚世界观，这种世界观充分考虑了跨国、区域、国家、地方的历史、经济与文化进程（Loomba etc. 2005）。

在后殖民主义学者的视阈下，这一转向极为重要，因为它开启了一种包括所有受压迫群体在内的对话，这些群体在历史上一直都被作为殖民社会中的低等种族和民族来对待，无论他们是否认为自己曾受过殖民统治。这一转向也承认新形式的殖民主义，如印度尼西亚对东帝汶、埃塞俄比亚对厄立特里亚的殖民统治，以及以色列对巴勒斯坦领土的占领（参见 Weldemichael 2012）。它还同时考虑到西方国家在其前殖民地上继续施加经济和政治影响力或"软帝国主义"的新殖民主义活动（Nkrumah 1966）。重要的是，当今新殖民主义活动还包括了非欧洲的软帝国主义，比如中国对非洲自然资源的追求，以及刚果等地区发生的"新战争"，后者为外国资本家——经常与地方精英相勾结——对当地群体的攫取与剥削型经济打开了门路（Kaldor 2006；弗格森 2006）。

方法论意义：后殖民主义方法论聚焦于权力、种族和压迫问题，从而对欧美学术界内主流的社会科学与人文研究提出了挑战。后殖民主义学者强烈质疑人与人之间的权力关系，努力证明这些概念在历史上是如何被用来边缘化某些个体与群体并剥夺他们的权力的。他们尤其致力于批判西方现代性话语及其强加的各种观念，如时间、进步、发展等，这些观念赋予某些特定形式的知识与议程以特权，但却被看作具有普适性的（Escobar 1995；Ogle 2015）。

在实现这些目标的过程中，后殖民主义方法论"利用社会、文化和政治分析来着手处理殖民主义话语"，同时涵括了"传统上被排除在欧洲/西方的世界描述之外的人们的声音、故事、历史及影像"（Bauchspies 2007：2981）。而在探索跨国历史及政治进程，并继而将这些进程与身处其中的人们联系起来时，后殖民主义学者采用的研究框架不再必然地受制于民族国家，而是超越传统国际关系范式的（Amelina etc. 2012，第8章和第10章）。

对全球学研究的贡献：后殖民主义研究对全球学研究的方法论意义很大。和批判女权主义、种族研究和本土研究方法论相似，后殖民主义方法论特别重视通常被西方学术研究所无视的立场与视角。简而言之，这些批判性方法取向之间有很多重合；但后殖民主义研究更增添了一个纵深的历史维度，以及一种对于继续在当今全球政治经济与文化战争中发挥影响的南方与北方国家间结构性权力关系的关注。各国、各文化间的这些不对称权力关系加剧着当代的全球性问题，如大规模移民、恐怖主义与安全，以及气候变化对弱势群体造成的不均衡影响。

本土研究方法论

整体概述：世界各地的土著民族约有3.5亿人口，他们代表了多种不同的文化和语言传统，其文化与历史悠久、复杂而独特，但与此同时，很多土著民族又共同拥有有关殖民主义、帝国主义、排斥、整体边缘化以及种族灭绝的经历。

土著民族经常被笼统地归入"少数民族"范畴，很多土著人民反对这一分类,因为他们的社会早在殖民主义和帝国主义存在之前就已经遍布世界各地。现代欧洲殖民列强引入了现代自由国家的观念,后者又创造出国家公民、殖民地、多数族裔和少数族裔的类别。尽管"少数民族"被承认是现代社会的一部分,但他们中的多数都被推到了边缘、被迁移,要不就是被完全排除在现代社会之外。

对很多原住民来说,被征服与被殖民通常是以种族灭绝或同化的方式而被经历的。他们感染了新的疾病、被迫皈依基督教,而他们中的幸存者则通常会受到奴役或被迫迁移到边境上的保留地;那些试图保有自由——为抵制奴隶制,保护他们的家人、土地、文化、信仰和语言而奋起反抗——的人最终被殖民势力所歼灭;数以百万计的男人、女人和儿童遭到屠杀,整个地区人口锐减,其独特的文化亦就此销声匿迹。在很多情况下,人们在浩繁的历史卷帙中几乎找不到有关他们的一丝踪迹。于是,殖民者占据并定居于人口锐减的原住民土地,并从世界上其他地区带来了奴隶和殖民地劳工。

对不少原住民而言,始于征服与殖民主义的种族灭绝一直持续至今,而其中很多都具有政治、经济、社会隐蔽性(Moore 2003)。他们有些人不享有公民权或被归为二等公民,不受宪法保护或没有法定追索权。"同化""再教育""再培训"的国家政策经常被明确用以终结土著文化、语言及生活方式。他们中的很多人仍然无法获得医疗、教育或就业机会。此外,很多原住民如今还受到一系列全球性问题的困扰,这些问题涉及日益加剧的经济不平等、森林砍伐、采矿与资源掠夺以及气候变化的累积性影响。简言之,许多人至今仍在奋力摆脱非人化,努力重获人性化及其被剥夺的生命、财产与自决的基本人权。他们仍在努力寻求尊重以及对其世界公民身份的承认,努力保留他们自己的文化认同与信仰,而不再被迫皈依别人的宗教或强行被北方国家人民视为理所当然的现代主义、民族主义、资本主义和消费主义的意识形态所同化。

方法论意义：本土研究学者群体正围绕着可被统称为的本土研究议程发展起一套研究项目与方法的广谱。这项研究议程源起于更大范围的全球原住民运动，后者致力于通过非殖民化寻求改变，并要求在新形式知识生产过程中占有一席之地（Mutua & Swadener 2011）。该议程特别对西方学者可能并不熟悉的概念、因果逻辑和非线性时间框架予以确认，同时它还吸收了非常规的文本与美学形式，如歌曲、听觉传统、象征及仪式，这些在土著民社区中经常扮演着重要角色（Allen 2012）。

非常简单地说，一项本土研究议程是由土著人民"使用从其传统与知识中汲取的技术和方法"进行的研究，也是为了土著人民而进行的研究（Evans etc. 2009：897）。琳达·图希瓦·史密斯（Linda Tuhiwai Smith）从一名生活在新西兰的毛利女性的视角出发来写作，她将一项本土研究议程比喻为潮汐的涨落，而这个潮汐的比喻则是从太平洋沿岸靠海洋而生的人们那里借鉴所得（见图10）：

虽然可以列举出很多不同的方向，但图10采用了毛利人所使用的四个方向：北方、东方、南方和西方。潮汐代表运动、变化、过程、生活，以及观念、反映与行动的向内及向外流动。此处列举的四个方向——非殖民化、疗愈、转型和动员——代表各种过程。它们本身不是目标或目的所在，而是联结、推动和厘清地方、区域与全球之间张力关系的过程，这些过程可以融入实践及方法论之中（Smith 2012：120）。

本土研究议程

"在一项研究议程中，民族自决不仅仅是一个政治目标。它已成为一项有关社会正义的目标，并通过心理、社会、文化与经济等广泛领域得到表达。"

《非殖民化方法论》，116

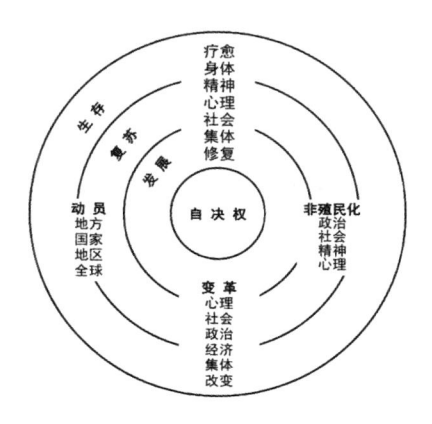

图 10　琳达·图希瓦·史密斯《非殖民化方法论：研究和土著民族》
（2012 年）中的本土研究议程

　　本土研究者所进行的学术研究与非本土研究者的研究之间的差异在加拿大、澳大利亚、新西兰、南非、印度和美国的英殖民社会中尤为明显（Cavanagh & Veracini 2013）。而在非洲大陆、中东地区和更大范围的亚洲地缘政治区域的后殖民语境中，当地学者也在从事着本土研究。

　　非殖民化方法论在本土学者中找到了既定受众群，而越来越多的非本土学者也开始重视起它们来了。正如 Norman K. Denzin 和 Yvonna S. Lincoln 在《批判与本土方法论手册》的序言中所指出的：

　　我们相信，在过去 25 年间，一大批本土学者和非本土学者已经进入了我们试图在这本手册中描绘的领域。这些学者来自很多不同国家及学科领域，从医疗保健到商业、组织研究、广告和消费者研究、教育、通信、社会工作、社会学、人类学、心理学、绩效研究和戏剧等。他们致力于使用定性研究方法来实现社会正义的目标。(Denzin & Lincoln 2008：xii – xiii)

　　随着更多的本土学者——尽管总人数依然不多——在大学里找到教席并通过其教学与研究要求占有"一席之地"，他们的非殖民化观点对主流学者的吸引力与日俱增，这些主流学者们越来越难以完全忽略或回避它们（Clifford 2013）。对本土方法论的接纳可被理解为非本土学者的一种伦理回应，他们承认非西方知识与实践的平等的尊严及权威。但同时它更多的是对于处理与非本土经验没有太大关联的社会问题的一种务实回应。例如，南澳大利亚大学人口健康研究中心正在进行一项关于在偏远的澳大利亚土著社区中环境因素对心血管代谢健康的作用的深入研究。① 该中心关注人们生活于其中的更大环境，正是后者最终影响着他们实践更好的健康行为的意识与能力。对原住民如何参与并体验其环境——或者是持续性的殖民压迫、或者是公共投资的民族自决的空间——的理解可以转化为有关生活方式的更佳选择与实践。

对全球学研究的贡献：本土方法论正不断深入欧美学术界之中。本土分析具有对土著人民历史上所受压迫的全球维度的敏感性，并恰切地将殖民主义视为一种掠夺土地和榨取资源的全球现象，而非局限于任一民族国家的具体情境或框架。在本土研究中，"通过本土读解全球"并在此过程中挑战主流政治理论、抵制"一种源自帝国统治迷梦的地理学"的趋势日益增强（Magnusson & Shaw 2003：viii）。此外，本土方法论正在使欧美学术界的大门向非西方知识与土著人民的经历敞开。考虑到凸显了长达数个世纪之久的全球帝国主义与资本主义殖民扩张浪潮的压迫与暴力史，全球学研究者应当对本土视角尤其保持敏感。我们希望在未来几十年里，本土方法论将在全球学研究中被更广泛地接受。

---

① 环境和偏远地区土著心血管代谢健康（EnRICH）项目，下载于2016年1月31日，http://www.unisa.edu.au/Research/Sansom-Institute-for-Health-Research/Research/CPHR/Spatial-Epidemiology-and-Evaluation/EnRICH/。这类研究借鉴了本土方法论，并力图将后者的一些视角融入其自身的方法论中。该方法包括整个项目周期中利益相关者的参与及部落地图，从而在项目实施过程中建立起定期的反馈和灵活的数据收集方法。通过这种方式，研究对象本身便在一定程度上塑造并决定了该中心的研究目标。这种方法论进路将有望促成更有效的公共卫生与政策创议，最终更好地为土著社区服务（另可参见 West 2012；Hole 2015）。

全球学研究方法论策略

居于新兴的全球学研究领域核心的是一种涉足广泛文化、种族、政治、经济与社会议题的明确努力，正是这些议题塑造着我们的世界以及每个人在其中所处的位置（见第二章）。基于边缘人群经验的批判方法论能够为全球学研究者提供理解他们及其所面临的问题的新途径。通过与女性社会运动、议题与立场相结合，把握地缘政治秩序的种族化结构，对殖民主义的长期历史与传统及帝国主义的持久形式保持敏感性，以及接纳本土观点与不同理解方式，全球学研究者有能力探讨仍在持续进行中的边缘化与后殖民进程——尽管是在新的伪装之下。这一深入相交的方法为全球学研究者提供了更深刻、更具批判性地理解全球化及全球问题的机会，这些全球问题常常是以价值中立的经济决定论、对政治权力的浅表分析以及对全球社会组织的狭隘解读来表达的。

全球学研究极大地得益于所有这些批判方法论；假如没有它们，我们很难想象会出现全球学研究。诸如本章中所讨论的女权主义、种族、后殖民和本土方法论等批判性方法论强调了一种适应自下而上视角、聚焦多种相关的历史、限定情境同一性、在概念上超越民族国家范式，并从权力和谁代表着谁以及对谁行动的意义上进行思考的需要。也许最重要的是批判性方法论突出了这样一种必要性，即对个体和群体认识、概括、理解及叙述其经历与主体性的多元方式的承认、领悟和学习。正如本土研究者 Margaret Kovach——萨斯喀彻温南部 Pasqua 第一民族成员——所提醒我们的："我们是站在自己的立场上了解到我们所了解的事物，对此我们必须坦诚"（Kovach 2009：7）。

我们认为，全球学研究方法论最深远的贡献之一是它培育了一种深度相交的全球学立场理论。全球学研究承认每个人都有其不同的立场，因此它倡导跨文化诠释、混合的主体性、世界主义以及不容忽视或低估的认知与存在的多元方式。全球学研究认识到联合国、世界银行等机构和组织的某些观点必须予以认真对待，正如反核运动或劳工运动等社会运动的观点也应予以重视一样。简而言之，一种全球方法论策略就是跨越多元的认识论和立场、在其内部以及在它们之间展开研究，从而用多种视角理解一个问题或议题。难民营里一名深肤色穆斯林妇女的立场凸显出享有特权的北方国家学者的立场在试图理解其处境时的局限性。对局限性的承认是使全球学研究如此独特和重要的核心所在。这并不是说研究者必须对关于每一个问题的全部视角都作出回应——那是不可能的。但研究者确实必须认识到其他立场的存在，认识到它们的重要性和价值，认识到它们的存在本身就凸显出那类仅表达研究者观点的分析的不足与局限。就是这么简单。

全球学研究者能够从那些使用批判性方法论进路的学者那里学到很多（参见 Sandoval 2000）。倾听那些通常在学术界内得不到充分表达的学者群体和社会部门的声音并向他们学习，为发展新的研究方法论、新的数据收集方法，以及为探讨当今世界复杂性的学术研究搭建理论与概念框架的新途径提供了机遇。批判性方法论取向强调三个要点，全球学研究者应特别注意：

1. 方法论——如同支撑它的许多理论一样——代表着一个动态的过程。方法论不是静止的研究策略，相反它是不断发展以回应新的研究问题与新议程的。

2. 批判性方法论试图重构我们的概念与分析框架，以便融合新的视角、认识论、议题、对话、声音、合作及语境。大多数批判性方法论策略的灵活性及其主要由问题驱动的进路态度鲜明地触及社会正义问题，因此与很多全球性学术研究高度相关。

3. 无论学者或学科公开承认与否，所有的方法论策略都具有政治属性，而且它们往往与伦理选择和道德立场深度交织在一起。比如，一名特意采用批判种族方法论的学者，通过这种选择，有意识地试图拓展学术合作、使其超越传统理解，后者常常在不经意间边缘化了对种族主义的分析。同样，声称其研究方法论无涉政治或者是客观的，则忽视了欧洲帝国主义统治的悠久历史，正是这段历史将北方国家置于世界知识生产的权威中心，并进而维系着欧洲思想普适性的断言。

当然，如同社会批判理论，批判性方法论并不是对所有形式的全球学研究都不可或缺的。正如本章开头所述，在全球学研究中，所有的方法都是可用的，就像所有的方法论策略也都可用一样。无论你选择使用定性、定量还是混合方法，或者无论你选择采用常规的还是批判性的方法论策略，这些完全取决于你自己。你所选择的方法将取决于研究项目的性质、回答研究问题所需的数据类型、研究情境以及资源的有效性。

也就是说，作为调查领域的全球学研究为同时使用多种批判性方法论提供了一个平台，而批判性方法论可以为我们提供用来构建更包容的全球学学术研究的重要基石。通过接纳批判性方法论视野以便从多样化的观点与主体性立场来更好地理解现实世界中的社会正义问题，全球学研究者有望能够跨学术领域并同时和全球东西南北的学者交流。接受批判性方法论也意味着全球学研究者将能更好地与除了学术界以外的受众交流，其中可能包括了卫生组织、法律和政策制定者、公民社会社团、社区组织、教师、医生、心理学家、城市规划者、工会组织者、资本家、政客以及各类政府与非政府机构，这些受众横跨地区、区域、国家、跨国和全球部门。

下一章中，我们将结合研究设计（第四章）与研究方法和方法论（第五章）来探讨采用多维个案研究法的优势（第六章）。这种方法提供了一条便捷途径，从而使我们能够累积融合截至目前有关一个可行的全球学研究项目之构成要件的全部讨论。事实证明，无论我们的年轻学生还是资深同事都可以很顺手地使用多维个案研究法。阐明什么是多维个案研究，提供一条切实可行的前行之路，并回答本书开头的那个中心问题：即作为一名独立研究者，你如何开始切入全球学研究的艰巨任务？

第 六 章

全球学个案研究方法

本章概述全球学研究的个案研究方法。个案研究法并不新鲜，但此处我们所提出的综合方法使这一方法更适应对复杂全球环境的研究以及我们认为它们所要求的理论与方法上的灵活性。我们的经验表明，这里所概述的综合方法可行而灵活，从而对新学生和经验丰富的研究者来说都很有价值。我们并不是指这是进行全球学研究的唯一途径，显然有很多不同的方法论可被用来研究全球问题（见第五章）。我们的观点简单地说就是，此处所详述的方法已被证明能够帮助各种技能水平且时间、资源都很有限的研究者有效开展全球学研究。

就像本书前几章中已经指出的，全球学研究带来了一系列令人却步的方法论挑战。在第一、第二章中，我们提出全球规模问题复杂而又互为关联，它们有许多活跃在地缘政治边界和整个本土—全球连续统一体上的相交维度。在第三章中，我们指出用来分析全球规模问题的跨学科理论与分析框架同样必须是多样的、复合的，它们来自整个社会科学和人文学科领域以及全球南北的学者。在第四章中，我们讨论了发展一个全球学研究问题并实践一项恰切的研究设计的价值。在第五章中，我们提出全球规模问题常要求多方法的策略，这些策略有能力在本土—全球连续统一体的不同位点上、从多个角度回应多面向的问题。乍看之下，所有这些要求使全球学研究的方法论挑战更加令人气馁。

幸运的是，我们发现开展全球学研究并不一定那样繁复，对于全球问题仍有一些可控易行的方法进路。全球学个案研究便是可简化这一过程的一种可能的方法综合。但在讨论全球学个案研究之前，简单回顾一下传统的个案研究法也许是有帮助的。

个案研究法

注意不要把个案研究法与教学中经常使用的案例教学法相混淆（参见 Lynn 1998；Anderson & Schiano 2014）。此处所论述的个案研究法连同调查、统计建模、实验和历史比较研究一起，都属于研究方法的一种。

现代个案研究方法发端于 19 世纪的物理和医学科学。其中一个比较著名的例子是 Jean Itard 对"阿韦龙野孩"的研究，该男孩是于 1798 年在法国的一片森林里被发现的（Itard 1802）。另一个例子是约翰·M. 哈洛（John M. Harlow）博士对菲尼亚斯·盖奇（Phineas Gage）的医学研究，该男子在一次事故中被一根大铁棒刺穿头骨，自此之后其行为就发生了剧变（Harlow 1848）。到了 19 世纪 30 年代，这种方法已被用于社会科学研究，弗雷德里克·勒普莱（Frederic Le Play）的《欧洲工人》（*Les Ouvriers Europeens*）便是其中一例，这是一组有关欧洲工薪家庭 36 个典型家庭预算的系列专题（Le Play [1855] 1878）。到了 20 世纪初，作为一种独立研究方法的个案研究已得到广泛应用（Mills etc. 2010：xxxi）。

西格蒙德·弗洛伊德（Sigmund Freud）和让·皮亚杰（Jean Piaget）都使用并进一步规范了个案研究方法。弗洛伊德使用个案研究来探究其病人的历史及症状。他从这些案例中汲取素材，阐述了后来著名的关于无形人格结构与功能的理论。弗洛伊德理论的很多方面都受到了批评，但他所使用的个案研究法使他能够发展起基本的语汇与分析性概念，这些语汇与概念在心理学以及更大范围的社会领域至今仍然具有影响力。最初受到弗洛伊德的影响，皮亚杰在对儿童认知过程的研究中也应用了个案研究。皮亚杰在促进发展心理学,尤其是与儿童教育有关的发展心理学方面贡献非常重要。此外,就像我们在第三章中讨论的,皮亚杰对于引入跨学科性概念以及在一个整体框架内探索知识建构也起到非常重要的作用。弗洛伊德和皮亚杰共同强调了个案研究法的重要价值,此后该方法就被广泛应用于自然科学、行为科学、社会科学的众多学科之中(Mills etc. 2010:xxx)。

简单来说,个案研究法是对当代现实世界中某一现象的深入分析,它能与更大领域中的类似案例及其社会和历史背景进行比较。正如 Carla Willig 所主张的,个案研究的"主要特征并不在于用来收集和分析材料的方法,而是它们将关注焦点集中于一个特定的分析单元:一个个案"(Willig 2008:74)。个案研究的对象(如某个人、某一社区、机构、事件)为分析研究的客体(如不平等、政策影响、精神障碍)提供了佐证。个案研究通常从详细描述开始,这类描述以对某一对象较长时间的近距离实证观察为基础(Creswell 2013)。个案研究法依赖多渠道的证据来源以及多样化的研究方法,这些方法可能是定性的、定量的或兼而有之,在此意义上,个案研究法具有整体性取向(Yin 2014:62)。

个案研究可以只聚焦于一个通常与更大领域内多个案例相关的个案,它也可以直接对两个或更多案例进行比较。依据所使用的分析框架(理论或概念进路),研究者可以为各种不同目的、通过各种不同途径选择要研究的案例。大部分个案之所以被选中,是因为它们具有典型性、关键性或特殊性。典型个案代表了某类常见事件或规范,它们对于进行探索性研究、建立基本语汇或发展一般类型非常有用。关键个案并不一定代表某个群体,之所以被选中是因为它们突出了分析的某一特定方面或特征(如违反规则、矛盾、缺陷)。特殊或异常个案通常被用于阐明某一领域中案例间变化的极端情况。

出色的个案研究超越学科框架,并影响了个案研究法在不同领域中的使用方式。这方面的例子很多，其中关键的一些包括：

·布罗尼斯瓦夫·马林诺夫斯基（Bronislaw Malinowski）《西太平洋阿尔戈尧人》（［1922］1984）

·罗伯特·林德（Robert Lynd）和海伦·默瑞尔·林德（Helen Merrell Lynd）《米德尔敦：当代美国文化研究》（［1929］1956）

·威廉·福特·怀特（William Foote Whyte）《街角社会：一个意大利人贫民区的社会结构》（［1943］1955）

·约翰·金索普（John H. Goldthorpe）、大卫·洛克伍德（David Lockwood）、弗兰克·贝克霍费尔（Frank Bechhofer）和詹妮弗·普拉特（Jennifer Platt）《阶级结构中的富裕工人》（1969）

·奥利弗·萨克斯（Oliver Sacks）《睡人》（1973）

·米切尔·杜艾伊尔（Mitchell Duneier）《斯利姆的桌子：种族、体面和男子气概》（1992）

·迪亚娜·沃恩（Diane Vaughan）《挑战者号发射决策：美国宇航局的风险技术、文化和偏差》（1996）

尽管不同学术领域是通过不同方式使用个案研究法的，但该方法的一些特征在各学科中还是相对固定的。概括地来说，个案研究的特征：

·依赖于直接观察，并且是实证的
·聚焦于一个具有现实意义的具体个案
·认识案例的复杂性
·探索一个问题的多种面向
—多种可能原因及潜在结果
—多元行动者，包括个体、群体、组织、政府
—相互冲突的期望、规则、法律和文化规范
·认识到个案的不同面向会通过复杂的方式进行互动
·深度剖析每一个案
·采用整体性方法取向，从多个视角理解个案
·认识到个案研究可以是跨学科的

・认识到个案研究可以通过混合方法进行分析（Yin 2014：103）

・认识到个案往往有其历史维度，这一维度能够对它的某些方面作出解释

・将个案置于可进行比较的案例领域之中

・比较两个或以上案例

・应用一个或多个概念或理论来解释实际结果

・理解分析是依赖于分析者的诠释能力与洞察力的

上述特征表明了个案研究法适合于：

・众多分析框架

・多种数据收集方法

・混合的定量与定性方法

・探索性与解释性相结合的方法

・实证与诠释相结合的方法

综上所述，个案研究方法特别适于研究复杂的社会互动，而这正是传统单一方法的研究设计通常很难捕捉到的。同时，个案研究方法的历史与整体性维度也使其非常适于研究具有历史维度或存在于一段时期内的社会互动。当研究者希望超越社会语境中"是什么？"和"有多少？"的问题、转向提出"如何？""为什么？"以及"这意味着什么？"的问题时，个案研究法便脱颖而出（Yin 2014：5-6）。最终使个案研究方法适用于众多的不同领域，尤其是全球学研究的是它能够产生对多面向问题的多视角分析。

一种全球学个案研究方法

应对全球进程的挑战需要一种能够回答我们在前几章中所讨论的各种复杂的全球性问题的新方法。为此，我们提出了一种对传统个案研究方法的改编，它能够从多种分析视角出发回应多面向、多维度议题。这里所概述的方法明确将个案研究置于全球语境中，这

一全球语境包括但不限于以下维度：

- 本土—全球连续统一体
- 空间和地理维度
- 时间和历史维度
- 相交的政治、经济、社会和文化维度
- 相交性维度（如种族、阶级、性别、民族、宗教）
- 全球伦理维度（如结构性不平等、不对称权力关系）

我们提出的方法论综合建立在几点深刻理解的基础之上：

1. 本土与全球是相互建构的，因此大部分全球问题都可以从本土的角度切入研究。正如第一章所讨论的，即使最大、最抽象的全球问题也会在现实世界的普通人生活中有所体现，从而能够在本土层面上加以研究。只要研究者认识到本土—全球连续统一体是一种互构过程——全球是寄于本土的，而反之亦然——便能够在几乎任何时候、任何地点研究全球问题。研究者可以通过任何一家零售商店、任意一个人的生活史或任何一条提供晚餐食物与水的供应链来研究全球性。简而言之，要使本土个案研究具有全球性，只需理解正被探索的问题中各种全球性维度间的联系与相互影响。

2. 很明显，每一个实质性全球问题都具有多重维度。调查全球问题之本土表征的研究者往往会找到他们所留心寻找的每一个相交维度。这个议题是否具有政治、经济、社会文化、宗教、历史与空间维度？答案几乎当然会是："是的，我的研究中包含多重全球维度。"种族、民族、性别与阶级之间的多重相交与该项研究是否相关？同样，答案几乎肯定是"是的"。当学生们仔细审视时，他们会发现即便不是所有这些维度，但其中很大一部分不仅存在着，而且还与他们的分析相关。

3. 任意给定的一个全球性问题都很可能是与其他的全球性问题相互关联的。正在调查某一个看起来像是当地环境问题的研究者，可能会发现他们的问题受到全球气候变化、全球市场力量、国际移民、地区冲突或其他许多全球问题的影响。只要研究者随时注意这些互动,就很可能发现上述任何一个或全部维度都与其研究相关。方法论上的问题并不是相交维度太少;实际情况几乎总是相交维度要比我们所想象的或知道该如何处理的更多。

4. 正如我们在本书中自始至终所指出的那样,使某个议题或过程具有全球性的是研究者提出的研究问题,这些研究问题揭示出该议题或过程的全球维度,即使表面上看来它是小范围、本土化的(Darian-Smith 2013c)。因此,要使研究项目具有全球性,研究者可能并不需要更改他们所研究的内容,甚至不需要改变他们进行研究的方式。研究者几乎可以使用任何一种分析框架或方法论来开展全球学研究。他们只需提出那类触及多重全球维度的问题,这些维度几乎总是存在于紧迫的现实议题之中并与它们相关。就像我们在第四章中所讨论的,发展一个全球学研究问题常常涉及批判性、反身性及伦理因素。除了在许多学科中都成其为好的研究问题所具备的共同特征之外,全球学研究更偏向这样的问题,它们重视全球语境和本土—全球连续统一体,故而具有本质上的全球性。承认各种政治、经济与社会文化过程的相互联系并不是一个好的全球学研究问题的目的,相反只是一个起点。全球学研究问题深入检索这些相交的历史连续性,并进而质询这些相互联系是由谁、为什么以及具体如何贯穿于本土—全球连续统一体显现出来的。

寻找一个焦点

如果说开展全球学研究的第一个诀窍在于发展一个好的研究问题,那么第二个诀窍便是要找到一个与你的案例研究主题相关的焦点。鉴于全球学研究的目的,焦点几乎可以是任何事物:某一地点;一个人或一组人;某个节日;某家当地企业或跨国组织;某种社会、经济或政治进程;或者,正如我们将看到的,甚至可能是某件物品,比如一件T恤或一条鱼。焦点的最重要特征在于,它是处于研究者想要调查的那些全球议题与维度的交叉点上的。

就像我们已经提到的,当研究者学会理解全球维度时,往往会发现他们的主题正被越来越多的全球维度贯穿。起初，他们可能会把各种穿过其兴趣领域的全球维度看作单独的问题。当各种横切问题进入视野时，它常常像一堆看似毫无关联的维度的大杂烩（见图11）。

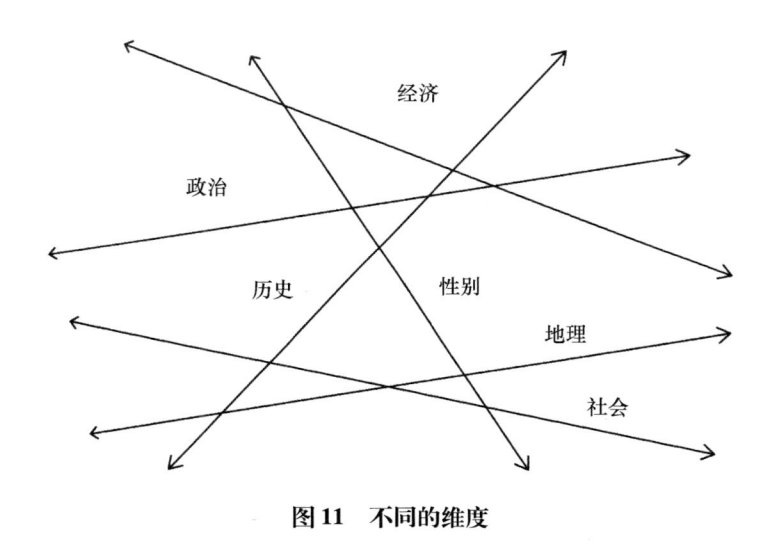

图 11　不同的维度

而确定一个焦点将会给杂乱无章的状态带来秩序。焦点是你想要研究的全部维度的相交之处（见图12）。

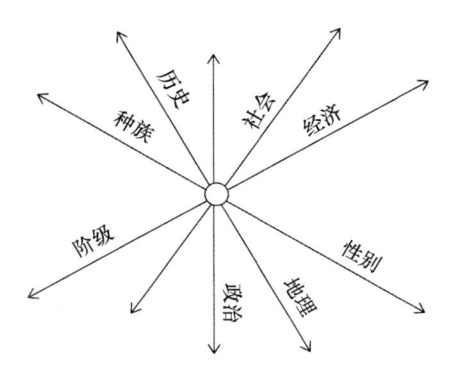

图 12　在同一焦点上相交的各种维度

对学生来说，要在现实世界中找到一个他们所感兴趣的所有问题相交所在的焦点可能是一项有难度的练习。但我们想要澄清一点，即寻找一个焦点是一项有价值的练习。它是有诀窍的；它能够被学会，而且会变得更容易。

以供应链研究作为确定一个焦点的例子。一些有关全球进程的最早、最著名的研究都是追踪着某一件产品，比如一件 T 恤或一双鞋子，而贯穿整个全球供应链的（Bateman & Oliff 2003；Iskander 2009）。商品链研究可被用于调查某一件产品从原材料的最初收集、通过国际生产链以及分销和零售市场、到被消费、再到垃圾处理场、最后重返自然环境的生产过程（Rivoli 2005；Hohn 2012）。通过这样的方式聚焦于一件产品在全球供应链中的生命周期，使研究者能够凸显出全球商品链日益增加的复杂性。它还可以阐明一系列范围大到惊人的社会、政治与经济问题，包括自然资源的消耗、人类劳动的剥削、人权、经济发展、国际贸易以及大规模生产和消费的文化与环境影响。通过选择一个焦点并提出恰当的问题，一名全球进程研究者可以使用某一件客体来展示这些看似迥异的议题实际上是如何相互联系的。

焦点的另一个例子是某条鱼的生命周期。试想一下追踪某条鲑鱼，从其出生于某条河流的源头开始，到它顺流而下进入沿海水域和海洋，再到最终逆流而上，再次回到水源上产卵。这条鱼的迁徙路线将触及一系列环境问题，比如水污染和生物多样性，以及围绕着水质、休闲划船、旅游业、捕鱼和物种保护等问题的监管实践。这条河可能会在某个点上穿过部落领地，这就可能引入与土著文化、宗教、传统与主权相关的主题。这里可能存在着与水坝、供水、农田灌溉和水电能源生产有关的问题，而食品法规以及洲际运输与贸易差不多总会卷入其中。如果我们的小鲑鱼足够幸运，她就可能在河流中生存下来、穿过河口、游过高度管制的沿海水域，并进入国际海域。在此处，这条小鱼可能在海洋渔业、相关法律与国际条约中扮演了一个虽微小但却重要的角色，甚至可能成为国家与商业捕鱼者之间冲突的客体所在。关键是即便一条鲑鱼也可以充当各种相交的全球进程的一个焦点。

公平贸易研究的练习

研究者一旦学会明确地将各类跨越本土—全球连续统一体的问题纳入研究，要找到一个焦点就变得容易得多。为了向我们的学生们证明这一点，我们经常使用公平贸易这一主题。我们会提出这样一些问题：研究者会怎样着手研究公平贸易营销对咖啡生产的影响？如果有的话，在你当地的咖啡店购买贴着"公平贸易"标签的咖啡，对发展中国家的咖啡种植工人有什么影响？在这一练习中，我们假设公平贸易咖啡的供应链始于南方国家的种植园、经过全球市场和区域大宗分销、最后止于零售消费。不难想见，像公平贸易这样的主题可以在这条供应链上从生产者到消费者的任何某个节点上加以研究。面对如此之多的选项，研究者要如何着手确定一个焦点呢？事实证明这并不像听起来的那么困难。

为了完成练习，我们选择了一家公平贸易咖啡合作社作为我们的焦点。该合作社是由来自哥斯达黎加某个特定地区的咖啡种植者所组成的，但我们也可以从世界上几乎任何一个地方挑选某家合作社。将公平贸易研究聚焦于这类合作社上有许多好处。首先，该合作社本身的网站就清楚表明，其创立目的旨在充当当地种植者和世界市场之间的枢纽，有意识地、明确地使地方与全球接轨，反之亦然。只要选定这一区域性合作社，我们便已然将研究置于一个中间点上，使我们能够非常容易地触及整个本土—全球连续统一体。

在此例中，合作社网站还特意罗列了公平贸易合作社成员为当地咖啡种植者带来的特别好处。它所罗列的益处，甚至它们的排列顺序都非常有意思：

- 团结
- 增加了的土地使用权
- 更好的薪酬和就业保障

- 健康福利
- 家庭教育

它所宣称的这些好处每一项都可以转化为一个研究问题，从而能够将学生引向回答关于公平贸易对当地种植者之影响这一原始问题所需的证据材料。在本练习中，我们要求学生以合作社的这些声明为基础来发展一组研究问题。其结果就呈现为丰富多样的问题。在这一语境中，什么是"团结"、为什么它被列在首位？加入一个公平贸易合作社是否就能显著增加咖啡种植者的土地使用权？合作社的某些声明甚至可以直接转化为可检验的假设。合作社的种植园工人是否比其他工人有更好的就业保障？他们是否享有更多福利，比如教育和医疗？

在本例中，本地咖啡种植者——包括公平贸易合作社的成员与非成员——为我们提供了很多现成的可比案例。其中还涉及其他很多行为者，包括跨国公平贸易网络、政府官员、合作经营者、种植园主、种植园工人及其家庭。关于这个问题，每一组行为者几乎肯定都会持不同观点。对于大多数学生来说，理解如何利用合作社作为一个焦点建立起许多可行的研究项目就不那么困难了。

此外，作为练习的一部分，我们还要求学生通过仔细审查咖啡零售商在其公司网站上的声明来研究分销商的视角。这些声明经常是以不同于生产者的措辞来表述的。那些主要的咖啡零售商使用诸如责任、企业社会责任（CSR）、公正、道德、公平、可持续性和透明度等措辞。为完成这项练习，我们要求学生们在校园里的同学间进行调查，询问后者有关公平贸易咖啡对其他国家的咖啡生产者具有或不具有哪些影响的意见。学生们的回答为我们了解消费者对公平贸易之目的及其影响的预期提供了一条捷径。大多数学生对其预期的表达又是非常不同于生产者和分销商的。学生们更倾向于使用公平和社会正义等语汇。

公平贸易的例子说明了微观与宏观分析以及定性与定量方法都可被用于对作为一个焦点的合作社以及穿插其间的不同全球维度进

行研究。一个焦点使全球学研究者能够创造性地运用各种理论与方法进路来探索手头上某一问题的不同切面。制定一套旨在探讨有关公平贸易的不同视角的研究策略为我们的学生理解焦点并学会如何将一项有关全球进程的可行性研究付诸实施提供了一种易于掌握的方式。

无论是供应链、鲑鱼或是咖啡合作社，这些例子中的焦点既是作为一个概念重心，也是作为一面用来探索那些恰好相交于该点的多面向全球议题的折射透镜。这一方法允许研究者专注于某一个案，但同时还为他们提供了将个案与更广泛的全球事务联结在一起的途径。我们发现全球学个案研究方法使学生们能够用一个案例，如人口贩卖的案例来研究全球人口贩运问题。无论选择哪一个人口贩卖的个案，这种方法都可以让学生对他们的具体个案作出回应并进而思考全球人口贩运问题及其多种维度，而无须对世界各地所有形式的人口贩卖活动都加以关注。此外，他们还可以在无须涉猎全部有关性别、种族与阶级的文献情况下，讨论其具体人口贩卖个案的各种性别、种族和阶级维度。

自由、连贯和可控

一个焦点允许研究者将复杂性集中于某一具体地点、事物或过程。一个焦点能够以在分析意义上富有成效的方式使全球学研究本土化、具体化、人性化与个性化，从而使研究复杂的全球规模进程对大多数研究者来说更具可行性。一个焦点还提供了概念上的清晰、分析上的自由，以及研究项目在实践上的可控，从而使研究者有可能在对他们来说通常是有限的时间与资源条件下形成一个清晰连贯的项目。

假设一名学生决定研究诸如性别、环境与不平等问题等极为抽象的议题所交会的领域。其中每一项都是一个宏大的题目，相关文献也浩如烟海。但有了一个焦点，研究者便只需负责解释一个真实案例即可。他们可以选择探讨种族和不平等是如何影响该具体个案的，但却无须对这些宏大问题的全部相关文献加以总结。研究者的责任只是探讨这些主题是如何转化为具体个案中的因素的。简而言之，通过个案研究方法，研究者无须对马克思、迪尔凯姆、韦伯、杜波依斯以及紧随其后的每个人的著作都进行总结。他们只需体现那些直接涉及其具体个案的文献的特定方面。

我们承认研究者能用于寻找合适焦点的时间是有实际限制的。但同时，我们也不希望学生们满足于一个不允许他们研究所有他们可能希望研究的问题的焦点。作为研究者和教师，我们的经验表明如果学生们不断寻找、深入他们的主题、更多地阅读和学习，并且去结识更多在他们感兴趣的领域工作的人们，他们差不多肯定能找到一个焦点，在该点上他们感兴趣的那些议题都汇聚在某个具体案例之中。一旦被找到，这个焦点就能作为设计一项可行且相对可控的全球学研究项目的起点。而研究者最初在寻找一个好的焦点过程中所付出的努力，会在项目的清晰性和可控性方面得到成倍的回报。

一个焦点还为研究者提供了清晰连贯性。找到一个具体焦点能够改变他们讨论通常非常抽象的观点的方式。作为教师，我们经常会捕捉到学生由提及无形的、含混的兴趣点到描述他们感兴趣的具体有形的例子之间的那种转变。简而言之，有一个焦点能够节省时间、金钱以及研究者的心智！出于这些原因，花时间去寻找一个焦点几乎总是值得的。

多维方法论

一旦研究者阐明了核心研究问题并确定了研究焦点，下一步就是围绕这一焦点设计一项可行的研究项目。而这便是多维个案研究的切入点。一项个案研究可以集中于一个对象或案例，但该对象并不是研究的最终目标或目的，而是探索全球议题如何活跃于本土—全球连续统一体上的一个起点。

多维个案研究的构成要素与常规个案研究基本相同。记住在常规个案研究中总有一个真实对象或案例作为焦点。这个对象几乎可以是任一独立的真实单元（如个人、团体、机构、事件），而那些使研究者感兴趣的全球议题正相交于此。研究者对该对象进行实证、深度的历时研究，并将其与其他可比案例相关联。对该对象的实证研究应能获得在某种程度上与研究客体相关的证据材料。

在全球学研究中，研究客体几乎可以是任何政治、经济或社会文化议题。全球学案例可以通过使用一种或以上的分析框架加以分析。该框架应明确将研究对象与一个或多个全球议题联系起来（如不平等、宗教冲突、移民、气候变化、新兴经济体、商品链、全球市场）。这些分析框架也应明确将研究对象与客体置于本土—全球连续统一体上（如地方的、州的、国家的、区域的、跨国的和/或全球的）。此外，只要是分析所需要的，这些框架还可以包含其他全球维度（地理的、历史的、相交的、伦理的等）。

就像常规个案研究法一样，多维个案研究应始于对某一具体个案的近距离实证观察与详尽描述。正如第五章所明示的，对于哪些种类实证方法可被用来收集有关个案的证据，并不存在什么限制。在全球学研究中，研究者差不多可以使用任何已被证明能够生成可靠证据的学术方法。同理，研究者也无须对其分析中所使用的分析框架、理论、概念及方法设置学科限制。只要总体分析框架在本质上具有明确的全球性，研究者就可以自由利用人文、社会与行为科学中任何领域里的理论与概念新进展。在全球学研究中，包括理论、方法和分析在内的整个研究设计都应是受核心研究问题以及回答这一问题所需的各类证据所驱动的，而不受学科边界或惯例所限。

多维个案研究法的整体性与深度性取向及其分析与方法上的灵活性，使研究者有可能超越定性、定量、实证和解释性研究之间备受争议的差别。此处概述的多维个案研究法极为灵活，能够像研究者认为必要的那样是定性、定量、具有实证严谨性和主体解释性的。

此外，与常规个案研究一样，多维个案研究往往对探索性、解释性和描述性研究之间的区别提出挑战（见第四章）。大多数个案研究可以说是描述性的，因为它们始于对某个案例及其历史的近距离实证观察。由于案例本身以及正被研究的议题都是复杂且多面向的，故而个案研究总是包含着探索性或解释性，甚或两者兼顾的视角下的各种要素。一个精心挑选的个案可以阐明现有理论，并进而挑战、提炼或进一步发展既存知识。我们可以这样说，当结合了实证研究的探索性、解释性与描述性诸要素时，个案研究便臻于完善了。

最后，鉴于大多数研究者面临着资源的严重局限，多维个案研究提供了一种在不牺牲研究结果信度与效度的情况下可行且性价比较高的研究设计。正如我们在第四章中所论证的，确保信度与效度的最简单、最划算办法是使用混合研究方法进行多元互证。多维个案研究就非常适于这种混合方法的多元互证。完全有理由认为研究者的实证数据与直接观察可以便捷有效地通过访谈、历史记录、政府报告和统计数据分析得到增强。

展开全球视野，分析全球维度

尽管研究者所采用的具体分析框架可能各不相同，但我们认为一个研究项目若是要具有"全球性"，它至少应该：（1）有一个具有全球视野的总体研究问题，（2）明确回应一个或一些全球议题，以及（3）在分析中包含一种或以上的全球维度。

在第二章中，我们阐述了全球学研究的若干特征（整体性、跨界、整合性、批判性、跨学科、去中心化、混合与流动的可能性等），此外还有很多我们没有提及的特征。所有这些特征——包括那些我们还未列举的特征——共同创造了新的视角以及一种我们有时称为"全球化思维"的思维方式（Juergensmeyer 2014a）。全球化思维是对一种将研究客体置于概念与空间上更大的全球语境之中并从全球视角出发探讨问题的习惯性的简略表述。学者间互相交流时可能会使用这种简略表述，但在实践中，我们应该努力弄清哪些全球视角是我们正在使用的，哪些全球维度是我们正在分析的，以及这些元素为我们的研究带来了什么。全球视角帮助学者打破旧的思维模式，并对民族国家、国际关系框架的局限性，甚或是现代学科的局限性进行反思。无论全球视角是在何时何地发挥这些作用的，全球学研究都应唤起人们对它们的注意。

本土—全球维度

在任何全球学分析中几乎必会被讨论的第一个维度，同时也许是全球学研究领域中最基本的一个维度便是本土—全球连续统一体（见第二章）。本土与全球的相互联系是全球学研究的一个决定性特征并且是该领域的核心问题之一，因此，差不多所有的全球学研究项目都应通过某种方式对本土—全球连续统一体作出明确回应。大部分情况下这可以是很简单的，只需将抽象概念（如全球化）与本土层面的具体案例联系起来；其实现途径通常是通过设计一个包括访谈当地居民或观察当地事件和组织的研究项目，并在其分析中明确地将这些具体例子与更抽象的全球议题或进程相关联。

可能在某些特殊情况下，本土—全球联结会不那么显而易见。但一般来说，我们认为这样做很有可能造成困惑——如果不是给学生和研究者带来困惑，那肯定也会给他们的读者带来困惑。所以最好是着手使这些联结自始至终都或多或少地显现出来。我们建议在从理论、方法论、分析到讨论部分的整个计划中都对本土—全球联结予以明确探讨。

根据我们的经验，研究者倾向于把大部分时间花在他们感到最舒适的地方和层面上。对有些研究者来说，这可能是本土层面，而对另一些研究者则可能是全球层面；它可能是具体的或是抽象的、微观的或是宏观的、定性的或是定量的。在撰写个案研究时，回过头来有意识地架联起本土与全球、微观与宏观，明确将研究对象与研究客体联系起来是非常重要的。要探究每个个案的特殊性，但也要认识到把焦点切换回宏观层面并将具体情况与更大的趋势及相关全球议题重新联结起来同样重要。或者，即使你发现你更偏爱抽象领域，我们还是认为，通过一些本土的具体案例来努力使你的分析落回到现实之中非常重要。

历史和时间维度

对于全球学研究者来说，关于某一特定主题的另一个总是极富成效的维度是其历史维度（见第二章）。尽管许多人倾向于把全球化看作一种新现象，但任何具体的个案研究都有其历史根源，后者可能要联系到早期全球化时代。诸如殖民化和非殖民化等庞大历史进程是全球化早期阶段的组成部分，它们在许多方面强调着过去与当前的深层连续性。与此同时，当代的经济与技术全球化常常与传统文化及价值观构成鲜明对比。因此，历史维度能够强调有关变化、抵抗、适应、占有与同化的持续过程。据我们的经验，个案研究中对历史维度的把握能够使几乎任何分析都更有深度，并带来一种共时分析所无法给予的特质与效度。幸运的是，全球学研究者可以通过历史档案、传记、乡土文学、统计趋势和人口变迁记录等多种途径获得这种历史维度。而且，由于全球学研究者对各种相互龃龉的历史叙事非常敏感，因此，他们认为历史讲述者或记录者的立场相当重要，并在分析中对此予以充分重视。

地理和空间维度

地理学学科从很多方面影响着全球学研究领域（Golledge & Stimson 1996；Cresswell 2010；Tally 2012）。最基本的一点，自然地理学和文化地理学都提醒着我们，全球议题具有空间与人口学维度，并且这些维度会对我们的分析产生影响。距离、表面积和海拔等基本空间维度都可能与研究分析相关，而山脉、河流、交通走廊、土地使用与边界等自然特征也都可能是非常重要的。此外，与任一社会或人口相关的人口统计要素（总人口，种族、民族和宗教群体的相对比率，流动性和移民）几乎总是在某些方面有其重要性。无论研究者最终是否选择把这些地理维度纳入其分析，非常重要的一点是要从一开始就意识到它们确实存在着并可能与个案研究相关。

经济、政治和社会文化维度

如前所述，对全球学研究者而言，设计一项旨在探讨某个议题的经济、政治与社会文化维度及其互动方式的研究又是一片丰沃的分析领域（见第四章）。大部分全球议题都包含着这三个维度。过去，大多数学科将这些维度视为各自独立的研究领域。但全球学研究者则认为它们之间是相互建构的关系，对它们的任何分隔——比如将经济与政治隔离开来——都是有问题的。即便是对诸如宗教冲突和大规模移民等全球性问题的粗略接触也揭示出试图分隔这些维度所潜藏的危险。

除了将经济、政治、社会和文化看作是互动与互联的，我们还必须认识到这三者本质上都是兴起于晚近 19 世纪欧美学术界的西方分析构念。因此，这些维度未必能被轻松转译到非西方语境之中。关于这些维度是什么以及它们之间的界限在哪里，世界各地社会与文化可能各自持有截然不同的观点。为了避开这些陷阱，全球学研究者批判性地使用这些观点，并有意识地强调，这三个维度之间的相交及其流动边界。大多数全球学研究者都认为这种方法的问题较少而最终收获会更大。

相交维度

正如我们在第五章的"批判性方法论策略"中所提到的，相交理论表明了不平等的各种形式会相互交叉并共同决定着一个人的社会地位。当你开始分析数据材料时，再次审视相交性问题并思考在你的研究中种族、阶级、性别、宗教、国籍以及其他许多潜在的差异标志都可能发挥着怎样的作用，会非常有帮助。参与研究的个人和群体是否因种族、阶级和/或性别原因而处于弱势地位？个人在团体的层级结构中处于什么位置？某一特定团体在社会的层级结构中处于什么位置？该社会在全球秩序的层级结构中又处于什么位置？团体中的哪些成员拥有较多的社会、经济和政治权力，而哪些成员拥有的权力较少？

在分析相交维度时，要注意它们往往是在本土—全球连续统一体的多个层面上来回运作的。例如，阶级问题可以同时在地方、国家、区域、跨国及全球层面发挥作用。此外，不同层面的问题间也会交互影响。国家层面的阶级问题可能会与团体和个人层面的那些不同然而相关的阶级问题发生互动。在整个本土—全球连续统一体的任何一点上，相交维度都可能会与其他维度相互作用。例如，不难想象这样一种情况，有关种族问题的国家层面立法可能会对团体层面的阶级问题和家庭层面的性别问题产生影响，而代表着团体和个人的组织也可以通过动员社会媒体反过来影响全球层面的社会运动（见第一章图2）。一种全球学相交理论有可能表明，在任何给定情况中，多种相交维度在本土—全球连续统一体的若干点位上交互作用。研究者面临的挑战便是要梳理出与其研究分析和总体研究问题相关的那些具体互动。

伦理维度

在第四章中，我们介绍了研究设计中的伦理问题。一旦你开始进入研究分析阶段，回到伦理问题并深思你的研究中所包含的伦理意义就变得很重要。问一下你自己：在你的研究设计、分析与结果中，社会权力起着怎样的作用？在你的研究中，种族、阶级、性别与国籍等方面相互交叉的不平等起着怎样的作用？个体的、结构性的和系统性的歧视可能如何影响到你的分析与结果？谁将从你的研究发现与结论中受益，谁又可能会受到伤害？除了你自己的文化与伦理体系以外，研究中是否还包含了其他这类体系？

如同在研究设计与实施中一样，对于那些在陌生文化背景下开展工作的研究者而言，最佳策略是要积极地找出一位或多位熟稔该文化的代表者，并使他们参与你的研究分析、结论和出版中。研究者应鼓励本土学者、专家以及社区领导者积极参与有关他们自身文化的知识生产的每一个阶段。外来研究者也应对此类本土专家意见心存感激，并积极合作、配合以及——如果可能的话——共同发表。这样做不仅能使研究者最终获得对所分析的议题更加丰富深入的理解，它更是研究者所采取的一种具有深刻伦理含义的立场，尤其是在研究南方国家的人民与问题之时。在实践中，合作并共同生成新的知识，对于建立信任与尊重、弥合北方国家学者在分析南方国家议题时所涉及的巨大权力差异是大有裨益的。

全球学领域的案例

与常规个案研究法一样，多维个案研究中的案例可以是特定类别或特征的典型个案，或是突出了全球问题的某一特定方面的关键个案，抑或是能够说明变化的极端情况的特殊个案。然而与常规个案研究不同的是，多维个案研究中的案例显然来源于一个更大的可比案例场域。在全球学研究中，可比案例场域可以非常之大，甚至可以是全球范围和触角。

在类似案例场域中的常规个案研究之间往往是比较接近的，并且能够以相当清晰的方式相互关联。回到弗洛伊德的例子，他的大多数案例都涉及生活在同一社会或来自文化上非常相近的欧洲社会的人们。他们通常具有相同的国籍、语言和文化价值观，而且他们还经常属于同一个民族、性别甚至阶级。相反，在多维度的全球学个案研究中，可比案例的场域则具有全球触角；不同地区、不同文化个案间的差异较之单一社会个案研究中的要大得多。例如被研究的个案是某个难民营中的一名妇女，那么可比案例场域就可能包括了世界各地不同难民营中处于极为不同的情境之下、具有极为不同的文化背景的女性。同样，一项有关移民对某个社区之影响的多维个案研究能够与世界各地成千上万的移民社区进行比较。

在某些方面，拥抱全球场域的案例加剧了全球学研究设计所固有的困难。全球范围中极端变化的可能性带来了一系列分析的、方法论的、跨文化的和伦理的问题，更遑论一些严重的实际局限和语言限制了。接下来我们也将讨论这些问题和局限。尽管如此，我们仍认为要妥善处理全球层面的极端变化虽困难重重，但却是理解当今世界所面临的全球议题的必由之路。微观层面变化的深度分析揭示了每一具体个案中发挥作用的更大全球力量之人性化一面。正是这些本土层面变化的极端情况开辟出新的调查路径，使我们有可能修正和更新认识、思考我们世界的西方化、现代性、学科化方式。

选择与表征

与所有的研究设计一样，任何一名考虑开展多维个案研究的研究者都必会触及选择与表征问题。而当这些问题被带入全球语境中，其难度更是呈数量级增加。例如，在发展中国家的某些地区，要找到一个可靠的抽样框来代替电话簿和选民登记册是极具挑战性的。而在冲突频发地带，我们甚至可能连受灾人民的最基本信息都不知道。这类工作可能非常紧迫，但研究者必须能够证明其所有关于代表性的声明。在此情况下，他们应当异常小心地界定研究总体，并清楚知道使用某一给定子样本来代表总体时所隐含的局限。

当选择与表征问题进入全球语境时，它们便被赋予了新的也是非常重要的地缘政治、历史与跨文化意义。在整个现代时期，西方学者始终都在为其自身目的而表征和歪曲着其他人民，无论这些"其他人"是妇女、土著居民、被殖民者、少数族裔、穷人还是其他群体。在这段历史背景下，我们认为实证的、客观的科学观察最后往往并不像我们所希望的那样是价值中立的。实际上，西方学者建构的关于非西方"其他人"的知识几乎无一例外地带有政治、文化和伦理意义。它可以，而且经常确实对研究对象产生了负面的实质性影响，这些研究对象对公共话语的影响力远不如其研究者（见第四章"全球学研究的伦理维度"）。

在当代，极端不平等也引发了一系列有关多维个案研究中选择和表征研究对象的非常重要的伦理问题（见本章中的"伦理维度"）。例如，谁拥有学术资格、财力和政治影响力来表征谁？为什么会产生这些有疑问的表征，它们将会对谁以及如何造成影响，谁将会在哪些方面受益？此处的关键在于，跨种族、民族、阶级、性别、国家和文化边界的研究者应当特别留心选择与表征过程中固有的权力动态关系。研究者应明确指出他们如何以及为什么在其多维个案研究中选择和表征那些特定人群、议题或过程，从而正面回应上述问题。

比较多维案例

就像我们所指出的，个案研究法的核心在于比较。个案研究的比较既可以是个案与其所属领域间的比较，也可以是个案之间的比较。

个案与所属领域的比较

在个案与其所属领域的比较中，研究的比较性要素有时可能更多是内隐而非外显的。例如，一位内科或精神科医生对一名具有某些与特定卫生或行为准则相关的症状的个体进行研究。参照组——在这个例子中是健康的或没有这些症状的人群——为进行比较提供了基准，但这项研究却可能不会明确提及该对照组。

社会科学与人文学科中通常没有个案比较的明确标准。社会中"正常"这一概念经常具有重要的政治含义，因而饱受争议。将某些人群视为正常的，则必然意味着其对照组在某些方面是不正常的。当我们界定某些独特的社会群体时，通常最好采取一种更加中立的立场，仅只探讨他们的异同，避免作出价值判断，并注意不要退回到或固化既有的刻板印象。价值判断常常嵌隐在诸如积极、消极等广义概念之中。研究者可以通过界定具体维度来避免这类判断，无论它们是显性的或是内隐的；正是在这些具体维度上，被比较的个案或分殊或趋同。各群体之间可以是较为相似的，也可以是互为不同的，而不存在孰好孰坏的问题。例如，在讨论收入、就业、教育以及特定信仰和态度的变化情况时，研究者可以不给这些变量附加价值标准。这样，研究者就能避免触发具有煽动性的比较的二分法，如正常的/异常的、同化的/未同化的、合法的/非法的、发达的/欠发达的、积极的/消极的，或者功能性的/功能失调的。

在全球学研究中要确定一个对照组可能非常棘手，它可能涵括了一组数量极大且极为多样化的个案，这些个案横跨全球许多不同团体与社会。因此，在全球学研究中，未明确界定一个对照组从来都不是明智之举。当对照组未被明确界定时，研究者便是在冒险把他们自己的价值与标准——他们自身立场——强作为比较的基础。而对参照组以及正在进行的比较开宗明义，几乎总是更好的选择。

要解决关于确定一种基准比较的难题，一种办法是只在某一特定文化中进行比较。然而正如社会文化人类学家所指出的，没有一种文化是静止的，因而将任意一种文化呈现为固定或单一类别的做法具有误导性。而且，在相同文化中进行比较也并不一定能使你应付不得不界定其他文化中的相关规范这一问题。同样，人类学家也告诉我们，要足够了解另一种文化中的社会规范从而得到一项可靠的个案比较是极其困难的，对此，研究者只能临深履薄，并经常向熟稔该社会文化的成员咨询请教。

个案与个案间的比较

解决跨文化比较这一难题的另一种方法是直接进行个案与个案间的比较。这种方法尽管能规避跨文化比较的某些复杂性，但它仍必须探讨跨文化语境并对被比较的个案间差异的特定维度加以界定。图13是两个多维个案被一个维度——地理维度——所区分的假设性比较。如果这两个个案研究是由两名不同研究者同时以同样方式进行的，那么从理论上而言，这项比较的唯一变量可能就是两个个案研究所在地理位置的差异。

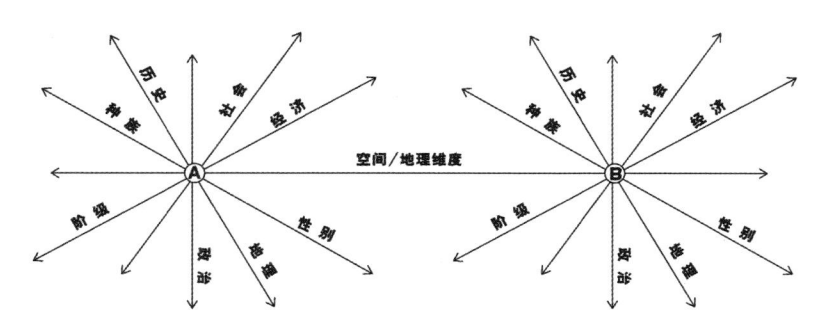

图 13　个案间的多维比较

思考一下这张简化图以及一个维度上——此处是空间或地理维度上的差别所可能表征的重要含义。如果这两个个案相隔几英里，那么这一小段距离本身可能重要，也可能不重要。但假如它们之间的距离分隔着城市与农村、低地与高地、沿海与内陆，或是区隔了居民社区与城市贫民窟，那么即便是较短的距离也可能成为研究中非常重要的一部分。如果这段距离更远或者包含了显著的政治、语言或文化边界，那么这种间隔几乎必然将是理解个案之间差异的关键部分。

而穿越所有多维个案研究的其他那些重要维度也同样如此。以一项对三个个案的比较中的历史或时间维度为例，其中每个个案都有其各自焦点（见图14）。如果这三项研究的时间相隔仅几天，我们可能认为这段时间间隔并不特别关键，而可能把前后间隔着数十年的个案研究之间的差异看得更重要。然而在有些情况下，即使是一段很短的时间间隔也可能是非常重要的。假如一名研究者分别在柏林墙倒塌前一天与后一天的东欧开展研究，那么这段短时间的间隔势必对研究产生多方面影响。像柏林墙倒塌、阿拉伯之春以及英国脱欧公投这样的重大事件往往会引发前后效应，而这些前后效应势必影响到在受影响地区所进行的任何一项研究。即便像暴力事

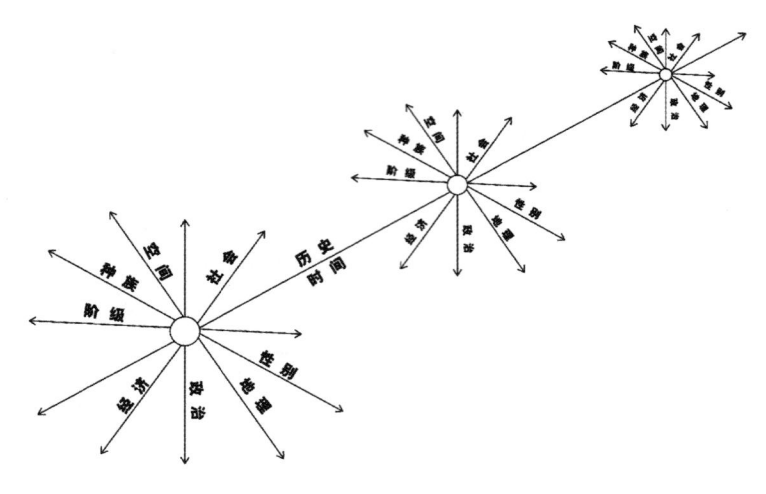

图14　多个案例的比较

件、自然灾害或一次充满争议的选举等重要的地方性事件都会给个案研究带来前后效应。关键在于，任何两个被时间或距离，政治、经济或社会文化边界，或者这些因素中的几个所分隔的个案研究很可能会在无数方面都大不相同。一张关于差异的所有维度的图表可能看上去更像一团乱麻般复杂和缠结。

有选择性地分析

这并不是说这类比较工作是不可能完成的。相反，我们是在强调必须认识到个案间可能在许多维度上有所不同，并需要有选择地明确探讨这些差异，这是研究设计的一部分。把你的研究范围锁定于自己感兴趣的特定维度能够使你省去很多麻烦。只对某些种类的差异进行探讨而略过其他差异，然后把它们纳入自己的研究。假如你的研究是要检查 x 与 y 的交集，那就可以说字母表的其余部分——如果有的话——虽然也很重要，但鉴于你的研究目的，对它们不予深入探究。

例如，我们的学生设计了一项研究，旨在对为了逃离当前的叙利亚内战而涌入欧洲的难民潮和第二次世界大战期间涌入相同国家的犹太难民潮进行比较。初看之下，这两场难民危机之间的差异如此之大，而时间又如此不同，对它们的任何比较似乎都是徒劳的。尽管分歧如此显著，但很明显这两次难民危机之间的任何相似之处都可能非常重要。通过聚焦新闻媒体对这些接收国在当时和现在的反移民的歇斯底里的报道，该学生就能设计出一项可通过相对可控的方式进行的调查。将注意力谨慎地锁定在两个个案的单独某个方面使该学生得以驾驭一项跨时空比较，否则这项比较将非常错综复杂。

  总之，即便全球议题总是多面向的并且相互联系，但研究者总能找到一种可驾驭的方式对两个或多个多维个案研究进行比较。要选择能够聚焦你的比较的特定维度可能会有难度。但正如我们所强调的，在研究的其他因素中，核心研究问题应该驱动着比较维度的选择。下一章里，我们将转向四个堪称典范的多维个案研究来阐明这种方法论策略对于探索复杂全球议题的有效性。

第 七 章

全球学研究范例

在第七章中，我们考察了四项由顶尖的全球学学者们所做的研究，这些个案研究都堪称典范。这四项研究都出自我们学校的学者，但显然还有其他许多同样可作为典范的研究。这些笔者本人并未使用"多维个案研究"这个词，但我们认为他们的研究符合这一研究策略。很显然，在本章中，我们无法逐一剖析所有这些理论丰厚、实证坚实、方法创新——甚至可能还是开创性的研究的价值。也就是说，我们之所以选择这四项研究，原因如下：

1. 每一位研究者即使不算跨学科的，也都是交叉学科的批判性学者，并主动融入全球学研究这一新兴领域。

2. 这些个案研究共同体现了社会科学和人文学科领域——法学、人类学、历史学、英语、政治科学、女性主义研究、社会学以及宗教研究的学术训练。

3. 每一项个案研究都凸显了全球学研究的很多特点：采用一种整体方法进路、在超越欧洲中心的思维模式方面具有跨界与综合性、致力于打破二分法与概念假设、探究跨时空的去中心化和去地域化过程、将个案研究与全球社会结构相连、理解人们的认同感是混合与流动的（见第二章）。

4. 每一项个案研究都调用了一系列理论、分析框架、研究设计和混合方法进路，而这些并不专属于任何单一学科（见第四章、第五章）。

5. 每一项个案研究都说明了我们通贯全书所提出的很多观点，这些观点主要是关于如何利用研究问题来驱动一个项目的整体研究设计与方法，以及明确融入本土—全球连续统一体与各种全球维度（见第六章）。

6. 每一项个案研究都是一面透镜，研究者通过这面透镜来处理极其复杂的全球议题，它们还提供了有意义的、及时的分析，并在此过程中做出具有创新性的理论贡献。

7. 个案研究的作者们分别代表了学术生涯的不同阶段。其中有两项研究是以博士论文为基础的，其作者在写作时还是年轻学者；有一项出于一位处于职业生涯中期的学者；而时间最近的一项个案研究则是由一位资深学者与一名研究生合作完成的，该研究还拥有一笔持续经年的大额经费。这种经验的光谱强调了无论处于学术生涯轨迹的何处、无论财力资源如何，每个人都可以完成卓越的全球学研究。

8. 最后，这些个案研究在学科和跨学科领域都很有影响，并被公认为开启了全球化思考的新的学术进路。每一项研究都好评如潮，其中有两项还获得了久负盛名的图书奖项。

弥合分裂：海峡隧道和新欧洲中的英国法律身份

伊芙·达里-史密斯（Eve Darian-Smith）的《弥合分裂》发表于1999年。该作者在获得社会文化人类学的博士学位之前，曾有过几年公司法领域的实践经验，该书便是以其博士论文的田野调查为基础的。这本书广受赞誉并荣获了一项重要的图书奖项，它更被称为第一本有关全球化的民族志。值得注意的是，书中所提出的许多问题——民族主义、身份认同、种族主义、移民、仇外心理以及作为超国家的欧盟的一个公民意味着什么——时至今日仍然关系重大。有些人可能会认为近年来这些问题变得更加棘手，正如2016

年 6 月英国脱欧公投所佐证的那样。《弥合分裂》突出了加剧着当今欧洲国家与欧盟余下 27 个成员国之间紧张关系的深刻文化传统的深远意义。

该研究的内容是什么？横穿英法之间的英吉利海峡并通过高速列车连接伦敦到巴黎与布鲁塞尔的海峡隧道是这项研究的焦点。1986 年，英国首相玛格丽特·撒切尔和法国总统弗朗索瓦·密特朗签署了《英吉利海峡隧道条约》，这项宏伟非凡的工程于 1994 年竣工。海峡隧道和高速列车是当时正在建设的铁路网的一部分，该工程旨在连接欧盟的主要城市，并促进成员国之间的良好沟通。英吉利海峡隧道在很大程度上属于欧盟项目。对很多英国人来说，它代表了一个新时代，在这个时代中，英国的民族主义和身份认同正受到英国与欧盟之间新的政治、法律、经济和社会关系的挑战。

用达里-史密斯的话来说：

在新欧洲的大背景下，作为更新并重新连接各国人民间的异同以及跨城镇、跨区域、跨民族、跨国与全球分歧的催化剂，海峡隧道以一种实实在在的方式发挥着作用。作为打破欧洲国家边界的象征，海峡隧道摇摇欲坠地维护着一个统一欧洲的理想。而与此同时，英国大众传媒描绘出一幅来自非洲和印度的后殖民地人民登上停靠在巴黎的列车并非法入境伦敦的图景，它们所渲染的那种日益增长的威胁凸显着在"东方"与"西方"、第一世界与第三世界、殖民者与被殖民者，并再次回到原点即在英法两国法律体系及国家、地区的社会价值观之间划清界限的必要性。在一个有关团结与跨国主义的讨论日趋热烈的世界里，海峡隧道表明了兴起中的新民族主义与狭隘的排外性表述也同时并存着。

笔者想在一开始就予以澄清，本书的目的并不是把英吉利海峡隧道简单地视为一个具体实体并进而分析英国人对其或正面或负面的反应。笔者并没有将海峡隧道作为一种附加着固定意义的既定事物来处理。正相反，笔者的目的是要追问为什么海峡隧道会具有当前这种客体状态，又是哪些概念的、推论的以及实际的权力影响将这一所谓"连接"的技术手段具体化为政治、道德、意识形态关注的一个标志的。（Darian-Smith 1999：xiii – xiv）

在哪些方面它是一项全球学研究项目？在写作《弥合分裂》时，全球学研究领域尚未出现；尽管如此，这项个案研究明确地探讨了本土化的，而且经常是农村的社区对海峡隧道之反应的更广泛的全国性及跨国含义。简而言之，达里－史密斯把海峡隧道用作一个焦点和透镜来分析众多行为者所表达的一系列态度、意识形态、回忆、焦虑、希望与想法，他们中有小村庄居民、国际大都市商业工作者、市长、公众人物、政治家和媒体等。通过这种方式，《弥合分裂》紧紧抓住本土——全球连续统一体，观察跨地方、区域、国家、跨国和洲际等地缘政治范围发挥影响的权力与机制，同时它还穿梭于连续统一体上以探查意识形态形成与身份建构（村民、某郡居民、英格兰公民、大不列颠公民、英联邦成员、欧洲公民等）的方式。

非常重要的一点在于，《弥合分裂》不是一项民族主义研究，尽管它也涉及民族主义价值观、身份认同和制度。也就是说，该研究并非想当然地把地缘政治意义上的民族国家作为分析单位，并由此分别对英法两国关于海峡隧道工程的看法进行比较。相反，它采取了一种批判性立场，通过追问为什么一些社会成员将海峡隧道理解为对民族主义理想及其相关民族社会、政治与经济关系的挑战，从而质疑了在欧盟这一大背景下的民族国家观念。循着这条调查线索，《弥合分裂》考察了海峡隧道一方面对急于维护主权"岛国"理想的团体，另一方面对渴望超越民族主义范式思考并充分利用欧洲公民身份所可能提供全部优势的团体，分别具有的意识形态与象征意义。

在第二章所概述的全球学研究特点方面，《弥合分裂》通过自下向上的方法，呈现了一种全景式的或整体的描述。这一方法更加重视人和团体对其欧盟成员身份的看法，并以此作为透镜从而更好地了解欧盟的超国家结构与机制的地方性影响。《弥合分裂》的核心是一种对于在各种挑战着民族主义框架、历史、意识形态和从属关系的语境中人们所要求的混合与流动性身份的探究。它是一项后民族主义研究，并因此提出了一种批判性的解读，后者质疑了有关世界如何运转以及人们如何尽其责任并赋予生活以意义的想当然的现代性假设。

方法论与研究设计。《弥合分裂》是一项跨学科个案研究，它使用了一系列社会与法学理论以及取材于各学科的混合方法。虽然该书表面上是一种民族志叙事，并因此是基于参与观察、访谈和田野工作的，但它同时也吸收利用了大量材料与证据，如新闻报道、政治漫画、电视和广播节目、政府的官方声明、法律和历史档案、地图、旅游宣传资料、当地社区会议、照片、邮票和蚀刻画等。

在研究设计方面，《弥合分裂》是多维个案研究方法的一个很好的范例。书中的每一章都涉及一个特定维度并探讨有关该维度的多重视角。其中一章检查了海峡隧道的时间或历史维度，深入探究了拿破仑在200多年前进攻英国本土的企图是如何在当代媒体与民粹主义情绪中仍然发生着影响的。另一章则是关于民族主义和种族主义的，其中考察了人们对于海峡隧道将使染上狂犬病的狐狸污染本土社团"纯洁性"的普遍恐慌。就像达里－史密斯所解释的那样，这种对狂犬病的毫无根据的恐慌乃是一种对于深肤色的非洲人正想方设法从法国海岸进入英国并占用现有更好的社会经济条件的种族主义恐惧的隐喻。对肯特郡—该郡正位于海峡隧道口—乡村居民的访谈与英国国家政客和伦敦居民的观点形成了鲜明对照，后两者对那种狂犬病肆虐迫在眉睫的想法嗤之以鼻。在整个个案研究中，达里－史密斯密切关注其政治、经济、社会和文化维度的相交点，展现出一种对研究焦点——海峡隧道——在英国想象中所具有的重要意义的整体理解。

全球偶像：通往大众的光圈

比什奴普莱利亚·戈什（Bishnupriya Ghosh）的《全球偶像》发表于2011年。作者是一位英语教授，同时还是电影与媒体研究、比较文学和女性主义研究的兼职教授。她的研究范围广泛，对后殖民理论和全球媒体研究卓有贡献。《全球偶像》对偶像的全球维度及其平民主义的象征意义，在超越民族国家的社会运动的爆发以及在联结跨传统地缘政治边界的人们的过程中，所发挥的作用进行了深刻的理论与实证探索，因而备受瞩目。

该研究的内容是什么？《全球偶像》的焦点是与印度或者更宽泛地说与南亚相连的三位当代偶像，他们对大众想象具有强大的作用，并且"惯常现身于那些我们能够从中目睹集体意愿爆发的政治危机中"（戈什 2011：5）。这三个偶像分别是普兰·黛维（Phoolan Devi），一个以"匪后"著称的反叛者，达利特（印度传统上等人对最底层人的称呼）的代言人、印度歧视性种姓制度的控诉者，后来还成为印度国会议员，最终在其家门口被人枪杀；特蕾莎修女（Mother Teresa），天主教修女，从1946年至其于1997年去世期间一直生活在加尔各答，1979年被授予诺贝尔和平奖；以及阿兰达蒂·罗伊（Arundhati Roy），备受推崇的印度小说家、英国布克文学奖得主（其获奖作品为《微物之神》）、环保主义者、反政府活动家。

戈什论述道，这三个偶像不仅仅只是名人和公众人物，她们的象征意义具有在某些时候"调动公众情绪、有时催化集体行动"的力量（Prestholdt 2012：596）。她认为，女性作为偶像的地位包含了她们的个人经历和唯物发展史。作为"传记式偶像"，她们是使人们的意愿在超越本土、国家甚至区域框架的集体行动中联结起来的"光圈"或空间，即便在不同社会与政治语境中对她们的意义有着不同解读并因此从来不是固定不变的。戈什解释说，这些偶像代表了一种"高可见度的公众人物范式,其象征意义富集的意象和生平在跨国(电视、电影、印刷、口述和数字)媒体网络上高速传播着"(戈什2011:4)。这些媒体网络的中介作用赋予她们以动员人类能动性并建立跨越地缘政治和文化建构之边界的社会网络的能力。这些全球偶像是"我们每天都能看到的文化现象,但通常被我们当作生活中转瞬即逝的众多事物中的其中一部分而不予理会。直至意象之战爆发。直至她们促使我们去想象一个我们希望生活于其中的地方。直至偶像崇拜在我们四周喷发"(戈什2011:4)。

《全球偶像》分为三个部分,它们共同构成了一项理解全球化大众传媒生产与消费的理论杰作。第一部分介绍了一种有关新媒体技术中的偶像的唯物主义理论,聚焦于符号意象跨时空的商品化与运动轨迹以及偶像在本土行为和社会互动中有关"再领土化"所发挥的切实影响。第二部分考察了行动中的偶像的个人经历,她们是作为社会与政治摩擦、企业化、宣传、消费、愿望、想象和易变性所在的动态位点而行动的。第三部分考察了围绕着偶像的争论政治,它们摆脱了长久以来稳固的认识论框架,并被推向争论和社会与政治动荡的更大语境之中。

在哪些方面它是一项全球学研究?《全球偶像》是一项全球学研究,它着力把握全球媒体的新形态;象征性、标志性意象的全球消费;以及偶像们在鼓舞和重振有关存在方式的梦想、欲望和要求方面所具有的影响,这些影响是体现和定位于本土之中的。该书带我们踏上了一段有关如何通过对被消费的符号意象的历史追溯来解读全球的新旅程,到目前为止,这种解读方式是被大部分全球化和全球进程探索所忽视的。就像戈什所解释的那样:"如果说我们当前所处的全球化阶段是以不断增长的关于'全球性'的自反性——那种每天都在传递给我们的有关我们与多重'别处'相联系的观念——为标志的,那么那些出入于本土化平台的大众媒介符号便能对校准这些观念发挥关键作用"(戈什2011:11)。戈什的著作就是通过这一方式把握本土—全球连续统一体,并考察不同行为者和机构在一个空间与概念范围的不同位置上生产和消费全球偶像。

《全球偶像》向我们表明，将全球性标志——比如可口可乐瓶——推上全球舞台的企业希望能引起轰动、创造欲望，并最终销售其产品。在其诞生的一刻起，这一标志便旨在通过提供一种假设的普世信息来解读全球，这种普世信息适用于全球选民并能被后者所消费。然而，这种普世性假定恰恰是当代的某些客体在被本土社团诠释的过程中深受质疑的原因，这些客体是与本土社团自身的迫切需要、资源匮乏或政治上的去权相冲撞的。例如，印度南部喀拉拉邦普拉奇马达村（Plachimada）反对可口可乐公司在印度南部的灌装厂的斗争，该厂致使有毒化学物质泄漏到地下水中并污染了周围农田，这场斗争的结果是使一个令人愉快的全球性标志丧失了"为所有人代言的普世宣言"（戈什 2011：14）。戈什论述道："作为集体愿望的关键标志，那些演变为社会现象的偶像提供了进一步证据以证明对于在日益紧密的全球互联中全球现代性的充满冲突的反应"（戈什 2011：5—6）。

在第二章所概述的全球学研究特点方面，《全球偶像》采取了一种整体方法来研究围绕着全球符号意象而展开的认识论之争。该书立场鲜明地给予那些努力应对新自由主义经济政策之负面影响的本土社区以话语权与重视，在此意义上它是跨界和综合的。在此过程中，它详细阐述了全球偶像的生产和消费之间的多重联系与矛盾。

重要的是，戈什有力论证了全球偶像的重要性。通常情况下，学者或企业家们并未赋予这些意象以太多政治和社会意义，它们被归入用来扩大市场及市场份额的企业品牌化与经济核算领域。但戈什向我们展示了全球偶像是如何促进公众意识与经验，并在某些情况下积极进行自我修正和调适以适应更广泛的进步和保守活动的。她写道：

"全球性"——我们现在正生活的地方——越来越具有经验意义上的物质性。人潮拥挤的机场里，我们的身体因错过航班而变得疲乏沉重；长夜班中，年轻人手里拿着电话，他们的身体也被重新连接到不同时区；圣战分子通过引爆自己的身体，从失落的油井财富转向对抗新的世界秩序。因此，能够激起强烈兴奋感的偶像成为理解全球化现象学的根本（戈什 2011：99）。

在对全球偶像之物质性的关注中，戈什向我们展现了全球化进程之间的相互关联，而这些全球化进程通常被看作互斥的经济、媒体或政治领域里相互独立的过程。恰恰相反，戈什认为，这些全球性领域是深度融合、相互建构，并从不缺少政治潜力与可能性的。

方法论与研究设计。《全球偶像》是一项对三个偶像的比较多维的个案研究。它吸收了文化理论、后殖民媒体研究、女性主义和酷儿理论，因而也是一项批判性的跨学科研究。戈什采用混合研究方法，从档案和历史方法、内容分析、可视化诠释、参与观察和一般的民族志方法，到对电视、电影、文学和其他媒体以及宣传资料和广告的深度文化研究分析。

戈什用我们在第六章中所概述的方式，从多个维度对三个全球偶像逐一探究。她把每一个偶像都置于本土—全球连续统一体上，将有关符号意象的本土行动和全球社会结构与宏观经济过程联系在一起，并对历史的重要性与本土语境给予细心关注。此外，她还将每一个偶像置于相交的政治、经济、社会和文化的具体维度之中，这些相交维度冲破了经济学和政治学、消费和意识、公共和私人、我们和他们、国家的和地区的、南方国家和北方国家等概念上的二元性。

《全球偶像》旨在同时分析自下而上和自上而下的全球化进程。它重视政治和社会活动（与纯粹的经济消费相对）中表达出来的对全球偶像的本土化诠释，也重视最初（在全球偶像能够通过社会媒体和数字通信传播而获得其自身生命力之前）促成普世的全球偶像之传播的自上而下的企业野心。在处理消费大众与全球企业战略互动时所产生的相互对立的消费模式和难以预见的冲突时，戈什给出了一种具有深厚伦理观照的解释，这种解释提出了有关不对称的权力关系和剥削性的新自由主义市场逻辑的问题。

安全群岛：人类安全状态、性政治和新自由主义的终结

保罗·艾马尔（Paul Amar）的《安全群岛》发表于2013年。在获得政治学博士学位之前，作者曾在开罗做过记者，在里约热内卢则是一位民权运动家，他还担任过联合国的争端解决专家。《安全群岛》是其博士论文的修订版。该书因其理论和方法论贡献而荣获了一项极有分量的图书奖项：它重新架构了传统的新自由主义分析，并提出了理解南方国家中新兴治理机制的新途径，这些形成中的治理机制正在塑造一个全球新秩序。艾马尔的研究对新兴的批判安全研究领域贡献尤大（艾马尔 2013：19—21）。

该研究的内容是什么？《安全群岛》是一项对中东和拉丁美洲安全机制的比较与多点分析，并具体关注埃及和巴西，考虑到艾马尔在开罗和里约热内卢的经历，这或许是顺理成章的。该书内容丰富、范围宽广，因而并不适合对其进行概述。话虽如此，但这项研究的焦点是2011年初反对独裁总统胡斯尼·穆巴拉克（Hosni Mubarak）的埃及民众起义，以及大约同时发生的在劳工党总统迪尔玛·罗塞夫（Dilma Rousseff）领导下的巴西"革命"。这两个事例至少在一开始都牵涉到军方人员和进步社会与政治运动的携手合作。在埃及，军方控制了政府"以保护国家和公民的安全"（艾马尔 2013：1）。在巴西，罗塞夫总统鼓励武装部队推动实施旨在清理城市贫民窟、改革腐败的警察系统、打击军阀和毒贩的新绥靖计划和人道主义干预。

当然，巴西和埃及有着截然不同的文化、经济与政治传统。它们包含着不同的殖民地历史、地区压力、国家内部政治与逻辑，更遑论各种不同的文化、种族和宗教混合了。然而，这两个国家作为石油与天然气出产地以及全球旅游胜地方面颇多共同之处。这两个

国家几十年来一直都处在世界体系理论称为"半外围"的地缘政治带，都曾在殖民主义统治下被拉美主义（里约热内卢）和东方主义（开罗）话语所性别化和种族化，并且在20世纪70年代都"作为新自由主义的先锋试验点和一个军事集团的军事部署地"（艾马尔2013：28）。它们都举办过具有里程碑意义的联合国会议——1992年的里约峰会和1994年的开罗峰会，这些会议促进了非政府组织作为人道主义公民社会市场上的跨国行为者的发展。它们与北方国家的这些共同关系，以及整个20世纪五六十年代它们在全球南方致力于非殖民化和发展中的协同努力，使得对这两个国家的比较极富成效。

因此对于艾马尔而言，2011年巴西和埃及所经历的政治组织之变革只是进一步夯实了对它们进行比较的基础。正如艾马尔所指出的，这些平行的历史转折点完全不同于大多数北方国家学者所信奉的新自由主义市场逻辑下对国家政体的传统理解。一个主要区别在于埃及和巴西新出现的政治主张形式包含了"性别化和道德化治理"的新模式，而且经常包含了警察和社会正义运动之间出人意料的联盟。对性别和道德价值的关注支撑着新的"安全国家逻辑"，后者高扬人道主义保护以及国家和军队在人道主义干预方面的作用。在某种意义上，新自由主义极具诱惑性的市场驱动的意识形态被强行从紧跟着而来的权力、利益、阶级、种族、性别、劳动力、宗教、道德和性的重新配置中移除出去（艾马尔2013：3，14）。艾马尔写道："在过去三十年里，新自由主义的市场合法化与消费主义意识形态逐渐失去其在南方国家迅速变迁的地区里支持军事化治理形式的力量。人类安全的话语形式促成了性别、阶级和道德的特定主体，并开始界定政治主权，阐明辩证上不断延展且具有内在矛盾性的权力形式的基本原理"（艾马尔2013：6）。

《安全群岛》探讨了新的人类安全机制是如何"通过道德政治而非市场政策来实行治理的"（艾马尔2013：16）。但艾马尔解释说，这并不必然转化为更公正的社会，因为安全逻辑可以同时具有压迫性和解放性。该书着眼于人类安全逻辑被清晰表达和践行的具体转折点,如对传统文化、家庭、妓女的"拯救"和对色情贩子、街头"暴徒"的惩罚,及其对平民和目标社会群体的积极与消极影响。

在哪些方面它是一项全球学研究?该书通过一种"自下而上的、以南方国家为中心的方法进路",提出了不同于北方国家、不同于大部分欧美研究之取向的替代性视角(艾马尔 2013:30)。通过这些不同的视角,这一叙事挣脱了那种预设一个现代自由国家政治结构和组织体系的传统分析框架。与此相反,《安全群岛》表明了国家构成形式是如何通过南方国家之间的动态跨区域交流而建立起来的,这些交流包括了在资本主义、劳动力、发展和人道主义的跨国化与全球化进程中出现的各种抵抗团体与运动。

在第二章所概述的全球学研究特点方面,《安全群岛》是一项具有深刻历史性和整体性的描述,它对有关民族国家构成形式与国家治理的欧洲中心的假设提出了挑战。它明确地寻求突破南方国家和北方国家之间的二元性,表明政治与意识形态流动以及跨国经济进程并不总是先从西方开始,然后再向外渗透到欧洲以外的边缘国家的。本土—全球连续统一体在该书对中东和南美国家中新兴空间与政治形态的探究中清晰可辨,这些新兴空间与政治形态既是对市场政策以及由西方驱动的新自由主义政治的回应,同时也是对它们的重构。

方法论与研究设计。艾马尔明确地借鉴吸收了各学科领域的广泛文献材料以帮助其写作《安全群岛》,他将该书定位于批判安全研究这一跨学科领域中(艾马尔 2013:19)。该书选取一种混合方法的研究进路,使用了档案、历史和民族志策略以及多样化材料,包括城市规划文件、公共纪念碑、可视化与音乐元素、舞蹈和公开演出、社区作坊、静坐抗议,以及访谈那些在公共广场和街头示威中被卷入冲突与暴力行动的人。

在研究设计方面,《安全群岛》是多维个案研究方法的一个非常好的例子。表面上看，它将埃及和巴西做了对比，但却是以一种比国家与国家间的简单比较复杂得多的方式进行的。该书是在区域性的和全球南方的动态背景下架构这两个国家及其各自的特大城市——开罗和里约热内卢的；它没有像在国际关系研究中通常所做的那样，将它们呈现为静态的地缘政治单位。而且，该书的比较分析采用了一种多维策略，这一策略揭示出跨时空的文化与政治要素——埃及和巴西是如何通过前殖民政权而被建立起来的，又是如何被纳入20世纪70年代由联合国领导的发展范式的，以及最近这两个国家是如何共同和各自助推"软实力与巧实力"人道主义范式下新主体的孕育的（艾马尔2013：22）。

　　该书最精彩的贡献之一便是它的"群岛方法论"，这种方法论提出了一种收集与分析数据材料的独特策略。贯穿全书，艾马尔考察了各种危机以及反对国家和准国家力量之斗争的重要关头，表明了新的人类安全状态的"实践、规范和制度产品"正是在这些"相交地带"被创造出来的（艾马尔2013：21，16）。而后，这些实践、规范和制度"穿行于一组私人安全公司称之为'热点地区'的群岛，一条隐喻式的岛屿链——恐慌的飞地以及控制的实验室——其中最高度可见的部分已经在南方国家的特大城市如开罗和里约等之中浮现出来了"（艾马尔2013：16—17）。群岛方法论是一种超越研究全球化过程的常规方法的创造性、启发性方式。群岛方法论并不去追踪社会运动的动员或去比较机制的类型——这些是社会学和政治科学中的典型方法进路，相反它使研究者能够界定新的政治形式、行为者、管理形式、社会控制实践和空间数据基础设施（艾马尔2013：236）。在此过程中，它超越了仍以压倒之势支配着欧美学术界的静态方法论。《安全群岛》为全球学研究做出了令人耳目一新的重要方法论贡献，它揭示了新的概念空间、想象力、视野、声音、观点和叙事。

全球广场喧嚣中的上帝：
全球公民社会里的宗教

马克·尤尔根斯迈耶（Mark Juergensmeyer）、戴娜·格里戈（Dinah Griego）和约翰·索博斯莱（John Soboslai）于2015年发表了《全球广场喧嚣中的上帝》。该书第一作者尤尔根斯迈耶最初接受的是政治学学科训练，但后来却成为一位社会学和全球学研究领域的教授。他同时也是加利福尼亚大学圣芭芭拉分校全球学研究系的创始人之一，以及欧法利全球与国际研究中心（Orfalea Center for Global and International Studies）的前主任。不同于我们在本章中所讨论的其他三项研究，《全球广场喧嚣中的上帝》在构思、设计和资源方面都极为宏大，反映出一位非常资深的全球学研究学者的经验与专业。该书是参加了在加州圣芭芭拉举办的大量研讨会以及在布宜诺斯艾利斯、德里、开罗、上海和莫斯科举办的五场研讨会的一百多位学者、政策制定者与宗教领袖之间历时四年合作与对话的最高潮部分。鲁斯基金会（The Luce Foundation）为这项为期四年的研究项目提供了主要资金，该项目是其关于"国际事务中的宗教"倡议的组成部分；研究者还从许多大学和资助机构处获得部分资金。

该研究的内容是什么？正如作者对其的描述，《全球广场喧嚣中的上帝》是一项"探索全球公民社会中宗教之作用的研究"——21世纪早期世界各地所发生的社会变迁以及宗教在这些变迁中的作用（尤尔根斯迈耶、格里戈、索博斯莱 2015：3）。作者们特别对传统宗教对不断变化的地缘政治环境作出调适的方式，新的宗教兴起以回应这些不断变化的环境的过程，以及宗教如何反过来塑造新的地缘政治动态关系感兴趣。他们的主要研究问题是探索为什么各种不同形式和制度的宗教信仰正在重新成为构建文化与政治生活的重要平台。正如作者所指出的，这种现象正在全世界各地出现，而且经常是以非常不同乃至互相抵牾的方式出现。为什么世俗的民族主义——它包括了宗教在公共领域的倒退，并以启蒙运动和过去300年里的国家和国际治理为特征——现在正受到严重挑战？又该如何解释最近几十年里宗教激进主义裹挟着如此巨大的力量同时在西方和非西方背景下崛起？

该研究的焦点是作为社团宗教接触之场所与空间的公共广场。城市语境中的公共广场为当地人提供了示威和抵抗国家与军事力量的舞台，它们数百年来一直充当着非暴力与政治反抗的战场。整本书中，尤尔根斯迈耶、格里戈和索博斯莱指向那些在公共广场发生的事件，比如伊斯坦布尔的塔克西姆广场、开罗的解放广场、基辅的独立广场、北京的天安门广场、纽约的祖科蒂公园。但该书同时也涉及一个隐喻性、象征性全球公共广场的概念。作者们探讨了一种代表着全球公民社会以及伦理性全球空间的新全球宗教出现的可能性。这个"全球广场"并非实际物理空间，而是通过超越国家文化和地缘政治边界的新媒体与传播形式得以展现。作者们探询是否有可能把这一全球空间想象为全球共同体的伦理与精神基础，从而设法应对诸如气候变化、人权与世界和平等全球议题。

在哪些方面它是一项全球学研究？《全球广场喧嚣中的上帝》在很多方面是一项典范的全球学研究。它是对呈现于新类型空间之中的宗教激进主义的批判性跨学科调查，这些新的空间并不一定由民族国家所构建或在国家体制内被制度化。因此从一开始，它就没有想当然地把国家看作一个各种新旧宗教表达形式出现或展示于其中的分析容器。相反，作者们探讨了传统城市空间的公共广场中的宗教激进主义，以及街道上、社区集会、难民团体中和瞬息而苍茫的数字通信空间里的新的宗教信仰形式（参见 Sassen 2011）。

同样，该书也没有未加思索地就接受那种拘泥于启蒙运动传统的西方学者所惯常理解的非常狭隘的宗教概念。这一传统将世俗主义定义为宗教的缺位——两者中的一个定义了另一个。但尤尔根斯迈耶、格里戈和索博斯莱指出，宗教是一个远为精细的概念，它从自身的社会、文化和政治语境中获得意义。人们可以同时是世俗的和宗教虔诚的，而且宗教信仰也并不像欧美学者所倾向于认为的那样，是一种能够轻易剥离政治的独立现象（尤尔根斯迈耶、格里戈和索博斯莱 2015：4—5）。

在第二章所概述的全球学研究特点方面，《全球广场喧嚣中的上帝》诠释了一种极为必要的整体分析，它探究宗教信仰是如何在动荡的全球化过程背景下凸显出来的。与此同时，该书还关注这些过程施加于普通人及其日常生活之上的文化、社会、政治与经济压力。它采用一种多中心的方法进路，强调了宗教反应和宗教活动并不仅仅发源于民族国家，因而在此意义上它们是分散的。它还采用了一种分布式方法进路，承认深刻的历史语境在理解现代宗教信仰形式时的重要性，后者纵横交错于地缘政治边界并常常是通过数字社交媒体而传播的。该书强调在全球宗教和精神生活中不存在某个中心或边缘。这样，它就克服了世俗与宗教、公共与私人、全球南方与北方之间的传统二元性，并超越了将宗教作为单一而独立的信仰和行为体系的标准描述。《全球广场喧嚣中的上帝》尤其强调各种形式的政治力量和宗教接触之间的相互联系，以及西方学者低估宗教在理解全球事务中的力量的倾向所具有的缺陷。

方法论与研究设计。《全球广场喧嚣中的上帝》采用了一种非常契合全球学研究的批判方法论策略。它包括混合方法与来源：档案研究、民族志研究、访谈、报告、统计资料、新闻和社交媒体，以及原始和二次文献。同时它还借鉴了广泛的跨学科理论框架：该研究的参与者涵盖了来自世界各地、代表着不同视角的各领域人群，他们中每个人都有其关于宗教及其在社会政治生活中不断变化的作用的特殊故事。这些人也代表了不同机构、团体、阶级、民族及其在各自社会中的相对权力位置。

这类研究项目涉及很多成员的大量旅行，需要能够持续若干年的充足资金、行政资源以及大学院校的支持。研究者需要撰写方案、提交报告、出版材料以确保对如此规模的项目的持续财政资助。这类研究议程显然并不适用于每个人，而这类研究项目也并非任何人都能驾驭并维系四年之久。话虽如此，《全球广场喧嚣中的上帝》的基本研究设计和批判方法论仍是一名资源少得多的独立研究者可以效仿的，尽管其研究的规模要小得多。

虽然在《全球广场喧嚣中的上帝》中并未指明，但该书采用了我们在第五章所概述的那种相交性全球立场理论。它赋予众多个体与群体以发言权，并探索他们的各种不同视角，无论这些视角是本土、社区、区域、国家、跨国还是全球层面的。其方法论明确承认混合的主体性、世界主义以及认知与存在于这个世界的多元方式——特别是当这些方式与宗教信仰和精神实践有关时——的存在与力量，从而旨在促进跨文化解释。作为一项对宗教经验与宗教反应进行比较的多维个案研究，它还涉及全球伦理问题，如结构性不平等、不对称权力关系、政府合法性、宗教权威，以及谁能代表谁说话和行动的问题。

我们在本章中所讨论的四项多维个案研究是全球学研究项目中的标杆。它们表征了批判跨学科理论框架，广泛利用了混合研究方法，并反映了全球学设计与方法论。虽然这些书中未必明确指出这一点，但每一项研究都着力探讨了本土场所、地点、事件和团体是如何嵌入跨越传统地缘政治边境与边界的全球化过程和结构性、制度性关系之中的。换言之，它们全都介入了本土—全球连续统一体，并将这一连续统一体上本土、区域、国家、跨国、全球的概念与分析层面视为相互关联且在很多情况下同时运作的。

第八章

结论：全球知识生产的去中心化

　　本书的主要目的是使全球学研究者、其他领域学者以及希望从事全球议题的跨学科研究的学生们更好地理解有关复杂的全球议题的研究过程。我们所勾勒的这一方法是对新的全球视角、跨学科理论进路以及这些要素的方法与分析意义的综合。希望我们的努力能使几乎任何领域的研究者都能提出具有鲜明全球性的研究问题、设计有关全球议题的可行的实证研究项目，并产生对回应当代挑战具有重要意义的研究。

　　在前两章中，我们概述了我们认为构成全球学研究主要特点的一些基本概念和方法，无论它是相对较新的全球学研究领域还是在更成熟的领域中兴起的全球学研究。我们认为，那些活跃于整个本土—全球连续统一体上的复杂全球性挑战要求有创新的研究策略。因此，我们强调在全球学研究的设计、开展和分析过程中运用新的全球视角以及认识新的全球规模议题的重要性。随后的章节则开启了发展一项清晰连贯的全球学研究议程的过程，这一研究议程能够为研究者提供一条融汇这些视角并探讨这些紧迫议题的切实可行的途径。

　　第三章勾勒了一个全球跨学科框架，我们希望这一框架能够激励研究者超越传统的现代学科界限及其局限性去思考。该框架承认，正是跨国和跨地区两方面的力量同时从顶部和从下方挑战着民族国家的中心地位。为了最充分发挥方法论和概念多元互证的效能，该框架涵括了人文和社会科学领域的各种理论。它使我们能够以一种整体的方式研究多面向的全球规模议题，并在多个层次上跨时空维度运用各种不同视角。

这种跨学科理论框架构成了开发全球学研究设计的基础，后者能够融汇多种方法论与分析方法并且其变通适应性足以应对当今世界所面临的数量庞大的全球议题（见第四章和第五章）。在第五章中，我们还指出全球学研究方法论的最深远贡献之一在于它孵化了一种深度相交的全球学立场理论。此处我们是指这一新领域承认每个人都是从他或她自己在世界上的特定位置来看待和经验这个世界的。用一段本书中已多次引用的简洁尖锐的文字来说："我们从我们的立场出发知道了我们所知道的。对此我们必须坦诚"（Kovach 2009：7）。尽管女权主义和其他批判方法论往往把民族国家作为个人视角的取景范围，全球学方法论却显然拓宽了镜头以容纳一个本土—全球连续统一体，而个人立场则可以定位于这一连续统一体之上。此外，全球学方法论还考虑到一个人的立场具有许多相交的政治、经济、社会与文化维度，并且是由阶级、种族、民族、性别和宗教之间的交叉关系所生成的，这些交叉关系包含着累积性的权力、压迫与歧视。随后，我们在第六章阐述了一种多维个案研究方法，这类方法论在允许研究者保留概念焦点的同时，又给予他们以根据原始研究问题所需进行定性或定量、实证或诠释、抽象或扎根研究的自由，多维个案研究即是这类方法论的一个例子。

全球跨学科框架尤其要求将边缘化视角与认识论纳入新全球知识的生产之中。将国家史重新解读为更具包容性的全球史，需要我们对殖民主义和帝国主义的残酷影响有清晰认识。研究这些历史涉及对现代理性与科学在认识论帝国主义中的作用以及构成了这些历史的不断重演的认知暴力和大规模"认知灭绝"的理解（Santos 2014；Moore 2003）。学者们只有承认这些历史并理解持续存在于发展、自由市场、人道主义和人权话语中的认识论帝国主义的种种形式，才可能开始弥合第一世界和第三世界、发达国家和发展中国家、东方和西方之间的分野。真正去中心化的全球知识生产必须作出比复制此前的这些帝国主义形式更大的努力。

当前时刻,全球化过程正在把每一片区域都裹挟到与世界各文化之极端多样性的日益频繁的联系之中。这种多样性一直存在着,但日益频繁的跨文化接触正迫使全球学者对跨文化冲突和世界的极端不平等作出回应。萨义德在二十多年前就写道:"我们正在以一种大多数国家教育体系都从未想望过的方式彼此融合相处"(萨义德1993:328)。萨义德继而预言说:"使人文与科学知识与这些一体化现实相匹配是……当前的文化挑战"(萨义德1993:331;另参见萨义德1983)。全球学视角提醒学者们,欧美社会中的"少数"群体——他们在欧美学术界中历来是被忽视的人群——占到世界人口的大多数。这些绝大多数人承受了诸如不平等、气候变化、冲突及移民等全球性问题的不对称影响。同样地,这些绝大多数人几乎必将受到围绕着全球性问题所产生的知识的影响。当然,共同的全球史和共同的全球未来意味着世界各国人民都有权作为民族自决的地缘政治行为者受到承认,并充分参与到有关那些势必影响我们所有人的问题的知识生产中。

在本书中,我们指出全球学研究的特征——整体的、跨界的、整合的、去中心化、去疆域化、批判的、多元化、伦理的等——凸显了反思那些主导欧美学术界一个多世纪的基本学术方法与研究策略的必要性。也就是说,参与全球学研究是对北方国家传统研究方法之明显局限的一种调适性回应,这些北方国家仍固着于一个反映着那些陈旧现代性概念——科学、理性主义、个人主义和民族主义——的世界观之中。

狭隘的思想或有些人所称的狭隘主义在学术学科继续呈现一种基于国家的方法进路时最为明显,后者已无法准确地反映我们这个时代的复杂地缘政治现实及其权力、权威和主权的各种不同组合——这些组合不再和"国富论"的图表有关联(Sassen 2008)。正如很多评论者所指出的,我们正生活在一个后国家、后威斯特伐利亚的时代，在这个时代里，民族国家只是地区、跨国与全球事务中的其中一群行为主体而已。令人遗憾的是，民族国家仍然主导着大多数以学科为基础的研究，牵制思想、束缚创新。

从主权民族国家与民族主义的角度来思考，其问题在于这些概念支撑着一种对一个国家相对于其他国家的政治、经济与文化地位的过分关注。中国正在崛起并超越美国吗？中国在衰落吗？美国能否重申其超级大国的地位？还有哪些其他新兴经济体会构成下一个政治与金融的大威胁？在所有这一切中，俄罗斯的立场又是怎样的？英国脱欧对欧盟其他成员国的影响是什么？土耳其在中东政治中扮演什么角色？巴西最近的经济崩溃呢？美国能回到其孤立主义外交政策吗？尽管这些问题并非次要的，但它们的架构方式却让人想到以前的帝国主义和殖民主义时期以及稍近一点的 20 世纪下半叶的冷战思维。这些问题唤起了人们对一个时代的怀旧情绪，在那个时代里，比较和竞争的范畴非常明确，人们可以从具有相应单一文化民族认同和"我们对他们"框架的民族国家关系角度来把握这个世界——至少看起来是这样。

欧美学术界的另一个局限在于传统理论、方法与分析未能重视当今世界相互关联的复杂性。主要基于主权民族国家的思维方式阻碍了创新和创造力，而后两者却是应对当前所有人面临的全球挑战所必不可少的。鉴于没有哪个国家能够单独应对这些挑战，在像美国这样的国家里，狭隘思维的主导地位使它们非常容易被甩在后面。老旧的思想闭塞了头脑，阻止人们去想象各国、各地区、各大洲必然要合作、配合与妥协的可能未来。正如 Saskia Sassen 所言："当我们面对现今一系列变化——日益加剧的不平等、日益加剧的贫困、不断增加的政府债务时——那些用来解释它们的常用工具已经过时了"（Sassen 2014：7）。

所有全球化研究，特别是全球学研究这一新兴领域显示了一种理论、方法论以及分析上的综合，通过这种综合得以发展起用来解释当今广泛全球议题与变革的有力而灵活的学术工具和研究策略。

我们在此勾勒的研究模型为学者们克服盲点、认识全球议题的多面向复杂性，并理解这些议题对谁影响最大、为什么提供了可能性。

世界各地越来越多的学生开始接触全球学研究这一跨学科领域。可以说，它正赋予文科课程以新的生机和活力，并孕育一种更加平衡、综合、包容和重要的方法进路，后者回应了正面临具有全球性联系的艰难现实的年青一代所具有的生活体验。从事全球学研究提供了一种加强学术工作对于全球语境的适用性、有效性与重要性之可能性，从而使其对学术界的贡献更加重要和有价值。也许最重要的一点是，致力于全球学研究之美好展望，意味着重新思考我们相对于其他民族、文化、认识论、本体论、价值观、制度、政治组织和宗教的立场，它们一起说明了人们是如何相互联系并存在于这个世界上的。这就要求使知识生产的中心从假定的北方国家的理性优势中抽离出来，并建构更具包容性的、可理解的合作式研究议程，这些研究议程应当向来自南方国家的声音、视角与诠释敞开怀抱。从方法论意义上而言，这为认识论的多元互证创造了新的机会。

对全球知识生产的去中心化不只是对几个世纪的殖民主义和帝国主义的伦理回应，后两者使非西方社会的思想在西方学术中被边缘化了——尽管这种去中心化的确是一种伦理回应。更深远的是，如果学者们要找到解决世界上的问题的可行性方案——这些问题是传统学科、单个国家和单一世界观所无法解决的——那么全球知识生产的去中心化就是绝对必要的。换言之，全球知识生产的去中心化或者一些学者所说的去殖民化，意味着我们所有人都必须相互学习，以找到应对全球挑战所要求的那类解决方案。仅仅理解性地倾听别人的意见是不够的。我们所有人都必须敞开心扉相互学习，并准备好去改变自己及所属团体的主导概念、想法与观念，以便更好地对我们相互交织的共同未来负责。我们相信，参与包容性的全球学研究将使无论何种学术背景的所有学者都有可能做出具有创新性、变革性的学术研究。

附录 A

全球学个案研究大纲

研究的基本原理或目的
    待研究的全球议题
    该议题的重要性
    总体研究问题
    具体研究问题

研究设计
    概念或分析框架
        研究客体的界定
        研究对象或分析单位的界定
        研究对象的选择标准
    可比案例领域
    个案方法论
        实证策略
        具体数据收集方法
    数据分析技术
    跨文化与伦理问题

个案描述
    相关背景
    个案史或传记
    直接观察和访谈

多元和跨文化观点的代表
分析
　　对观察的描述性总结
　　对模式、明显遗漏和/或反证（如有）的论述
　　对背景的论述
　　　　相关全球议题
　　　　概念框架
　　　　分析单位
　　　　相交的全球维度
　　　　更大的案例领域
　　跨案例比较
研究发现
　　分析结果的总结
　　对原始研究目的的回应
　　对原始研究问题的回应
　　对研究意义的论述

附录 B

全球学研究期刊目录

鉴于全球学研究的新期刊不断涌现，故而这份目录并非穷尽无遗。

《亚洲全球学研究》（Asia Journal of Global Studies）

http：//www. aags. org/journal

《全球欧洲——巴塞尔"全球视野中的欧洲"文集》（Global Europe-Basel Papers on Europe in a Global Perspective）

https：//europa. unibas. ch/en/research/basel-papers/

《全球网络》（Global Networks）

http：//www. wiley. com/WileyCDA/WileyTitle/productCd-GLO3. html

《全球社会》（Global Societies Journal）

http：//www. global. ucsb. edu/globalsocieties/

《全球学研究》（Global Studies Journal）

http：//onglobalisation. com/journal/

《全球学研究法律评论》（Global Studies Law Review）

http：//openscholarship. wustl. edu/law_globalstudies/

《全球 – e：全球学研究》（global-e：A Global Studies Journal）

https：//global-ejournal. org/

《全球性研究》（Globality Studies Journal）（开源期刊）

http：//globality. cc. stonybrook. edu/

《全球化》（Globalizations）

http：//www.tandf.co.uk/journals/titles/14747731.asp

《全球本土性：文化、政治与革新》（Glocalism：Journal of Culture, Politics, and Innovation）

http：//www.glocalismjournal.net/

《身份认同：文化与权力的全球学研究》（Identities：Global Studies in Culture and Power）

http：//www.tandf.co.uk/journals/titles/1070289x.asp

《印第安纳全球法律研究》（Indiana Journal of Global Legal Studies）

http：//ijgls.indiana.edu/

《批判全球化研究》（Journal of Critical Globalisation Studies）（开源）

http：//www.criticalglobalisation.com/

《环境与发展》（Journal of Environment & Development）

http：//jed.sagepub.com/

《全球伦理》（Journal of Global Ethics）

http：//www.informaworld.com/smpp/title~db=all~content=t714578955

《全球历史》（Journal of Global History）

http：//journals.cambridge.org/action/displayJournal?jid=JGH

《国际与全球研究》（Journal of International and Global Studies）（开源）

http：//www.lindenwood.edu/jigs

《世界体系研究》（Journal of World-Systems Research）

http：//jwsr.pitt.edu/ojs/index.php/jwsr

《新全球学研究》（New Global Studies）

http：//www.bepress.com/ngs/

《第三世界季刊》（Third World Quarterly）

http：//www.tandf.co.uk/journals/CTWQ

《瞬时性：全球学研究杂志》（Transcience：A Journal of Global Studies）

http：//www.transcience-journal.org/

《耶鲁全球在线》（Yale Global Online）

http：//yaleglobal.yale.edu/

参考文献

Allen, Chadwick. 2012. *Trans-Indigenous: Methodologies for Global Native Literary Studies*. Minneapolis: University of Minnesota Press.

Althusser, Louis. 1990. *For Marx*. Translated by Ben Brewster. London: Verso.

Amar, Paul. 2013. *The Security Archipelago: Human-Security States, Sexuality Politics, and the End of Neoliberalism*. Durham, NC: Duke University Press.

Amelina, Anna, Devrimsel D. Nergiz, Thomas Faist, and Nina Glick Schiller, eds. 2012. *Beyond Methodological Nationalism: Research Methodologies for Cross-Border Studies*. London: Routledge.

Amin, Samir. 2009. *Eurocentrism*, 2nd ed. Translated by Russell Moore and James Membrez. New York: Monthly Review.

Andersen, Espen, and Bill Schiano. 2014. *Teaching with Cases: A Practical Guide*. Cambridge, MA: Harvard Business School Publishing.

Anderson, Benedict. 1983. *Imagined Communities: Reflections on the Origin and Spread of Nationalism*. London: Verso.

Anheier, Helmut K., and Mark Juergensmeyer. 2012. *The Encyclopedia of Global Studies*. 4 vols. Thousand Oaks, CA: SAGE.

Anker, Kirsten. 2014. *Declarations of Interdependence: A Legal Pluralist Approach to Indigenous Rights*. Surrey, UK: Ashgate.

Apostel, Léo, Guy Berger, Asa Briggs, and Guy Michaud,

eds. 1972. *Interdisciplinarity*: *Problems of Teaching and Research in Universities*. Paris: Organisation for Economic Co-operation and Development.

Appadurai, Arjun. 1996. *Modernity at Large*: *Cultural Dimensions of Globalization*. Minneapolis: University of Minnesota Press.

———. 2000. "Grassroots Globalization and the Research Imagination." *Public Culture* 12 (1): 1–19.

Appelbaum, Richard P., and William I. Robinson, eds. 2005. *Critical Globalization Studies*. London: Routledge.

Appiah, Kwame Anthony. 2006. *Cosmopolitanism*: *Ethics in a World of Strangers*. New York: Norton.

Arias, Santa, and Barney Warf, eds. 2008. *The Spatial Turn*: *Interdisciplinary Perspectives*. London: Routledge.

Axford, Barrie. 1995. *The Global System*: *Politics, Economics and Culture*. Cambridge: Polity.

Bailey, Carol A. 2006. *A Guide to Qualitative Field Research*, 2nd ed. Thousand Oaks, CA: SAGE.

Bales, Kevin. 2016. *Blood and Earth*: *Modern Slavery, Ecocide, and the Secret to Saving the World*. New York: Spiegel & Grau.

Balibar, Étienne. 2015. *Citizenship*. Cambridge: Polity.

Bamberger, Michael, Jim Rugh, and Linda Mabry. 2011. *Real World Evaluation*: *Working under Budget, Time, Data, and Political Constraints*, 2nd ed. Thousand Oaks, CA: SAGE.

Baran, Paul. 1964. "On Distributed Communications Networks." *IEEE Transactions of the Professional Technical Group on Communications Systems* CS–12 (1): 1–9.

Bardach, Eugene, and Eric M. Patashnik. 2015. *A Practical Guide for Policy Analysis*: *The Eightfold Path to More Effective Problem Solving*, 5th ed. Washington, D. C.: CQ.

Barker, Chris, and Emma A. Jane. 2016. *Cultural Studies: Theory and Practice*, 5th ed. Thousand Oaks, CA: SAGE.

Bateman, Lucy and Etienne Oliff, directors. 2003. *Flip Flotsam*. Documentary video available at http://www.viewchange.org/videos/kenya-flip-flotsam. See also "Fortune on the Flip Side" *The Scottsman Newspaper*, Nov. 29, 2003.

Bauchspies, Wenda. 2007. "Postcolonial Methods." *Blackwell Encyclopedia of Sociology*, edited by George Ritzer. Vol. 6: 2981 – 2986. Hoboken, NJ: Wiley-Blackwell.

Bauman, Zygmunt. 1996. "From Pilgrim to Tourist—or a Short History of Identity." *Questions of Cultural Identity*, edited by Stuart Hall and Paul du Gay, 18 – 36. Thousand Oaks, CA: SAGE.

———. 1998. *Globalization: The Human Consequences*. Cambridge: Polity.

Beck, Ulrich. 1992. *Risk Society: Towards a New Modernity*. Thousand Oaks, CA: SAGE.

———. 2006. *Cosmopolitan Vision*. Translated by Ciaran Cronin. Cambridge: Polity.

———. 2009. *World at Risk*. Cambridge: Polity.

Beck, Ulrich and Johannes Willms. 2004. *Conversations with Ulrich Beck*. Cambridge: Polity Press.

Beck, Ulrich, and Natan Sznaider. 2006. "Unpacking Cosmopolitanism for the Social Sciences: A Research Agenda." *British Journal of Sociology* 57 (1): 1 – 23.

Bell, Derrick A. 1995. "Who's Afraid of Critical Race Theory?" *University of Illinois Law Review* 1995 (4): 893 – 910.

Bentley, Jerry H., ed. 2013. *The Oxford Handbook of World History*. Oxford: Oxford University Press.

Berg, Bruce L., and Howard Lune. 2011. *Qualitative Research Methods for the Social Sciences*, 8th ed. New York： Pearson.

Berger, Peter L. , and Thomas Luckmann. 1966. *The Social Construction of Reality*： *A Treatise in the Sociology of Knowledge.* New York： Doubleday.

Bernal, Dolores Delgado. 2002. "Critical Race Theory, Latino Critical Theory, and Critical Raced-Gendered Epistemologies： Recognizing Students of Color as Holders and Creators of Knowledge. " *Qualitative Inquiry* 8（1）： 105 – 126.

Bernard, H. Russell. 2011. *Research Methods in Anthropology*： *Qualitative and Quantitative Approaches*, 5th ed.

Lanham, MD： AltaMira. Bertalanffy, Ludwid von. 1969. *General Systems Theory*： *Foundations, Development, Applications*, rev. ed. New York： George Braziller.

Bhabha, Homi K. , ed. 1990. *Nation and Narration.* London： Routledge.

Birks, Melanie, and Jane Mills. 2015. *Grounded Theory*： *A Practical Guide*, 2nd ed. Thousand Oaks, CA： SAGE.

Blassnigg, Martha, and Michael Punt. 2012. "Transdisciplinarity： Challenges, Approaches, and Opportunities at the Cusp of History. " White paper, Network for Science, Engineering, Arts, and Design. https：// seadnetwork. files. wordpress. com/2012/11/blassnig_final. pdf.

Blass, Thomas. 2009. *The Man Who Shocked the World*： *The Life and Legacy of Stanley Milgram.* New York： Basic Books.

Bodenhamer, David J. , John Corrigan, and Trevor M. Harris, eds. 2010. *The Spatial Humanities*： *GIS and the Future of Humanities Scholarship.* Bloomington, IN： Indiana University Press.

Bombaro, Christine. 2012. *Finding History*： *Research Methods and Resources for Students and Scholars.* Lanham, MD： Scarecrow.

Borenstein, Michael, Larry V. Hedges, Julian P. T. Higgins, and Hannah R. Rothstein. 2009. *Introduction to MetavAnalysis*. Malden, MA: Wiley-Blackwell.

Borgatti, Stephen P., Martin G. Everett, and Jeffrey C. Johnson. 2013. *Analyzing Social Networks*. Thousand Oaks, CA: SAGE.

Bose, Christine E. 2012. "Intersectionality and Global Gender Inequality." *Gender and Society* 26 (1): 67–72.

Brady, Henry E., and David Collier, eds. 2010. *Rethinking Social Inquiry: Diverse Tools, Shared Standards*. Lanham, MD: Rowman & Littlefield.

Brah, Avtar, and Ann Phoenix. 2004. "Ain't I a Woman? Revisiting Intersectionality." *Journal of International Women's Studies* 5 (3): 75–86.

Brayboy, Bryan McKinley Jones. 2005. "Towarda Tribal Critical Race Theory in Education." *Urban Review* 37 (5): 425–446.

Brenner, Neil. 2001. "The Limits to Scale? Methodological Reflections on Scalar Structuration." *Progress in Human Geography* 25: 591–614.

——. 2004. *New State Spaces: Urban Governance and the Rescaling of Statehood*. Oxford: Oxford University Press.

Brettell, Caroline B. and James F. Hollifield. eds. 2014. *Migration Theory: Talking across Disciplines*. London: Routledge.

Brown, Wendy. 2014. *Walled States, Waning Sovereignty*. New York: Zone.

——. 2015. *Undoing the Demos: Neoliberalism's Stealth Revolution*. New York: Zone.

Brundage, Anthony. 2013. *Going to the Sources: A Guide to Historical Research and Writing*. Malden, MA: Wiley-Blackwell.

Bryman, Alan. 2016. *Social Research Methods*, 5th ed. Oxford: Oxford University Press.

Burawoy, Michael. 1998. "The Extended Case Method." *Sociological*

Theory 16 (1): 4 – 33.

———. 2009. "The Global Turn: Lessons from Southern Labor Scholars and Their Labor Movements." *Work and Occupations* 36 (2): 87 – 95.

———. 2014. Preface to Keim etc., *Global Knowledge Production in the Social Sciences*, xiii – xvii.

Burawoy, Michael, Joseph A. Blum, Sheba George, Zsuzsa Gille, Teresa Gowan, Lynne Haney, Maren Klawiter, Steven H. Lopez, Seán Ó Riain, and Millie Thayer. 2000. *Global Ethnography: Forces, Connections, and Imaginations in a Postmodern World*. Berkeley: University of California Press.

Burnett, Ron. 2008. "Is Transdisciplinarity a New Learning Paradigm for the Digital Age?" In Nicolescu, *Transdisciplinarity*, 245 – 252.

Butler, Judith. 1990. *Gender Trouble: Feminism and the Subversion of Identity*. London: Routledge.

Campbell, Patricia, Aran MacKinnon and Christy Stevens. 2010. *Introduction to Global Studies*. Malden, MA: Wiley-Blackwell.

Carson, Rachel. 1962. *Silent Spring*. Boston: Houghton Mifflin.

Carr, Edward Hallet. 1967. *What Is History?* New York: Vintage.

Casid, Jill H. and Aruna D'Souza, eds. 2014. *Art History in the Wake of the Global Turn*. New Haven: Clark Studies in the Visual Arts, Yale University Press.

Castells, Manuel. 1996. *The Rise of the Network Society*. Oxford: Blackwell.

Caughey, John L. 2006. *Negotiating Cultures and Identities: Life History Issues, Methods, and Readings*. Lincoln: University of Nebraska Press.

Cavanagh, Edward, and Lorenzo Veracini. 2013. "Editors' Statement." *Settler Colonial Studies* 3 (1): http://www.tandfonline.com/doi/full/10.1080/18380743.2013.768169.

Chakrabarty, Dipesh. 1992. "Postcoloniality and the Artifice of History: Who Speaks for 'Indian' Pasts?" *Representations* 37: 1–26.

――. 2000. *Provincializing Europe: Postcolonial Thought and Historical Difference*. Princeton, NJ: Princeton University Press.

Chang, Robert S. 1993. "Toward an Asian American Legal Scholarship: Critical Race Theory, Post-Structuralism, and Narrative Space." *California Law Review* 81 (5): 1241–1323.

Charmaz, Kathy. 2014. *Constructing Grounded Theory*, 2nd ed. Thousand Oaks, CA: SAGE.

Cheah, Pheng and Bruce Robbins. 1998. *Cosmopolitics: Thinking and Feeling Beyond the Nation*. Minneapolis: University of Minnesota Press.

Chevalier, Jacques M., and Daniel J. Buckles. 2013. *Participatory Action Research: Theory and Methods for Engaged Inquiry*. London: Routledge.

Chiang, Alpha C., and Kevin Wainwright. 2005. *Fundamental Methods of Mathematical Economics*. New York: McGraw-Hill Education.

Chilisa, Bagele. 2011. *Indigenous Research Methodologies*. Thousand Oaks, CA: SAGE.

Chomsky, Noam. 1999. *Profit Over People: Neoliberalism & Global Order*. New York: Seven Stories Press.

Chomsky, Noam, Ira Katznelson, R. C. Lewontin, David Montgomery, Laura Nader, Richard Ohmann, Ray Siever, Immanuel Wallerstein, and Howard Zinn. 1998. *The Cold War and the University: Toward an Intellectual History of the Postwar Years*. New York: New Press.

Chow, Esther Ngan-ling, Marcia Texler Segal, and Lin Tan, eds. 2011. *Analyzing Gender, Intersectionality, and Multiple Inequalities: Global, Transnational, and Local Contexts*. Bingly, UK: Emerald.

Chow, Rey. 2006. *The Age of the World Target: Self-Referentiality in War, Theory, and Comparative Work*. Durham, NC: Duke University Press.

Clark, Andrew, Jon Prosser, and Rose Wiles. 2010. "Ethical Issues in Image-Based Research." *Arts & Health* 2 (1): 81–93.

Clegg, Stewart R., Cynthia Hardy, Thomas B. Lawrence, and Walter R. Nord, eds. 2006. *The SAGE Handbook of Organization Studies*, 2nd ed. Thousand Oaks, CA: SAGE.

Clifford, James. 2013. *Returns: Becoming Indigenous in the Twenty-First Century*. Cambridge, MA: Harvard University Press.

Clitandre, Nadège T. 2011. "Haitian Exceptionalism in the Caribbean and the Project of Rebuilding Haiti." *Journal of Haitian Studies* 17 (2): 146–153.

Cohen, Benjamin J. 2014. *Advanced Introduction to International Political Economy*. Cheltenham, UK: Edward Elgar.

Cole, Douglas. 1985. *Captured Heritage: The Scramble for Northwest Coast Artifacts*. Seattle: University of Washington Press.

Collins, Denis, ed. 2013. *Music Theory and Its Methods: Structures, Challenges, Directions*. Frankfurt am Main: Peter Lang.

Collins, Patricia Hill. 1990. *Black Feminist Thought: Knowledge, Consciousness, and the Politics of Empowerment*. London: Routledge.

Collins, Patricia Hill, and Sirma Bilge. 2016. *Intersectionality*. Cambridge: Polity.

Comaroff, Jean, and John L. Comaroff, eds. 2006. *Law and Disorder in the Postcolony*. Chicago: University of Chicago Press.

———. 2012. *Theory from the South: or, How Euro-America Is Evolving toward Africa*. Boulder, CO: Paradigm.

Conrad, Sebastian. 2016. *What is Global History?* Princeton, NJ: Princeton University Press.

Cooper, Harris. 2016. *Research Synthesis and Meta-Analysis: A Step-by-Step Approach*, 5th ed. Thousand Oaks, CA: SAGE.

Crenshaw, Kimberlé Williams. 1988. "Race, Reform, and Retrenchment: Transformation and Legitimation in Anti-Discrimination Law." *Harvard Law Review* 101 (7): 1331–1387.

―――. 1991. "Mapping the Margins: Intersectionality, Identity Politics, and Violence against Women of Color." *Stanford Law Review* 43 (6): 1241–1299.

Crenshaw, Kimberlé, Neil Gotanda, Gary Peller, and Kendall Thomas, eds. 1995. *Critical Race Theory: The Key Writings that Formed the Movement*. New York: New Press.

Creswell, John W. 2007. *Qualitative Inquiry and Research Design: Choosing among Five Approaches*. Thousand Oaks, CA: SAGE.

―――. 2014. *Research Design: Qualitative, Quantitative, and Mixed Methods Approaches*. Thousand Oaks, CA: SAGE.

―――. 2015. *A Concise Introduction to Mixed Methods Research*. Thousand Oaks, CA: SAGE.

Cresswell, Tim. 2013. *Geographic Thought: A Critical Introduction*. Malden, MA: Wiley-Blackwell.

Czarniawska, Barbara. 1998. *A Narrative Approach to Organization Studies*. Thousand Oaks, CA: SAGE.

Dados, Nour, and Raewyn Connell. 2014. "Neoliberalism, Intellectuals, and Southern Theory." In Keim etc., *Global Knowledge Production in the Social Sciences*, 195–213.

Dann, Philipp, and Felix Hanschmann. 2012. "Post-Colonial Theories and Law," in "Post-Colonial Theories and Law," edited by Philipp Dann and Felix Hanschmann, special issue, *Journal of Law and Politics in Africa, Asia and Latin America* 45 (2): 123–127.

Darian-Smith, Eve. 1996. "Postcolonialism: A Brief Introduction," in

"Law and Postcolonialism," edited by Eve Darian-Smithand Peter Fitzpatrick, special issue, *Social and Legal Studies* 5 (3): 291–299.

——. 1999. *Bridging Divides: The Channel Tunnel and English Legal Identity in the New Europe.* Berkeley: University of California Press.

——. 2002. "Getting Past the Science Wars," review of *Making Social Science Matter*, by Bent Flyvbjerg. *Current Anthropologist* 43 (1): 194–196.

——. 2013a. *Laws and Societies in Global Contexts: Contemporary Approaches.* Cambridge: Cambridge University Press.

——. 2013b. "Postcolonial Theories of Law." In *Law and Social Theory*, 2nd ed., edited by Reza Banakar and Max Travers, 247–264. Oxford: Hart.

——. 2013c. "Locating a Global Perspective." In "Symposium: Legal Scholarship and Globalization; Engagements with William Twining," special issue, *Transnational Legal Theory* 4 (4): 524–526.

——. 2014. "Global Studies—The Handmaiden of Neoliberalism?" *Globalizations* 12 (2): 164–168.

——. 2015. "The Constitution of Identity: New Modalities of Nationality, Citizenship, Belonging, and Being." In *The Handbook of Law and Society*, edited by Austin Sarat and Patricia Ewick, 351–366. Malden, MA: Wiley-Blackwell.

——. 2016. "Mismeasuring Humanity: Examining Indicators through a Critical Global Studies Perspective." *New Global Studies* 10 (1): 73–99.

Darian-Smith, Eve, and Philip McCarty. 2016. "Beyond Interdisciplinarity: Developing a Global Transdisciplinary Framework." *Transcience* 7 (2).

Darieva, Tsypylma, Nina Glick Schiller, and Sandra Gruner-Domic, eds. 2012. *Cosmopolitan Sociability: Locating Transnational Religious and Diasporic Networks.* London: Routledge.

Davis, Mike. 2006. *Planet of Slums.* London: Verso.

Dayan, Colin. 2011. *The Law Is a White Dog: How Legal Rituals Make and Unmake Persons.* Princeton, NJ: Princeton University Press.

Dear, Peter. 2001. *Revolutionizing the Sciences: European Knowledge and Its Ambitions*, 1500 – 1700. Princeton, NJ: Princeton University Press.

De Fina, Anna, and Alexandra Georgakopoulou. 2015. *The Handbook of Narrative Analysis.* Malden, MA: Wiley-Blackwell.

Delgado, Richard, and JeanStefancic. 1993. "Critical Race Theory: An Annotated Bibliography." *Virginia Law Review* 79: 461 – 516.

―――, eds. 1998. *The Latino/a Condition: A Critical Reader.* New York: New York University Press.

―――. 2001. *Critical Race Theory: An Introduction.* New York: New York University Press.

Denzin, Norman K., and Yvonna S. Lincoln. 2008. Preface to *Handbook of Critical and Indigenous Methodologies*, edited by Norman K. Denzin, Yvonna S. Lincoln, and Linda Tuhiwai Smith, ix – xv. Thousand Oaks, CA: SAGE.

Desai, Vandana, and Robert B. Potter. 2014. *The Companion to Development Studies*, 3rd ed. London: Routledge.

Desrosières, Alain. 1998. *The Politics of Large Numbers: A History of Statistical Reasoning.* Translated by Camille Naish. Cambridge, MA: Harvard University Press.

DeWalt, Kathleen M., and Billie R. DeWalt. 2011. *Participant Observation: A Guide for Fieldworkers.* Lanham, MD: AltaMira.

Douglas, Mary. 2003 [1970]. *Natural Symbols: Explorations in Cosmology.* Reprint of 1996 ed. London: Routledge.

Du Bois, W. E. B. 1986. *Writings*, edited by Nathan Huggins. New York:

Library of America.

Duménil, Gérard and Dominique Lévy. 2004. *Capital Resurgent: Roots of the Neoliberal Revolution.* Cambridge, MA: Harvard University Press.

Duneier, Mitchell. 1992. *Slim's Table: Race, Respectability, and Masculinity.* Chicago: University of Chicago Press.

Dunn, Kevin C., and Iver B. Neumann. 2016. *Undertaking Discourse Analysis for Social Research.* Ann Arbor: University of Michigan Press.

Duve, Thomas. 2013. "European Legal History: Global Perspectives." Paper presented at "European Normativity: Global Historical Perspectives" Colloquium, Max-Planck-Institute for European Legal History, Frankfurt, Germany, September 2 – 4.

Emmel, Nick. 2013. *Sampling and Choosing Cases in Qualitative Research: A Realist Approach.* Thousand Oaks, CA: SAGE.

Engel, Uwe, Ben Jann, Peter Lynn, Annette Scherpenzeel, and Patrick Sturgis, eds. 2015. *Improving Survey Methods: Lessons from Recent Research.* London: Routledge.

Escobar, Arturo. 1995. *Encountering Development: The Making and Unmaking of the Third World.* Princeton, NJ: Princeton University Press.

Eslava, Luis. 2015. *Local Space, Global Life: The Everyday Operation of International Law and Development.* Cambridge: Cambridge University Press.

Essed, Philomena, and David Theo Goldberg, eds. 2001. *Race Critical Theories: Text and Context.* Malden, MA: Blackwell.

Evans, Mike, RachelleHole, Lawrence D. Berg, Peter Hutchinson, and DixonSookraj. 2009. "Common Insights, Differing Methodologies: Toward a Fusion of Indigenous Methodologies, Participatory Action Research, and White Studies in an Urban Aboriginal Research Agenda." *Qualitative Inquiry* 15 (5): 893 – 910.

Falk, Richard. 2002. "Revisiting Westphalia, Discovering Post-Westphalia." *Journal of Ethics* 6 (4): 311–352.

———. 2014. *(Re) Imagining Humane Global Governance*. London: Routledge.

Falzon, Mark-Anthony, ed. 2009. *Multi-Sited Ethnography: Theory, Praxis and Locality in Contemporary Research*. Farnham, UK: Ashgate.

Fam, Dena, Jane Palmer, Chris Riedy and Cynthia Mitchell, eds. 2016. *Transdisciplinary Research and Practice for Sustainability Outcomes*. London: Routledge.

Fangen Katrine, Thomas Johansson, and Nils Hammarén, eds. 2012. *Young Migrants: Exclusion and Belonging in Europe*. Basingstoke, UK: Palgrave Macmillan.

Fanon, Frantz. 1961. *The Wretched of the Earth*. Translated by Constance Farrington. New York: Grove. Farrell, Ann. 2015. "Ethics in Research with Children." In "Childhood Studies," edited by Heather Montgomery, *Oxford Bibliographies*. Last reviewed May 13. http://www.oxfordbibliographies.com/view/document/obo−9780199791231/obo−9780199791231−0070.xml.

Featherstone, Mike, and Couze Venn. 2006. "Problematizing Global Knowledge and the New Encyclopedia Project: An Introduction." *Theory, Culture & Society* 23 (2–3): 1–20.

Featherstone, Mike, Scott Lash, and Roland Robertson, eds. 1995. *Global Modernities*. London: SAGE.

Ferguson, James. 2006. *Global Shadows: Africa in the Neoliberal World Order*. Durham, NC: Duke University Press.

Ferguson, Roderick. 2012. *The Reorder of Things: The University and Its Pedagogies of Minority Difference*. Minneapolis: University of Minnesota Press.

Ferguson, Yale H., and Richard W. Mansbach. 2012. *Globalization:*

The Return of Borders to a Borderless World? London: Routledge.

Fitzgerald, Des, and Felicity Callard. 2014. "Social Science and Neuroscience beyond Interdisciplinarity: Experimental Entanglements." *Theory, Culture & Society* 32 (1): 3–32.

Fitzpatrick, Jody L., James R. Sanders, and Blaine R. Worthen. 2011. *Program Evaluation: Alternative Approaches and Practical Guidelines*, 4th ed. New York: Pearson Education.

Flynn, Leisa R., and Ronald E. Goldsmith. 2013. *Case Studies for Ethics in Academic Research in the Social Sciences.* Thousand Oaks, CA: SAGE.

Flyvbjerg, Bent. 2001. *Making Social Science Matter: Why Social Inquiry Fails and How It Can Succeed Again.* Cambridge: Cambridge University Press.

Foucault, Michel. 1975. *Discipline and Punish: The Birth of the Prison.* Translated by Alan Sheridan. New York: Vintage.

Fowler, Floyd J., Jr. 2014. *Survey Research Methods*, 5th ed. Thousand Oaks, CA: SAGE.

Fox, John. 1991. *Regression Diagnostics: An Introduction.* Thousand Oaks, CA: SAGE.

Franzosi, Roberto. 2010. *Quantitative Narrative Analysis.* Thousand Oaks, CA: SAGE.

Freire, Paulo. 2000 [1970]. *Pedagogy of the Oppressed.* 30th anniv. ed. Translated by Myra Berman Ramos. London: Bloomsbury.

Friedman, Milton. 1970. "The Social Responsibility of Business Is to Increase Its Profits." *New York Times Magazine*, September 13.

Friedman, Thomas L. 1999. *The Lexus and the Olive Tree.* New York: Picador.

Frühstück, Sabine. 2014. "Sexuality and Nation States." In*Global History of Sexuality*, edited by Robert Marshall Buffington, Eithne Luibheid, and Donna Guy, 17 – 56. London: Wiley-Blackwell.

Gandhi, Leela. 1998. *Postcolonial Theory: A Critical Introduction*. New York: Colombia University Press.

García Canclini, Néstor. 2014. *Imagined Globalization*. Translated and with an introduction by George Yúdice. Durham, NC: Duke University Press. Gasper, Des. 2010. "Interdisciplinarity and Transdisciplinarity: Diverse Purposes of Research; Theory-Oriented, Situation-Oriented, Policy-Oriented." In *The Routledge Doctoral Student's Companion: Getting to Grips with Research in Education and the Social Sciences*, edited by Pat Thomson and Melanie Walker, 52 – 67. London: Routledge.

Gass, J. R. 1972. Preface to Apostel etc., *Interdisciplinarity*, 9 – 10.

Gaudelli, William. 2016. *Global Citizenship Education: Everyday Transcendence*. London: Routledge.

Gee, James Paul. 2014. *An Introduction to Discourse Analysis: Theory and Method*, 4th ed. London: Routledge.

Geertz, Clifford. 1973. *The Interpretation of Cultures: Selected Essays*. New York: Basic Books.

Gerring, John. 2012. *Social Science Methodology: A Unified Framework*, 2nd ed. Cambridge: Cambridge University Press.

Ghosh, Bishnupriya. 2011. *Global Icons: Apertures to the Popular*. Durham, NC: Duke University Press.

Giddens, Anthony. 1984. *The Constitution of Society: Outline of the Theory of Structuration*. Cambridge: Polity.

———. 1990. *The Consequences of Modernity*. Stanford, CA: Stanford University Press.

Gill, Stephen, ed. 2015. *Critical Perspectives on the Crisis of Global Governance: Reimagining the Future*. Basingstoke, UK: Palgrave Macmillan.

Gille, Zsuzsa, and Seán Ó Riain. 2002. "Global Ethnography." *Annual Review of Sociology* 28: 271–295.

Gilroy, Paul. 1993. *The Black Atlantic: Modernity and Double-Consciousness.* Cambridge: Cambridge University Press.

Given, Lisa M., ed. 2008. *The SAGE Encyclopedia of Qualitative Research Methods.* 2 vols. Thousand Oaks, CA: SAGE.

Glaser, Barney G., and Anselm L. Strauss. (1967) 1999. *The Discovery of Grounded Theory: Strategies for Qualitative Research.* New Brunswick, NJ: Transaction.

Glick Schiller, Nina. 2012. "Transnationality, Migrants and Cities." In *Beyond Methodological Nationalism: Research Methodologies for Cross-Border Studies*, edited by Anna Amelina, Devrimsel D. Nergiz, Thomas Faist, and Nina Glick Schiller, 23–40. London: Routledge.

Goebel, Michael. 2015. *Anti-Imperial Metropolis: Interwar Paris and the Seeds Third World Nationalism.* Cambridge: Cambridge University Press.

Goldthorpe, John H., David Lockwood, Frank Bechhofer, Jennifer Platt. 1969. *The Affluent Worker in the Class Structure.* Cambridge: Cambridge University Press.

Golledge, Reginald G., and Robert J. Stimson. 1996. *Spatial Behavior: A Geographic Perspective.* New York: Guilford.

Gould, Stephen Jay. 1996. *The Mismeasure of Man*, rev. and exp. ed. New York: Norton.

Grafton, Anthony. 1992. *New Worlds, Ancient Texts: The Power of Tradition and the Shock of Discovery.* With April Shelford and Nancy Siraisi. Cambridge, MA: Belknap.

Grewal, Inderpal and Caren Kaplan. 1994. "Introduction." In *Scattered Hegemonies: Postmodernity and Transnational Feminist Practices*, edited by Inderpal Grewal and Caren Kaplan, 1–33. Minneapolis: University of Minnesota Press.

Grosfoguel, Ramón. 2011. "Decolonizing Post-Colonial Studies and Paradigms of Political-Economy: Transmodernity, Decolonial Thinking and Global Coloniality." *Transmodernity* 1 (1): 1 – 37.

Grusin, Richard, ed. 2015. *The Nonhuman Turn*. Minneapolis: University of Minnesota Press.

Guha, Ranajit, and Gayatri Chakravorty Spivak, eds. 1988. *Selected Subaltern Studies*. Oxford: Oxford University Press.

Gunn, Giles. 2013. Introduction to *Ideas to Die For: The Cosmopolitan Challenge*, by Giles Gunn, 1 – 13. London: Routledge.

Hacker, Karen. 2013. *Community-Based Participatory Research*. Thousand Oaks, CA: SAGE.

Hall, Anthony J. 2010. *Earth into Property: Colonization, Decolonization, and Capitalism*. Vol. 2, *The Bowl with One Spoon*. Montreal: McGill-Queen's University Press.

Hall, Marie Boas. (1962) 1994. *The Scientific Renaissance*, 1450 – 1630. New York: Dover.

Hall, Stuart. 1980. "Cultural Studies: Two Paradigms." *Media, Culture & Society* 2 (1): 57 – 72.

Halseth, Greg, Sean Markey, Laura Ryser, and Don Manson. 2016. *Doing Community-Based Research: Perspectives from the Field*. Montreal: McGill-Queen's University Press.

Hancock, Ange-Marie. 2016. *Intersectionality: An Intellectual History*. Oxford: Oxford University Press.

Harding, Sandra, ed. 1987. *Feminism and Methodology*. Bloomington: Indiana University Press.

―――, ed. 2004. *The Feminist Standpoint Theory Reader: Intellectual and Political Controversies*. London: Routledge.

Hardt, Michael, and Antonio Negri. 2001. *Empire*. Cambridge, MA:

Harvard University Press.

Harlow, John. 1848. "Passage of an Iron Rod through the Head." *Boston Medical and Surgical Journal* 39: 389–393.

Harpalani, Vinay. 2013. "DesiCrit: Theorizing the Racial Ambiguity of South Asian Americans." *NYU Annual Survey of American Law* 69 (1): 77–184.

Harris, Cheryl I. 1993. "Whiteness as Property." *Harvard Law Review* 106 (8): 1701–1791.

Harris, Duchess. 2001. "From the Kennedy Commission to the Combahee Collective: Black Feminist Organizing, 1960–80." In *Sisters in the Struggle: African American Women in the Civil Rights-Black Power Movement*, edited by Bettye Collier-Thomas and V. P. Franklin, 280–305. New York: New York University Press.

Hartsock, Nancy C. M. 1999. *The Feminist Standpoint Revisited and Other Essays*. New York: Basic Books.

Harvey, David. 1990. *The Condition of Post-Modernity: An Enquiry into the Origins of Cultural Change*. Oxford: Blackwell.

———. 2007. *A Brief History of Neoliberalism*. Oxford: Oxford University Press.

Hayashi, Fumio. 2000. *Econometrics*. Princeton, NJ: Princeton University Press.

Haynes, Jeffrey. 2008. *Development Studies*. Cambridge: Polity.

Hedges, Chris. 2008. "The Best and the Brightest Led America Off a Cliff." *Truthdig*, December 8. http://www.truthdig.com/report/item/20081208_hedges_best_brightest.

Held, David. 2002. "Culture and Political Community: National, Global, and Cosmopolitan." In *Conceiving Cosmopolitanism: Theory, Context, and Practice*, edited by Steven Vertovec and Robin Cohen, 48–58. Oxford: Oxford University Press.

Held, David, Anthony McGrew, David Goldblatt, and Jonathan Perraton. 1999. *Global Transformations: Politics, Economics, and Culture.* Stanford, CA: Stanford University Press.

Helmers, Marguerite. 2005. *The Elements of Visual Analysis.* New York: Pearson Education.

Henry, Gary T. 1990. *Practical Sampling.* Thousand Oaks, CA: SAGE.

Herr, Kathryn, and Gary L. Anderson. 2015. *The Action Research Dissertation: A Guide for Students and Faculty*, 2nd ed. Thousand Oaks, CA: SAGE.

Madeleine Herren, Martin Rüesch, Christiane Sibille. 2012. *Transcultural History: Theories, Methods, Sources.* New York: Springer.

Hesse-Biber, Sharlene Nagy, ed. 2014. *Feminist Research Practice: A Primer*, 2nd ed. Thousand Oaks, CA: SAGE.

Hinde, Andrew. 1998. *Demographic Methods.* London: Routledge.

Hobsbawm, Eric. 1994. *The Age of Extremes: A History of the World, 1914 – 1991.* New York: Random House.

―――. 1997. *On History.* New York: New Press.

Hodgson, Geoffrey M. 2001. *How Economics Forgot History: The problem of historical specificity in social science.* London: Routledge.

Hohn, Donovan. 2012. *Moby-Duck: The True Story of 28, 800 Bath Toys Lost at Sea and of the Beachcombers, Oceanographers, Environmentalists & Fools Including the Author Who Went in Search of Them.* London: Penguin.

Holcomb, Zealure C. 1998. *Fundamentals of Descriptive Statistics.* Los Angeles: Pyrczak.

Hole, RachelleD. , Mike Evans, Lawrence D. Berg, Joan L. Bottorff, Carlene Dingwall, Carmella Alexis, Jessie Nyberg, Michelle L. Smith. 2015. "Visibility and Voice: Aboriginal People Experience Culturally Safe and Unsafe Health Care." *Qualitative Health Research* 25 (12):

1662 – 1674.

Howell, Martha and Walter Prevenier. 2001. *From Reliable Sources: An Introduction to Historical Methods.* Ithaca, NY: Cornell University Press.

Howitt, Richard. 1993. "'A World in a Grain of Sand': Towards a Reconceptualization of Geographical Scale." *Australian Geographer* 24: 33 – 44.

Hughes-Warrington, Marnie, ed. 2005. *Palgrave Advances in World Histories.* Basingstoke, UK: Palgrave Macmillan.

Hutchings, Kimberly. 2008. *Time and World Politics: Thinking the Present.* Manchester: Manchester University Press.

Hutner, Gordon and Feisal G. Mohamed, eds. 2015. *A New Deal for the Humanities: Liberal Arts and the Future of HigherEducation.* New Brunswick, NJ: Rutgers University Press.

InterAcademy Partnership. 2016. *Doing Global Science: A Guide to Responsible Conduct in the Global Research Enterprise.* Princeton, NJ: Princeton University Press.

Iskander, Mai (Director). 2009. GarbageDreams. Iskander Films. Documentary film available at http://www.garbagedreams.com.

Israel, Mark. 2015. *Research Ethics and Integrity for Social Scientists: Beyond Regulatory Compliance*, 2nd ed. Thousand Oaks, CA: SAGE.

Itard, Jean Marc Gaspard. 1802. *An Historical Account of the Discovery and Education of a Savage Man: Or, the First Developments, Physical and Moral, of the Young Savage Caught in the Woods Near Aveyron in the Year* 1798. London: Richard Phillips.

Iversen, Gudmund R., and Helmut Norpoth. 1987. *Analysis of Variance*, 2nd ed. Thousand Oaks, CA: SAGE.

Jackson, Matthew O. 2008. *Social and Economic Networks.* Princeton, NJ: Princeton University Press.

Jackson, Patrick Thaddeus. 2010. *The Conduct of Inquiry in International Relations: Philosophy of Science and Its Implications for the Study of World Politics.* London: Routledge.

Jasanoff, Shiela, ed. 2004. *States of Knowledge: The Co-Production of Science and Social Order.* London: Routledge.

Jensen, Klaus Bruhn. 2012. *A Handbook of Media and Communication Research: Qualitative and Quantitative Methodologies.* London: Routledge.

Jockers, Matthew L. 2014. *Text Analysis with R for Students of Literature.* New York: Springer.

Johnston, R. R. 2008. "On Connection and Community: Transdisciplinarity and the Arts." In Nicolescu, *Transdisciplinarity*, 223–236.

Johnstone, Barbara. 2008. *Discourse Analysis*, 2nd ed. Malden, MA: Blackwell.

Juergensmeyer, Mark. 2000. *Terror in the Mind of God: The Global Rise of Religious Violence.* Berkeley: University of California Press.

——. 2001. "Terror in the Name of God." *Current History* 100: 357–361.

——. 2011. "What Is Global Studies?" global-e5: https://global-ejournal.org/2011/05/06/what-is-global-studies-3/.

——. 2013a. "What Is Global Studies?" *Religion and Social Change in a Global World* (blog), December 27. http://juergensmeyer.org/what-is-global-studies/.

——. 2013b. "What is Global Studies?" In *Globalizations* 10 (6): 765–769.

——, ed. 2014a. *Thinking Globally: A Global Studies Reader.* Berkeley: University of California Press.

——. 2014b. "The Origins of Global Studies." Interview by Manfred Steger and Paul James, *Globalizations* 11 (4): 539–547.

Juergensmeyer, Mark, Dinah Griego, and John Soboslai. 2015. *God in the Tumult of the Global Square*: *Religion in Global Civil Society*. Berkeley: University of California Press.

Kaldor, Mary. (1999) 2006. *New and Old Wars*: *Organized Violence in a Global Era*, 2nd ed. Stanford, CA: Stanford University Press.

Keim, Wiebke, Ercüment Çelik, Christian Ersche, and Veronika Wöhrer, eds. 2014. *Global Knowledge Production in the Social Sciences*: *Made in Circulation*. Farnham, UK: Ashgate.

Khagram, Sanjeev, and Peggy Levitt, eds. 2008. *The Transnational Studies Reader*: *Intersections and Innovations*. London: Routledge.

Kim, Jeong-Hee. 2016. *Understanding Narrative Inquiry*: *The Crafting and Analysis of Stories as Research*. Thousand Oaks, CA: SAGE.

Kirk, Andy. 2016. *Data Visualisation*: *A Handbook for Data Driven Design*. Thousand Oaks, CA: SAGE.

Kitzinger, Jenny. 1994. "The Methodology of Focus Groups: The Importance of Interaction between Research Participants." *Sociology of Health & Illness* 16 (1): 103 – 121.

Klein, Naomi. 2014. *This Changes Everything*: *Capitalism vs. The Climate*. London: Penguin.

Klotz, Audie, and Deepa Prakash, eds. 2009. *Qualitative Methods in International Relations*: *A Pluralist Guide*. Basingstoke, UK: Palgrave Macmillan.

Knights, David, and Hugh Willmott. 2011. *Organizational Analysis*. Boston: Cengage Learning.

Kovach, Margaret. 2009. *Indigenous Methodologies*: *Characteristics, Conversations, and Contexts*. Toronto: University of Toronto Press.

Krippendorff, Klaus, and Mary Angela Bock, eds. 2009. *The Content Analysis Reader*. Thous and Oaks, CA: SAGE.

Kuckartz, Udo. 2014. *Qualitative Text Analysis*: *A Guide to Methods, Practice and Using Software*. Thousand Oaks, CA: SAGE.

Kuhn, Thomas. 1962. *The Structure of Scientific Revolutions*. Chicago: University of Chicago Press.

Kupchan, Charles A. 2012. *No One's World: the West, the Rising Rest, and the Coming Global Turn*. Oxford: Oxford University Press.

Lagemann, Ellen Condliffe. 1989. *The Politics of Knowledge: The Carnegie Corporation, Philanthropy, and Public Policy*. Chicago: University of Chicago Press.

Lake, Marilyn, and Henry Reynolds. 2008. *Drawing the Global Colour Line: White Men's Countries and the International Challenge of Racial Equality*. Cambridge: Cambridge University Press.

Lambert, Lori. 2014. *Research for Indigenous Survival: Indigenous Research Methodologies in the Behavioral Sciences*. Pablo, MT: Salish Kootenai College Press.

Lamont, Christopher. 2015. *Research Methods in International Relations*. Thousand Oaks, CA: SAGE.

Lange, Matthew. 2012. *Comparative-Historical Methods*. Thousand Oaks, CA: SAGE.

Laslitt, Barbara, Ruth-Ellen B. Joeres, Mary Jo Maynes, Evelyn Brooks Higginbotham, and Jeanne Barker-Nunn, eds. 1997. *History and Theory: Feminist Research, Debates, Contestations*. Chicago: University of Chicago Press.

Latour, Bruno. 1988. *Science in Action: How to Follow Scientists and Engineers Through Society*. Cambridge, MA: Harvard University Press.

Lazarsfeld, Paul F., and Robert K. Merton. 1948. "Mass Communication, Popular Taste, and Organized Social Action." In*The Communication of Ideas: A Series of Addresses*, edited by Lyman Bryson, 95–118. New York: Harper.

Leavy, Patricia. 2011. *Essentials of Transdisciplinary Research: Using Problem-Centered Methodologies*. Walnut Creek, CA: Left Coast.

Le Play, Frédéric. (1855) 1878. *Les Ouvriers Europeens: Etude SurLes Travaux, La Vie Domestique*. Paris: Alfred Mame et fils.

Lepore, Jill. 2015. "Politics and the New Machine: What the Turn from Polls to Data Science Means for Democracy." *New Yorker*, November 16. http://www.newyorker.com/magazine/2015/11/16/politics-and-the-new-machine.

Lewis-Beck, Michael S., Alan Bryman, and Tim Futing Liao. 2004. *The SAGE Encyclopedia of Social Science Research Methods*. 3 vols. Thousand Oaks, CA: SAGE.

Lezra, Esther. 2014. *The Colonial Art of Demonizing Others: A Global Perspective*. Routledge.

Lipsitz, George. 2010. "Ethnic Studies at the Crossroads." *Kalfou*: 11–15.

Lloyd, G. E. R. 1999. *Magic, Reason, and Experience: Studies in the Origin and Development of Greek Science*. Cambridge, MA: Hackett.

Loeke, Konstanze and Matthias Middell, eds. 2017. *The Many Facets of Global Studies. Perspectives from the Erasmus Mundus Global Studies Programme*. Leipzig: Leipzig University Press. Forthcoming.

Loomba, Ania. 2005. *Colonialism/Postcolonialism*, 2nd ed. London: Routledge.

Loomba, Ania, Suvir Kaul, Matti Bunzi, Antoinette Burton, and Jed Esty, eds. 2005. *Postcolonial Studies and Beyond*. Durham, NC: Duke University Press.

Lorde, Audre. 1984. "The Master's Tools Will Never Dismantle the Master's House." In *Sister Outsider: Essays and Speeches*, 110–114. Berkeley, CA: Crossing.

Lowe, Lisa. 2015. *The Intimacies of Four Continents*. Durham, NC: Duke University Press.

Ludden, David. 2000. "Area Studies in the Age of Globalization."

Frontiers: The Interdisciplinary Journal of Study Abroad 6: 1–22.

Luhmann, Niklas. (2002) 2013. *Introduction to Systems Theory*. Translated by Peter Gilgen. Cambridge: Polity.

Lundborg, Tom. 2012. *Politics of the Event: Time, Movement, Becoming*. London: Routledge.

Lunn, Jenny, ed. 2014. *Fieldwork in the Global South: Ethical Challenges and Dilemmas*. London: Routledge.

Lynd, Robert S. and Helen Merrell Lynd. (1929) 1956. *Middletown: A Study in American Culture*. New York: Harcourt, Brace.

Lynn, Laurence E., Jr. 1999. *Teaching and Learning with Cases: A Guidebook*. New York: Chatham House.

Madison, D. Soyini, and Judith Hamera, eds. 2006. *The SAGE Handbook of Performance Studies*. Thousand Oaks, CA: SAGE.

Magnusson, Warren, and Karena Shaw, eds. 2003. *A Political Space: Reading the Global through Clayoquot Sound*. Minneapolis: University of Minnesota Press.

Mahoney, James, and Dietrich Rueschemeyer, eds. 2003. *Comparative Historical Analysis in the Social Sciences*. Cambridge: Cambridge University Press.

Mahoney, James, andKathleen Thelen, eds. 2015. *Advances in Comparative-Historical Analysis*. Cambridge: Cambridge University Press.

Malagon, Maria C., Lindsay Pérez Huber, and Verónica N. Vélez. 2009. "Our Experiences, Our Methods: Using Grounded Theory to Inform a Critical Race Theory Methodology." *Seattle Journal for Social Justice* 8 (1): 253–272.

Malinowski, Bronislaw. (1922) 1984. *Argonauts of the Western Pacific*. Prospect Heights, IL: Waveland.

Marcus, George. 1995. "Ethnography in/of the World System: The Emergence of Multi-Sited Ethnography." *Annual Review of Anthropology*

24: 95 – 117.

Margolis, Eric, and Luc Pauwels. 2011. *The SAGE Handbook of Visual Research Methods*. Thousand Oaks, CA: SAGE.

Marshall, Catherine, and Gretchen B. Rossman. 1989. *Designing Qualitative Research*. Thousand Oaks, CA: SAGE.

Martell, Luke. 2007. "The Third Wave in Globalization Theory." *International Studies Review* 9 (2): 173 – 196.

Martin, William E., and Krista D. Bridgmon. 2012. *Quantitative and Statistical Research Methods: From Hypothesis to Results*. San Francisco: Jossey-Bass.

Martin, William G., ed. 2008. MakingWaves: WorldwideSocialMovements, 1750 – 2005. Boulder, CO: Paradigm. Massey, Doreen. 1994. *Space, Place, and Gender*. Minneapolis: University of Minnesota Press.

Matsuda, Mari J. 1987. "Looking to the Bottom: Critical Legal Studies and Reparations." *Harvard Civil Rights-Civil Liberties Law Review* 22 (2): 323 – 399.

Mazlish, Bruce. 1993. "An Introduction to Global History." In*Conceptualizing Global History*, edited by Bruce Mazlish and Ralph Buultjens, 1 – 26. Boulder, CO: Westview.

McCann, Carole R., and Seung-kyung Kim, eds. 2013. *Feminist Theory Reader: Local and Global Perspectives*. London: Routledge.

McCarty, Philip. 2014a. *Integrated Perspectives in Global Studies*. Rev. first ed. San Diego: Cognella.

———. 2014b. "Globalizing Legal History." *Rechtsgeschichte—Legal History* 22: 283 – 291.

———. 2014c. "Communicating Global Perspectives." *Global Europe—Basel Papers on Europe in a Global Perspective* 105: 27 – 37.

McCullagh, C. Behan. 1984. *Justifying Historical Descriptions*. Cambridge: Cambridge University Press.

McGarry, Aidan and James Jasper, eds. 2015. *The Identity Dilemma: Social Movements and Collective Identity*. Philadelphia, PA: Temple University Press.

McIntyre, Alice. 2008. *Participatory Action Research*. Thousand Oaks, CA: SAGE.

McLuhan, Marshall. 1964. *Understanding Media: The Extensions of Man*. New York: McGraw-Hill.

Merriam-Webster Dictionary. http://www.merriam-webster.com/dictionary/decenter.

Merrigan, Gerianne, and Carole L. Huston. 2014. *Communication Research Methods*. Oxford: Oxford University Press.

Merry, Sally Engle. 2006. *Human Rights and Gender Violence: Translating International Law into Local Justice*. Chicago: University of Chicago Press.

Mertens, Donna M., and Pauline E. Ginsberg. 2008. *The Handbook of Social Research Ethics*. Thousand Oaks, CA: SAGE.

Middell, Matthias. 2014. "What is Global Studies All About?" *Global Europe-Basel Papers on Europe in a Global Perspective* 105: 45–49.

Miles, Matthew B., A. Michael Huberman, and Johnny Saldaña. 2014. *Qualitative Data Analysis: A Methods Sourcebook*, 3rd ed. Thousand Oaks, CA: SAGE Publications.

Milgram, Stanley. (1974) 2009. *Obedience to Authority: An Experimental View*. New York: HarperCollins.

Millman, Marcia, and Rosabeth Moss Kanter. 1987. "Introduction to Another Voice: Feminist Perspectives on Social Life and Social Science." In *Feminism and Methodology*, edited by Sandra Harding, 29–36. Bloomington: Indiana University Press.

Mills, Albert J., Gabrielle Eurepos, and Elden Wiebe, eds. 2010. *Encyclopedia of Case Study Research. 2 vols. Thousand Oaks, CA: SAGE Publications.

Mills, C. Wright. 1959. *The Sociological Imagination*. Oxford: Oxford University Press.

Mintz, Sidney W. 1985. *Sweetness and Power: The Place of Sugar in Modern History*. London: Penguin.

Mitchell, Elizabeth. 2014. *Liberty's Torch: The Great Adventure to Build the Statue of Liberty*. New York: Atlantic Monthly.

Miyoshi, Masao and Harry Harootunian, eds. 2002. *Learning Places: The Afterlives of Area Studies*. Durham, NC: Duke University Press.

Mongia, Padmini, ed. 1996. *Contemporary Postcolonial Theory: A Reader*. London: Arnold.

Morgan, David L. 1997. *Focus Groups as Qualitative Research*, 2nd ed. Thousand Oaks, CA: SAGE.

Moore, MariJo. 2003. *Genocide of the Mind: New Native American Writing*. New York: Nation Books.

Moraru, Christian. 2001. "The Global Turn in Critical Theory." *Symplokē* 9 (1/2): 74–82.

Morrison, Toni. 1992. *Playing in the Dark: Whiteness and the Literary Imagination*. New York: Vintage.

Morrow, Raymond A. 1994. *Critical Theory and Methodology*. With David D. Brown. Thousand Oaks. CA: SAGE.

Mulnix, Jennifer Wilson. 2012. "Thinking Critically about Critical Thinking." *Educational Philosophy and Theory* 44 (5): 464–479.

Mutua, Kagendo, and Beth Blue Swadener, eds. 2004. *Decolonizing Research in Cross-Cultural Contexts: Critical Personal Narratives*. Albany: State University of New York Press.

Naples, Nancy A. 2003. *Feminism and Methods: Ethnography, Discourse Analysis, and Activist Research*. London: Routledge.

Nederveen Pieterse, Jan. 2009. *Globalization & Culture: Global Mélange*. 2nd ed. Lanham, MD: Rowman & Littlefield.

―――. 2012. "Periodizing Globalization: Histories of Globalization." *New Global Studies* 6 (2).

―――. 2013. "What Is Global Studies?" special issue, *Globalizations* 10 (4): 499 – 514.

Newman, M. E. J. 2010. *Networks: AnIntroduction*. Oxford: Oxford University Press.

Ngũgĩ, wa Thiong'o. 1986. *Writing against Neo-Colonialism*. London: Vita.

Nicolescu, Basarab. 2008. "In Vitro and In Vivo Knowledge—Methodology of Transdisciplinarity," in*Transdisciplinarity: Theory and Practice*, edited by Basarab Nicolescu. New York: Hampton. pp. 1 – 22.

Nixon, Rob. 2013. *Slow Violence and the Environmentalism of the Poor*. Cambridge, MA: Harvard University Press.

Nkrumah, Kwame. 1966. *Neo-Colonialism: The Last Stage of Imperialism*. New York: International.

Nowicka, Magdalena and Anna Cieslik. 2014. "Beyond Methodological Nationalism in Insider Research with Migrants." *Migration Studies* 2: 1 – 15.

Ogle, Vanessa. 2015. *The Global Transformation of Time: 1870 – 1950*. Cambridge, MA: Harvard UniversityPress.

O'Byrne, Darren and Alexander Hensby. 2011. *Theorizing Global Studies*. New York: Palgrave Macmillan.

O'Hanlon, Rosalind, and David Washbrook. 1992. "After Orientalism: Culture, Criticism, and Politics in the Third World." *Comparative Studies in Society and History* 34 (1): 141 – 167 January.

Omi, Michael, and Howard Winant. 2015. *Racial Formation in the United States*, 3rd ed. London: Routledge.

Ong, Aihwa and Stephen J. Collier, eds. 2004. *Global Assemblages: Technology, Politics, and Ethics as Anthropological Problems*. Malden, MA: Wiley-Blackwell.

O'Reilly, Karen. 2012. *Ethnographic Methods*, 2nd ed. London: Routledge.

O'Sullivan, David, and David J. Unwin. 2010. *Geographic Information Analysis*, 2nd ed. Hoboken, NJ: Wiley.

Ott, Brian L., and Robert L. Mack. 2014. *Critical Media Studies: An Introduction*. Malden, MA: Wiley-Blackwell.

Parker, Laurence, and Marvin Lynn. 2002. "What Race Got to Do with It? Critical Race Theory's Conflicts with and Connections to Qualitative Research Methodology and Epistemology." *Qualitative Inquiry* 8 (1): 7–22.

Parker, Robert Dale. 2015. *How to Interpret Literature: Critical Theory for Literary and Cultural Studies*. Oxford: Oxford University Press.

Patterson, Philip, and Lee Wilkins. 2013. *Media Ethics: Issues and Cases*, 8th ed. New York: McGraw-Hill Education.

Patton, Carl, David Sawicki, and Jennifer Clark. 2012. *Basic Methods of Policy Analysis and Planning*, 3rd ed. London: Routledge.

Pernau, Margrit and Dominic Sachsenmaier, eds. 2016. "History of Concepts and Global History." In *Global Conceptual History: A Reader*, 1–17. London: Bloomsbury.

Piaget, Jean. 1972. "The Epistemology of Interdisciplinary Relationships." In Apostel etc., *Interdisciplinarity*, 127–139.

Pierce, Sydney J. 1991. "Subject Areas, Disciplines and the Concept of Authority." *Library and Information Science Research* 13 (1): 21–35.

Plano Clark, Vicki L., and Nataliya V. Ivankova. 2016. *Mixed Methods Research: A Guide to the Field*. Thousand Oaks, CA: SAGE.

Powell, Walter W., and Paul J. DiMaggio, eds. 1991. *The New Institu-

tionalism in Organizational Analysis. Chicago: University of Chicago Press.

Prakash, Gyan. 1990. "Writing Post-Orientalist Histories of the Third World: Perspectives from Indian Historiography." *Comparative Studies in Society and History* 32 (2): 383–408.

―――. 1992. "Can the 'Subaltern' Ride? A Reply to O'Hanlon and Washbrook." *Comparative Studies in Society and History* 34 (1): 168–184.

Prashad, Vijay. 2012. *The Poorer Nations: A Possibl History of the Global South*. London: Verso.

Pred, Allan. 1984. "Place as Historically Contingent Process: Structuration and the Time-Geography of Becoming Places." *Annals of the Association of American Geographers* 74 (2): 279–297.

Prestholdt, Jeremy. 2012. *Review of Global Icons: Apertures to the Popular*, by Bishnupriya Ghosh. *Indian Economic and Social History Review* 49 (4): 596–598.

Pries, Ludger. 2008. "Transnational Societal Spaces: Which Units of Analysis, Reference and Measurement?" In *Rethinking Transnationalism: The Meso-Link of Organizations*, edited by Ludger Pries, 1–20. London: Routledge.

Purkayastha, Bandana. 2012. "Intersectionality in a Transnational World." *Gender & Society* 26 (1): 55–66.

Ragin, Charles C. 2008. *Redesigning Social Inquiry: Fuzzy Sets and Beyond*. Chicago: University of Chicago Press.

Ramazanoğlu, Caroline. 2002. *Feminist Methodology: Challenges and Choices*. With Janet Holland. Thousand Oaks, CA: SAGE.

Reason, Peter, and Hilary Bradbury-Huang, eds. 2008. *The SAGE Handbook of Action Research: Participative Inquiry and Practice*. Thousand Oaks, CA: SAGE.

Rehbein, Boike. 2014. "Epistemology in a Multicentric World." In Keim etc., *Global Knowledge Production in the Social Sciences*, 217 – 222.

Reinharz, Shulamit. 1992. *Feminist Methods in Social Research.* Oxford: Oxford University Press.

Ridder-Symoens, Hilde de, ed. 1992. *A History of the University in Europe*, Vol. II: *Universities in Early Modern Europe.* Cambridge: Cambridge University Press.

Rivoli, Pietra. 2005. *The Travels of a T-Shirt in the Global Economy: An Economist Examines the Markets, Power, and Politics of World Trade.* Hoboken, NJ: Wiley.

Robinson, Cedric J. (1983) 2000. *Black Marxism: The Making of the Black Radical Tradition.* Chapel Hill: University of North Carolina Press.

Robertson, Roland. 1992. *Globalization: Social Theory and Global Culture.* Thousand Oaks, CA: SAGE.

Rose, Gillian. 2016. *Visual Methodologies: An Introduction to Researching with Visual Materials*, 4th ed. Thousand Oaks, CA: SAGE.

Rose, Nikolas. 1990. *Governing the Self: The Shaping of the Private Self.* London: Routledge.

Rosenzweig, Roy, and David Thelen. 1998. *The Presence of the Past: Popular Uses of History in American Life.* New York: Columbia University Press.

Rossman, Gretchen B., and Sharon F. Rallis. 2017. *An Introduction to Qualitative Research: Learning in the Field*, 4th ed. Thousand Oaks, CA: SAGE.

Roth, Michael S. 2015. *Beyond the University: Why Liberal Education Matters.* New Haven, CT: Yale University Press.

Rowland, Donald T. 2003. *Demographic Methods and Concepts.* Oxford: Oxford University Press.

Roy, Ananya and Emma Shaw Crane, eds. 2015. *Territories of Poverty:*

Rethinking North and South. Athens, Georgia: University of Georgia Press.

Roy, Ananya, and Aihwa Ong, eds. 2011. *Worlding Cities: Asian Experiments and the Art of Being Global*. Malden, MA: Wiley-Blackwell.

Royse, David, Bruce A. Thyer, and Deborah K. Padgett. 2016. *Program Evaluation: An Introduction to an Evidence-Based Approach*. Boston: Cengage Learning.

Rudy, Willis. 1984. *The Universities of Europe*, 1100 – 1914. Rutherford, NJ: Fairleigh Dickinson University Press.

Sachsenmaier, Dominic. 2006. "Global History and Critiques of Western Perspectives." In "Comparative Methodologies in the Social Sciences: Cross-Disciplinary Inspirations," edited by Jürgen Schriewer, special issue, *Comparative Education* 42 (3): 451 – 470.

――――. 2011. *Global Perspectives on Global History: Theories and Approaches in a Connected World*. Cambridge: Cambridge University Press.

Sacks, Oliver. 1973. *Awakenings*. London: Duckworth.

Said, Edward. 1979. *Orientalism*. New York: Vintage.

――――. 1983. "Opponents, Audiences, Constituencies, and Community." In *The Politics of Interpretation*, edited by W. J. T. Mitchell, 1 – 26. Chicago: University of Chicago Press.

――――. 1993. *Culture and Imperialism*. New York: Random House.

Salevouris, Michael J. 2015. *The Methods and Skills of History: A Practical Guide*, 4th ed. With Conal Furay. Malden, MA: Wiley.

Samuel, Lawrence R. 2007. *The End of the Innocence: The 1964 – 1965 New York World's Fair*. Syracuse, NY: Syracuse University Press.

Sandoval, Chela. 2000. *Methodology of the Oppressed*. Minneapolis: University of Minnesota Press.

Santos, Boaventura de Sousa, ed. 2007. *Another Knowledge Is Possible: Beyond Northern Epistemologies*. London: Verso.

———. 2014. *Epistemologies of the South: Justice against Epistemicide*. Boulder, CO: Paradigm.

Sassen, Saskia. 1991. *The Global City: New York, London, Tokyo*. Princeton, NJ: Princeton University Press.

———. 2008. *Territory, Authority, Rights: From Medieval to Global Assemblages*. Princeton, NJ: Princeton University Press.

———. 2011. "The Global Street: Making the Political." *Globalizations* 8 (5): 573–579.

———. 2014. *Expulsions: Brutality and Complexity in the Global Economy*. Cambridge, MA: Belknap Press.

Schäfer, Wolf. 2010. "Reconfiguring Area Studies for the Global Age." *Globality Studies Journal* 22: 1–18.

Saussure, Ferdinand de. (1916) 1983. *Course in General Linguistics*. Translated and annotated by Roy Harris. London: Duckworth.

Schechner, Richard. 2013. *Performance Studies: An Introduction*, 3rd ed. London: Routledge.

Schensul, Stephen L., Jean J. Schensul, and Margaret D. LeCompte. 1999. *Essential Ethnographic Methods: Observations, Interviews, and Questionnaires*. Book 2, *Ethnographer's Toolkit*. Lanham, MD: AltaMira.

Schiffrin, Deborah, Deborah Tannen, and Heidi E. Hamilton, eds. 2001. *The Handbook of Discourse Analysis*. Malden, MA: Blackwell.

Schroeder, Larry D., David L. Sjoquist, and Paula E. Stephan. 1986. *Understanding Regression Analysis: An Introductory Guide*. Thousand Oaks, CA: SAGE.

Schwartz, Seth J., Koen Luyckx and Vivian L. Vignoles, eds. 2011. *Handbook of Identity Theory and Research*. New York: Springer.

Schwarz, Henry and Sangeeta Ray, eds. 2000. *A Companion to Postcolonial Studies*. Hoboken, NJ: Wiley-Blackwell.

Scriven, Michael, and Richard Paul. 1987. *Statement presented at the 8th Annual International Conference on Critical Thinking and Education Reform*, Summer 1987. Accessed February 1, 2016. http://www.criticalthinking.org/pages/defining-critical-thinking/766.

Seidman, Irving. 2013. *Interviewing as Qualitative Research: A Guide for Researchers in Education and the Social Sciences*, 4th ed. New York: Teachers College Press.

Sen, Gita, and Marina Durano, eds. 2014. *The Remaking of Social Contracts: Feminists in a Fierce New World*. London: Zed.

Shapin, Steven. 1994. *A Social History of Truth: Civility and Science in Seventeenth-Century England*. Chicago: Chicago University Press.

Shionoya, Yuichi, ed. 2001. *The German Historical School: The Historical and Ethical Approach to Economics*. London: Routledge.

Sikes, Gini. 1997. *8 Ball Chicks: A Year in the Violent World of Girl Gangs*. New York: Random House.

Silva, Denise Ferreira da. 2007. *Toward a Global Idea of Race*. Minneapolis: University of Minnesota Press.

Silverman, Hugh J. 1980. *Piaget, Philosophy, and the Human Sciences*. Evanston, IL: Northwestern University Press.

Simon, Carl P., and Lawrence Blume. 1994. *Mathematics for Economists*. New York: Norton.

Smith, Bonnie G. 2013. *Women's Studies: The Basics*. London: Routledge.

Smith, Dorothy E. 1977. *Feminism and Marxism: A Place to Begin, A Way to Go*. Vancouver: New Star.

Smith, Linda Tuhiwai. 2012. *Decolonizing Methodologies: Research and Indigenous Peoples*, 2nd ed. London: Zed.

Sobel, Dava. (1995) 2007. *Longitude: The True Story of a Lone Genius Who Solved the Greatest Scientific Problem of His Time*. London: Walker.

Solórzano, Daniel G., and Tara J. Yosso. 2002. "Critical Race Methodology: Counter-Storytelling as an Analytical Framework for Education Research." *Qualitative Inquiry* 8 (1): 23–44.

Sparke, Matthew. 2013. *Introducing Globalization: Ties, Tensions, and Uneven Integration.* Hoboken, NJ: Wiley-Blackwell.

Spivak, Gayatri Chakarvorty. 2003. *Death of a Discipline.* New York: Columbia University Press.

Spretnak, Charlene and Fritjof Kapra. 1986. *Green Politics.* Rochester, Vermont: Bear & Co.

Stake, Robert E. 1995. *The Art of Case Study Research.* Thousand Oaks, CA: SAGE.

Steger, Manfred B. 2008. *The Rise of the Global Imaginary: Political Ideologies from the French Revolution to the Global War on Terror.* Oxford: Oxford University Press.

――, ed. 2015. *The Global Studies Reader.* 2nd ed. Oxford: Oxford University Press.

――. 2016. "Globalizing Political Theory: Benjamin Barber's Contribution to Global Studies." In *Strong Democracy in Crisis: Promise or Peril?*, edited by Trevor Norris, 233–252. Lanham, MD: Lexington.

Steger, Manfred B. and Amentahru Wahlrab. 2016. *What Is Global Studies? Theory and Practice.* London: Routledge.

Steger, Manfred B. and Paul James, eds. 2014. "Globalization: The Career of a Concept," special issue, *Globalizations* 11: 4.

Steinberg, Sheila Lakshmi, and Steven J. Steinberg. 2015. *GIS Research Methods: Incorporating Spatial Perspectives.* Redlands, CA: Esri.

Stichweh, Rudolf. 2001. "Scientific Disciplines, History of." In *International Encyclopedia of the Social and Behavioral Sciences*, edited by Neil J. Smelser and Paul B. Baltes, 13727–13731. Oxford: Elsevier

Science.

Stiglitz, Joseph E. 2002. *Globalization and Its Discontents*. New York: Norton.

Stiglitz, Joseph E., Amartya Sen, and Jean-Paul Fitoussi. 2010. *Mismeasuring Our Lives: Why GDP Doesn't Add Up; The Report by the Commission on the Measurement of Economic Performance and Social Progress*. New York: New Press.

Stoecker, Randy. 2013. *Research Methods for Community Change: A Project-Based Approach*, 2nd ed. Thousand Oaks, CA: SAGE.

Storey, William Kelleher. 2009. *Writing History: A Guide for Students*. Oxford: Oxford University Press.

Strathern, Marilyn. 2005. "Experiments in Interdisciplinarity." *Social Anthropology* 13 (1): 75–90.

Stringer, Ernest. 2014. *Action Research*, 4th ed. Thousand Oaks, CA: SAGE.

Stubbs, Michael. 1983. *Discourse Analysis: The Sociolinguistic Analysis of Natural Language*. Chicago: University of Chicago Press.

Sumner, Andy, and Michael Tribe. 2008. *International Development Studies: Theories and Methods in Research and Practice*. Thousand Oaks, CA: SAGE.

Swyngedouw, Erik. 1997. "Neither Global nor Local: 'Glocalization' and the Politics of Scale." In *Spaces of Globalization: Reasserting the Power of the Local*, edited by Kevin R. Cox, 137–166. New York: Guilford.

Szanton, David, ed. 2004. *The Politics of Knowledge: Area Studies and the Disciplines*. Berkeley: University of California Press.

Tally, Robert T., Jr. 2013. *Spatiality*. London: Routledge.

Tirella, Joseph. 2014. *Tomorrow-Land: The 1964–65 World's Fair and the Transformation of America*. Guilford, CT: Lyons.

Tobin, Brendan. 2014. *Indigenous Peoples, Customary Law and Human Rights—Why Living Law Matters*. London: Routledge.

Tong, Rosemarie. 2014. *Feminist Thought: A More Comprehensive Introduction*, 4th ed. Boulder, CO: Westview.

Tosh, John. 2015. *The Pursuit of History: Aims, Methods, and New Directions in the Study of History*. 6th ed. London: Routledge.

Treiman, Donald J. 2009. *Quantitative Data Analysis: Doing Social Research to Test Ideas*. San Francisco: Jossey-Bass.

Trouillot, Michel-Rolph. 1995. *Silencing the Past: Power and the Production of History*. Boston: Beacon.

——. 2003. *Global Transformations: Anthropology and the Modern World*. New York: Palgrave Macmillan.

Tsing, Anna Lowenhaupt. 2005. *Friction: An Ethnography of Global Connection*. Princeton, NJ: Princeton University Press.

Uglow, Jenny. 2002. *The Lunar Men: The Friends Who Made the Future*. London: Faber and Faber.

Urry, John. 2003. *Global Complexity*. Cambridge: Polity.

Valado, Trenna, and Randall Amster. 2012. *Professional Lives, Personal Struggles: Ethics and Advocacy in Research on Homelessness*. Lanham, MD: Lexington.

Van Leeuwen, Theo, and Carey Jewitt. 2001. *The Handbook of Visual Analysis*. Thousand Oaks, CA: SAGE.

Vaughan, Diane. 1996. *The Challenger Launch Decision: Risky Technology, Culture, and Deviance at NASA*. Chicago: University of Chicago Press.

Vogt, W. Paul, and R. Burke Johnson. 2016. *The SAGE Dictionary of Statistics and Methodology: A Nontechnical Guide for the Social Sciences*, 5th ed. Thousand Oaks, CA: SAGE.

Wachter, Kenneth W. 2014. *Essential Demographic Methods*. Cambridge,

MA: Harvard University Press.

Wall, Derek. 2010. *The No-Nonsense Guide to Green Politics*. Oxford: New Internationalist.

Wallerstein, Immanuel. 1974. *Capitalist Agriculture and the Origins of the European World-Economy in the Sixteenth Century*. Vol. 1, *The Modern World-System*. New York: Academic Press.

———, ed. 1996. *Open the Social Sciences: Report of the Gulbenkian Commmision on the Restructuring of the Social Sciences*. Stanford, CA: Stanford University Press.

———. 2004. *World-Systems Analysis: An Introduction*. Durham, NC: Duke University Press.

Waltz, Kenneth N. 1959. *Man, the State, and War*. New York: Columbia University Press.

Wasserman, Stanley, and Katherine Faust. 1994. *Social Network Analysis: Methods and Applications*. Cambridge: Cambridge University Press.

Weber, Max. 1978. *Economy and Society*. Vol. 1, edited by Guenther Roth and Claus Wittich. Berkeley: University of California Press.

Weimer, David L., and Aidan R. Vining. 2016. *Policy Analysis: Concepts and Practice*, 5th ed. London: Routledge.

Weiss, Robert. 1994. *Learning from Strangers: The Art and Method of Qualitative Interview Studies*. New York: Free Press.

Weiwei, Ai. 2012. *Weiwei-isms*. Edited by Larry Warsh. Princeton, NJ: Princeton University Press.

Weldemichael, Awet Tewelde. 2012. *Third World Colonialism and Strategies of Liberation: Eritrea and East Timor Compared*. Cambridge: Cambridge University Press.

Wertz, Frederick J., Kathy Charmaz, Linda M. McMullen, Ruthellen Josselson, Rosemarie Anderson, and Emalinda McSpadden. 2011. *Five

Ways of Doing Qualitative Analysis: Phenomenological Psychology, Grounded Theory, Discourse Analysis, Narrative Research, and Intuitive Inquiry. New York: Guilford.

West, Roianne, LeeStewart, Kim Foster, and Kim Usher. 2012. "Through a Critical Lens: Indigenist Research and the Dadirri Method." *Qualitative Health Research* 22 (11): 1582 – 1590.

Whyte, William Foote. [(943) 1955. *Street Corner Society: The Social Structure of an Italian Slum*. Chicago: University of Chicago Press.

Wibben, Annick T. R., ed. 2016. *Researching War: Feminist Methods, Ethics, and Politics*. London: Routledge.

Williams, Patricia J. 1992. *The Alchemy of Race and Rights: Diary of a Law Professor*. Cambridge, MA: Harvard University Press.

Williams, Patrick, and Laura Chrisman, eds. 1994. *Colonial Discourse and Post-Colonial Theory: A Reader*. New York: Colombia University Press.

Williams, Raymond. 1958. *Culture and Society*. London: Chatto and Windus.

Willig, Carla. 2008. *Introducing Qualitative Research in Psychology: Adventures in Theory and Method*. London: Open University Press.

Wimmer, Andreas, and Nina Glick Schiller. 2002. "Methodological Nationalism and Beyond: Nation-State Building, Migration, and the Social Sciences." *Global Networks* 2 (4): 301 – 334.

Winant, Howard. 2004. *New Politics of Race: Globalism, Difference, Justice*. Minneapolis: University of Minnesota Press.

Wing, Adrien Katherine, ed. 2000. *Global Critical Race Feminism: An International Reader*. With a foreword by Angela Y. Davis. New York: New York University Press.

Wolf, Eric. 1982. *Europe and the People without History*. Berkeley: University of California Press.

Wolf, Fredric M. 2013. *Meta-Analysis: Quantitative Methods for Research Synthesis*, 2nd ed. Thousand Oaks, CA: SAGE.

Yang, Mayfair Mei-hui. ed. 2008. *Chinese Religiosities: Afflictions of Modernity and State Formation*. Berkeley: University of California Press.

Yin, Robert K. 2014. *Case Study Research: Design and Methods*. Thousand Oaks, CA: SAGE.

Yusuf, Farhat, Jo M. Martins, and David A. Swanson. 2014. *Methods of Demographic Analysis*. New York: Springer.

Zakaria, Fareed. 2016. *In Defense of a Liberal Education*. New York: Norton.

Zimbardo, Philip. 2007. *The Lucifer Effect: Understanding How Good People Turn Evil*. New York: Random House.

Zimmermann, Jens. 2015. *Hermeneutics: A Very Short Introduction*. Oxford: Oxford University Press.

Zürn, Michael. 2013. "Globalization and Global Governance." In Walter Carlsnaes, Thomas Risse and Beth A. Simmons, eds. *Handbook of International Relations*, 401–425. Thousand Oaks, CA: SAGE.